고우 스님 강설
육조단경

고우스님 강설
육조단경

조계종
출판사

선지식아, 나는 홍인화상 회하에서

한 번 듣고 말끝에 크게 깨달아 진여본성을 단박에 보았다.

그러므로 이 가르침의 법을 뒷세상에 유행시켜

도를 배우는 이로 하여금 스스로 마음을 보아

자성을 단박에 깨닫게 하련다.

중국 광동성 조계산 남화선사의 조사전에 모셔진 육조 혜능대사 진신상.
713년 앉아서 열반하신 모습 그대로 옻칠하여 모셔져 있다.

◎ 오조 홍인대사가 주석한 오조사

오조 홍인대사가 물었다.

"너는 영남 오랑캐인데, 어찌 부처가 되려 하느냐?"

혜능이 말했다.

"사람에는 남북이 있으나 불성은 남북이 없습니다.

오랑캐의 몸은 스님과 다르나

불성에 어찌 차별이 있겠습니까?"

◎ 교수사 신수와 행자 혜능이 계송 대결을 펼친 오조사 회랑

보리는 본래 나무가 없고

밝은 거울 또한 받침대가 없네

불성은 항상 청정하니

어느 곳에 먼지와 티끌이 있으리오

– 혜능의 계송 –

◎ 육조단경이 설해진
중국 광동성 소주 대감사 입구와
경내 보리수

혜능대사가 대범사 강당의 높은 법좌에 올라

마하반야바라밀법을 설하고

이것을 모아 널리 유행케 하여

후대에 도를 배우는 사람들이

이 종지를 계승하여 서로 전해주게 함이다.

◎ 육조 혜능대사가 40여 년간 주석한 조계산 남화선사의 일주문

자기 성품은 그릇됨도 없고,

어지러움도 없으며, 어리석음도 없다.

생각 생각마다 지혜로 관조하여

항상 법의 모양을 여의었는데,

무엇을 세우겠는가.

자성을 단박에 닦으라.

세우면 점차가 있으니,

그러므로 세우지 않는다.

① 육조 혜능대사가 열반한 국은사 편액

② 국은사에 모셔져 있는 육조 혜능대사의
부모합묘

내가 본다는 것은 항상 나의 허물을 보는 것이다.

보지 않는다고 하는 것은

하늘과 땅과 사람의 허물과 죄를 보지 않는 것이다.

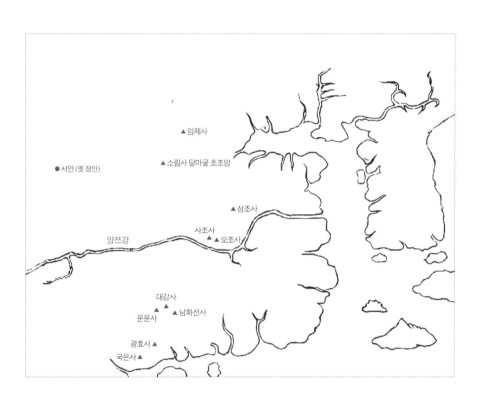

● 서안 (옛 장안)

▲ 임제사

▲ 소림사 달마굴 초조암

▲ 삼조사

사조사
▲ ▲ 오조사

양쯔강

대감사
▲ ▲ 남화선사
운문사

광효사 ▲
국은사 ▲

《육조단경六祖壇經》은 육조 혜능대사(六祖慧能大師, 638~713)의 법문집이다. 혜능대사는 당나라 시대 중국 광동성 신주에서 태어났다. 어려서 부친을 여의고 가난하여 문자를 배우지 못한 채 나무꾼으로 어머님을 봉양하다가 《금강경金剛經》 읽는 소리를 듣고 홀연히 출가했다. 8개월 행자생활 중에 돈오頓悟하고 6조가 되어 선禪을 세상에 알린 분이다.

혜능대사는 43인의 제자에게 깨달음을 전했는데, 그 법맥이 마조(馬祖道一, 709~788)와 석두(石頭希遷, 700~790)에게 이어져 천하에 남종 돈오선頓悟禪을 알렸다. 이것이 후일 임제종, 조동종, 운문종, 위앙종, 법안종의 중국선문 5가 7종, 한국의 구산선문九山禪門과 조계종曹溪宗, 일본의 조동종과 임제종, 베트남, 대만으로 이어져 수많은 위대한 선사를 배출했다.

지금 한국불교를 대표하는 대한불교 조계종과 조계사曹溪寺의 '조계'가 바로 육조 조계 혜능대사를 말함이다. 베트남의 틱낫한 스님도 스스로 임제의 법손이라 하니 이 역시 육조의 법으로 이어진다.

혜능대사의 가르침은 대승불교의 핵심이 되었을 뿐만 아니라 동아시아의 정치, 경제, 사상, 문화, 예술, 건축, 디자인 등에 지대한 영향을 주었다. 현대 인류문명의 상징인 스마트폰을 만든 미국의 스티브 잡스도 일본 조동종 선사의 지도를 받은 선 수행자였다고 하니 이 가르침은 지역과 시대를 초월한 것이라 할 수 있다.

육조단경은 이러한 육조 혜능대사의 법문을 후대에 책으로 엮은 것이다. 부처님 제자의 어록 가운데 유일하게 '경經'이라 이름 붙이는데, 선종의 종지宗旨가 담겨 있어 선 수행의 지침서로 가장 많이 읽히고 있다. 성철 스님은 참선 수행자들이 사상을 정립하는 데 육조단경을 공부하도록 권했고, 기록에 의하면 중국의 마오쩌둥도 가까이 두고 애독했다 한다.

이번 강의에서는 혜능대사의 육조단경을 쉽게 설명하려 한다. 선은 본래 '평상심이 도道'라 해서 어려운 것이 아니다. 그런데 일반인들은 이를 어렵게만 여기기에 최대한 쉽게 풀어 선과 불교를 공부하는 데 도움이 되고자 한다.

육조단경을 공부하는 분은 대부분 불자이겠지만, 불자가 아니라도 상관없다. 금강경에 '불교가 불교 아니기 때문에 불교다', '부처가 부처 아니기 때문에 부처다'라고 했듯이 불교는 모든 종교를 초월하기 때문이다.

혜능대사가 존재의 실상을 깨닫고 우리에게 가르쳐주려고 한 말씀을 모아 놓은 것이 단경이다. 육조단경은 종교, 인종, 이데올로기, 민족, 이 모든 것을 초월한다. 여기에 담긴 내용은 우리라는 존재가 바로 중도中道와 연기緣起로 이루어져 있다는 사실을 밝혀 놓은 것이다.

혜능대사가 설한 이 중도와 연기는 바로 부처님이 깨달은 세계이다. 우리도 중도와 연기를 깨닫게 되면 매일매일 평화롭고 행복하게 살 수 있다. 물론 세상 어디에나 갈등하고 싸우는 일은 있다. 사회와 가정은 물론이고 더 축소해보면 개인도 자기 내면에서 갈등하지만 이것을 해결할 수 있는 대안이 육조단경에 있다. 이것이 육조단경을 공부해야 하는 이유 중 하나이다. 그래서 육조단경은 인류의 행복지침서이다. 이 가르침은 우리를 무한히 행복하게 해준다. 여기에 육조단경의 가치가 있다.

불법佛法에는 출가와 재가가 따로 없다. 혜능대사 역시 형상으로 출가와 재가를 나누지 않았다. 부처님 법을 믿고 그 가치를 알고 생활하면서, 평화롭고 자유로운 행복감을 느끼는 사람은 집에 있어도 출가한 사람이다. 반면에 머리를 깎고 가사를 입었더라도 부처님 말씀을 따르지 않고 다른 생활을 한다면 이는 출가라 할 수 없다. 그러니 육조단경은 마음 내는 사람이라면 누구나 공부할 수 있는 가르침이다. 이것을 알고 열심히 하면 생활에 많은 도움이 될 것이다.

불기 2557년 육조 혜능대사 열반 1300주기를 맞아
문수산 금봉암에서 고우

차례

일러두기

1. 이 책은 고우 스님이 여러 곳에서 강설한 육조단경의 내용을 정리하여 엮은 것이다.
2. 강의에 사용된 교재는《돈황본 육조단경》(성철, 장경각, 1988)이다. 이 책에서도 단경의
   내용은 위의 본을 따랐다.
3. 각 장의 말미에 실린 각주는 내용의 이해를 돕기 위해 엮은이가 정리한 것이다.
4. 책을 표시하는《》기호는 맨 처음 책명이 나올 때만 표시하고 이후에는 생략하였다.

1

序言

머리말

혜능대사가 대범사 강당의 높은 법좌에 올라 마하반야바라밀법을 설하고 무상계를 주니 그때 법좌 아래에는 비구, 비구니, 도교인, 속인이 일만여 명이 있었다. 소주 자사 위거와 여러 관료 삼십여 명과 유생 등이 함께 대사에게 마하반야바라밀법을 설해주기를 청할 때, 자사가 문인 법해로 하여금 기록하게 하였는데, 이것을 모아 널리 유행케 하여 후대에 도를 배우는 사람들이 이 종지를 계승하여 서로 전해주게 함이라. 의지하고 믿는 바가 있어 받들고 계승하기 위해서 이 단경을 설하였다.

惠能大師 於大梵寺講堂中 昇高座 說摩訶般若波羅蜜法 授無相戒 其時座下 僧尼道俗 一萬餘人 韶州刺史韋璩 及諸官僚三十餘人 儒士餘人 同請大師說 摩訶般若波羅蜜法 刺史遂令門人僧法海集記 流行後代 與學道者 承此宗旨 遞相傳授 有所依約 以爲稟承 說此壇經

중국 소주韶州에 가면 대감사라는 절이 있다. 대감사의 옛날 이름이 바로 육조단경이 설해진 대범사大梵寺이다. 혜능대사가 대범사 강당에서 설법을 할 때 비구·비구니·도교인·일반인이 모두 일만여 명이나 되었다고 한다. 소주는 중국의 남쪽 광동성에 있는 지명이고, 자사刺史는 지금으로 하면 주지사 정도의 관직이다. 그러니까 소주 주지사 위거韋據라는 분이 여러 대중과 함께 법을 청했다는 말이다.

문인門人 법해에게 설한 법을 기록하게 하고 모은 다음, 후대 사람들이 이를 보고 계승해 종지宗旨가 끊어지지 않게 하기 위한 것이 이 경을 설한 이유라고 분명히 밝히고 있다. 지금 단경을 보고 있는 우리도 이 공부가 종지를 계승하는 데 그 목적이 있음을 알아야 한다.

'의지하고 믿는다' 했는데, 의지하고 믿는 대상은 바로 단경에서 말하는 '마하반야바라밀법'이다. 마하반야바라밀이란 큰 지혜로 저 언덕에 이른다는 뜻이다. 혜능대사는 사람들로 하여금 마하반야바라밀법을 의지하고 믿어 종지를 계승하기 위해 단경을 설한 것이다.

2

尋師

스승을 찾아감

혜능대사가 말하였다.

"선지식아, 깨끗한 마음으로 마하반야바라밀법을 생각하라!"

대사는 말하지 않고 스스로 마음과 정신을 깨끗이 하고 침묵하다가 다시 말하였다.

"선지식아, 조용히 들어라. 혜능의 아버지는 본관이 범양이다. 아버지가 좌천되어 영남의 신주로 옮겨 살았다. 혜능이 어릴 때 아버지가 돌아가시어 노모와 외로운 아들이 남해로 옮겨와 가난으로 고생하면서 시장에 나무를 팔고 살았다.

어느 날 한 손님이 나무를 사니 혜능이 숙소까지 날라다 주고 돈을 받고 문을 나서다가 문득 어떤 손님이 금강경 읽는 것을 보았다. 혜능이 한 번 들음에 마음이 밝아지고 깨달아 곧바로 그 손님에게 물었다.

'어느 곳에서 오셨는데 이 경전을 읽고 계십니까?'

손님이 대답하였다.

'나는 기주 황매현 동쪽 빙무산에서 오조 홍인 스님에게 예배하였는데 지금 그곳에는 제자가 천여 명 있습니다. 나는 그곳에서 대사가 승려와 속인들에게 다만 금강경 한 권을 지니고 읽으면 바로 자

성을 보아 부처가 된다고 권하는 것을 들었습니다.'

혜능이 그 말을 듣고 전생의 업연이 있어서 곧 어머니에게 하직 인

사를 하고 황매현 빙무산으로 가서 오조 홍인 스님께 예배하였다."

能大師言 善知識 淨心 念摩訶般若波羅蜜法 大師不語 自淨心神 良久乃言
善知識 靜聽 惠能慈父 本官范陽 左降遷流嶺南新州百姓 惠能幼小 父小早亡
老母孤遺移來南海 艱辛貧乏 於市賣柴 忽有一客買柴 遂領惠能 至於官店 客
將柴去 惠能 得錢 却向門前 忽見一客 讀金剛經 惠能 一聞 心明便悟 乃問客
曰 從何處來 持此經典 客答曰 我於蘄州黃梅縣東馮茂山 禮拜五祖弘忍和尙
見今在彼 門人有千餘衆 我於彼聽見大師勸道俗 但持金剛經一卷 即得見性
直了成佛 惠能聞說 宿業有緣 便即辭親 往黃梅馮茂山 禮拜五祖弘忍和尙

선지식아, 깨끗한 마음으로 마하반야바라밀법을 생각하라.

깨끗한 마음이란 무엇인가? 여기에 종지宗旨가 담겨 있다. 우리는 흔히 '깨끗하다' 하면 '더럽다', '더럽다' 하면 '깨끗하다'고 상대적으로 생각한다. 여기서 말하는 깨끗한 마음은 그런 것이 아니다. '깨끗하다-더럽다' 하는 양변兩邊을 초월한 것이 깨끗한 마음이다. 이 말에 불교가 다 들어 있다.

초월한 마음이란 어떤 것인가? 깨끗한 마음을 우리 마음에 실현하는 것이 바로 견성성불見性成佛이다. 육조 스님은 도道를 통한 분이기 때문에 "깨끗한 마음으로 마하반야바라밀법을 생각하라"고 쉽게 얘기하셨다. 그러나 이게 매우 어렵다. 뒤에 나오지만 이 깨끗한 마음이 우리 본래 모습이다. 절대 인위적으로 만드는 것이 아니다. 본래 우리 마음이 그렇게 생겼다. 그러나 우리는 그 깨끗한 본모습을 보지 못하고 분별심에 빠져 '깨끗하다-더럽다' 하는 양변에 집착하여 거기에 꺼들리며 살고 있다.

깨끗한 마음이 우리 본래 모습이고 이것을 회복하기 위해 육조단경을 공부하는 것이다. 앞에서 육조단경을 기록한 목적이 종지를 계승하기 위해서라 했는데, 깨끗한 마음이 되어야 종지를 계승할 수 있다. 분명히 알아야 할 것은 이 깨끗하다는 마음이 '더럽다-깨끗하다'의 상대되는 깨끗함이 아니라는 사실이다. 앞으로 계속 강조하겠지만, 결국 이 깨끗한 마음을 알려면 연기緣起와 중도中道를 이해해야 한다.

이번 강의에서 나는 혜능대사의 고차원 세계의 육조단경을 쉽게 설명하려 한다. 우리 모두 이 책을 통해서 정견正見을 이해하고 세우는 데 도움이 되었으면 하는 뜻에서이다. 그러려면 이 깨끗한 마음부터 바로 이해해야 한다. '깨끗하다-더럽다'를 초월한 깨끗한 마음으로 마하반야바라밀법을 생각해야 한다. 이 말 속에 부처님이 발견한 법, 또한 조사선에서 말하는 법이 다 포함되어 있다.

대사는 말하지 않고 스스로 마음과 정신을 깨끗이 하고 침묵하다가 다시 말하였다.
"선지식아, 조용히 들어라."
　여기서 '깨끗이', '조용한'이란 말도 '시끄럽다-조용하다' 할 때의 상대적으로 깨끗하거나 조용한 것이 아니다. 그런데 우리는 '시끄럽다-조용하다', '깨끗하다-더럽다', '나다-너다', '선이다-악이다' 이렇게 이원적인 사고를 한다. 그 때문에 남과 비교하면서 고통스러워한다.
　'조용히 들어라' 하니까 아무 소리도 나지 않는 조용한 것이라 생각하기 쉬운데 그게 아니다. 왁자지껄한 시장에 있어도 조용할 수 있다. 반면에 저 높은 산에 올라가 바람 한 점 없고, 낙엽 하나 떨어지지 않는 조용한 곳에 앉아 있어도 시끄러운 사람이 있다. 왜 그런가?
　'조용하다-시끄럽다' 양변에 집착하는 사람은 어디에 가 있든지 시끄럽다. 그러나 왁자지껄한 시장 가운데 있더라도 '시끄럽다-조용하다'의 양변을 여읜 사람은 항상 조용하다.

혜능의 아버지는 본관이 범양이다. 아버지가 좌천되어 영남의 신주로 옮겨 살았다. 혜능이 어릴 때 아버지가 돌아가시어 노모와 외로운 아들이 남해로 옮겨와 가난으로 고생하면서 시장에 나무를 팔고 살았다. 어느 날 한 손님이 나무를 사니 혜능이 숙소까지 날라다 주고 돈을 받고 문을 나서다가 문득 어떤 손님이 금강경 읽는 것을 보았다. 혜능이 한 번 들음에 마음이 밝아지고 깨달아 곧바로 그 손님에게 물었다. "어느 곳에서 오셨는데 이 경전을 읽고 계십니까?"

혜능대사의 아버지는 본래 북경 근처의 범양 사람이었는데 좌천되어 영남의 신주로 이주하였다. 신주는 중국의 남쪽 광동성에 있다. 중국에 있는 육조 스님 고향에 가면 스님의 아버지와 어머니 묘가 있는 국은사國恩寺가 있다. 육조 스님은 어려서 아버님을 여의어 홀어머니를 모시고 나무를 팔며 가난하게 살았다.

손님이 대답하였다. "나는 기주 황매현 동쪽 빙무산에서 오조 홍인 스님에게 예배하였는데 지금 그곳에는 제자가 천여 명 있습니다. 나는 그곳에서 대사가 승려와 속인들에게 다만 금강경 한 권을 지니고 읽으면 바로 자성을 보아 부처가 된다고 권하는 것을 들었습니다."

빙무산은 양자강 근처에 있는 산인데 지금은 쌍봉산이라 한다. 쌍봉산 서쪽에 사조사四祖寺가 있고 남쪽에 오조사五祖寺가 있다.

금강경을 읽던 손님이 "오조 스님이 대중에게 금강경만 읽으면 견성할 수 있다고 권하는 것을 들었다"라고 했다. 오조 스님 이전에는 달마 스님으로부터 《능가경楞伽經》을 전해 받았다고 하는데 금강경은 공空 사상이고, 능가경은 여래장如來藏 사상이다. 이것을 보면 오조 스님 대에 와서 공을 설한 금강경을 중요하게 보기 시작했다는 것을 알 수 있다.

혜능이 그 말을 듣고 전생前生의 업연業緣이 있어서 곧 어머니에게 하직 인사를 하고 황매현 빙무산으로 가서 오조 홍인 스님께 예배하였다.
　여기서 눈 여겨 보아야 할 것은, 육조 스님은 출가 전에 어머니를 잘 봉양하는 것이 세상에서 제일 큰 가치라 생각했다는 점이다. 그래서 어머니 방 따뜻하게 해드리고 음식 잘 해드리며 고단한 줄 모르고 살아왔다. 당시 유교사회에서는 효가 으뜸 가치였기 때문에 순수한 마음에서 효도했던 것이다.
　불교에서도 과거 일곱 부처님의 '모든 악을 짓지 말고 선을 받들어 행하여 스스로 마음을 맑게 하는 것이 불교다諸惡莫作 衆善奉行 自淨其意 是諸佛敎'라는 공통된 가르침이 있다. 그렇듯 효도하는 것도 순수한 마음으로 하니 자정기의自淨其意가 되었던 것이다. 이미 그런 바탕이 되었기 때문에 육조 스님이 금강경을 듣고 바로 깨달은 것이다.
　그런데 '깨달았다'는 것에 대해 바르게 이해하고 가야 한다. 육조 스님이 출가 전에 금강경 읽는 소리를 듣고 깨달았다는 말은 확철대오廓徹大悟하여 견성성불見性成佛한 그 깨달음이 아니라 지견知見으로 봐야 한다. 육조 스님은 불교를 잘 몰랐지만 정말로 순수하게 효를 실천했기 때문에 "응당 머무는 바 없이 그 마음을 내어라應無所住 以生其心" 하는 말을 듣고 지견이 났던 것이다. 지견이 나니 그 전과 180도 다른 사고와 행동이 나오기 시작했다.

깨달음이라고 똑같이 표현하지만 확철대오한 깨달음과 지견의 깨달음은 큰 차이가 있다. 불교에서는 확철대오한 깨달음을 부처님이 깨달으신 것과 같은 바른 깨달음이라 하여 정각正覺, 더 이상 깨달을 것이 없는 바른 깨달음無上正等覺, 구경각究竟覺 등으로 표현한다. 나는 이와 구별하여 확철대오한 깨달음과 지식知識의 중간을 지견이라 한다. 그런데 이 지견도 바로 나면 자정기의가 되어 그만큼 행동과 말이 변화하면서 언행일치가 된다.

불교를 전혀 모르던 육조 스님이 금강경을 듣고 깨달았지만, 그 깨달음은 지견이 열린 것이다. 그 이후 출가하여 8개월 동안 방아 찧는 수행을 하다가 오조 스님 방에 들어가 금강경을 듣고 확철대오의 정각을 이뤘다.

지견이 나자 그때부터 효에 대한 견해가 달라지기 시작한다. 이전에는 어머니한테 잘 해드리는 것만이 효라 생각했는데, 이제는 자신이 공부하여 깨달아 다른 사람들에게 법을 베푸는 것이 가장 큰 효라는 것을 알게 된다. 그 전에는 누가 만약 육조 스님의 목에 칼을 대고 "어머니 봉양하는 일 그만두고 출가해라" 했다면 이분은 "나는 죽으면 죽었지 어머니를 버릴 수 없습니다"라고 대답했을 것이다. 그런데 지견이 나고 보니 그 생각이 바뀐 것이다. 그래서 육조 스님이 안도

성이라는 분에게 은 100냥을 얻어 어머니께 식량과 의복 등을 준비해 드리고 떠났다는 기록이 있다.

이 대목은 공부하는 과정에서 매우 중요하다. 우리도 정견이 서면, 지금 우리가 처한 그 자리에서 하는 일을 옛날에 하던 마음과 다른 마음, 다른 시각으로 하게 되는 것이다.

오조 홍인 스님이 혜능에게 물었다.

"너는 어느 지방 사람인데 지금 이 산에 와서 나에게 예배하며, 무엇을 구하고자 하는가?"

혜능이 답하였다.

"저는 영남의 신주 백성입니다. 이렇게 멀리 와서 스님께 예배하는 것은 다른 것이 아니라, 오직 부처 되는 법을 구하기 위해서입니다."

오조 홍인 스님이 혜능을 꾸짖으며 말씀하셨다.

"너는 영남 사람으로 오랑캐인데, 어찌 감히 부처가 될 수 있는가?"

혜능이 답하였다.

"사람은 남북이 있으나 부처의 성품은 남북이 없습니다. 오랑캐의 몸은 스님과 다르나 부처의 성품에 무슨 차별이 있습니까?"

오조 스님은 더 이야기하고 싶었으나, 좌우에 여러 사람이 있는 것을 보고 다시 더 묻지 않고 혜능을 내보내 대중과 함께 일하게 하였다. 그때 혜능은 한 행자의 안내로 방앗간에 가서 여덟 달 동안 방아를 찧었다.

弘忍和尙 問惠能曰 汝何方人 來此山 禮拜吾 汝今向吾邊 復求何物 惠能答曰 弟子是嶺南人 新州百姓 今故遠來 禮拜和尙 不求餘物 唯求作佛法 大師

遂責惠能曰 汝是嶺南人 又是獦獠 若爲堪作佛 惠能答曰 人卽有南北 佛性卽
無南北 獦獠身 與和尙 不同 佛性 有何差別 大師欲更共議 見左右在傍邊 大
師更不言 遂發遣惠能 令隨衆作務 時有一行者 遂差惠能於碓房 踏碓八筒餘月

여기에서도 보듯이 육조 스님이 출가한 목적은 부처 되는 것이다. 육조 스님만 그런 게 아니고, 우리도 출가의 목적을 부처에 두어야 한다. 그런데 이것이 그냥 희망사항인 사람도 있고, 신념화된 사람도 있을 것이다. 그러나 절대 희망사항이 되어선 안 된다. 희망사항에 머물면 수행을 해나가는 데 힘이 없을 뿐만 아니라, 가다가 장애물을 만나면 다른 길로 가버린다. 우리가 부처라는 목적을 신념화하면 절대 공부하는 것이 고행이 되지 않는다. 오히려 수행해 가는 데 훨씬 힘도 나고, 마음도 여유로워지며, 안정되고, 자유스러워진다. 또 전혀 생각하지 못한 힘이 생겨 어떤 어려움에 부딪히더라도 불교적인 방법으로 극복해 나갈 수 있는 지혜가 나온다.

그런데 한국불교는 속된 말로 모 아니면 도다. 특히 우리 스님들은 대부분 '견성 못 하면 아무것도 아니다' 생각하고 있다. 그러나 견성은 못 하더라도 그 중간 과정도 굉장히 중요하다.

우리가 견성을 못 하더라도 중간 과정을 체험하다 보면 마음이 여유로워지고 편안하고 자유로워져 이전과는 전혀 다른 가치 있는 생활을 하게 된다. 그런 분들이 많이 있어야 거기에서 도인이 나온다. 사회도 중산층이 두터워야 범죄 발생율도 낮고 안정되고 건전해진다. 우리도 수행하는 중간층 스님들이 많아야 종단이 안정되고 수행하는 풍토가 주류를 이루는 승가 공동체가 되어, 반목과 갈등을 일삼는 인류사회를 선도할 수 있을 것이다.

그래서 중간 과정이라 할 수 있는 지견만 열려도 삶의 가치를 느끼며 편안하고 자유롭게 살 수 있다. 또 그 중간 과정 없이는 견성성불로 갈 수 없다. 우리 스님들이 지금처럼 '도 아니면 모'라는 식으로 수행해서는 안 된다.

그러나 깨달음은 찰나적이고 몰록 깨닫는 돈법頓法이다. 중간 수행 과정에 안주하지 말고 더욱 열심히 깨달음을 향해 정진해야 한다.

스님이라고 꼭 참선만 하라는 것은 아니다. 어디에서 어떤 일을 하든지 수행할 수 있는 길이 있다. 참선하는 것, 주지하면서 봉사하는 것, 염불하는 것 모두 다 좋다. 어떤 것을 하든지 '나'라는 생각을 비우는 공부면 좋다. 그렇게 하면 하나가 된다. 방법에 따라 빨리 가고 늦게 가는 차이가 있을 뿐이다.

모든 불교 수행은 자기를 비워 가는 것이다. 그래서 어느 쪽이든 수행의 길은 다 있다. 빠르고 늦은 차이뿐 어느 길로 가든 언젠가는 도달한다. 즐기면서 천천히 갈 수도 있고, 바쁘면 지름길로 가는 그 차이다. '어느 것은 불교이고, 어느 것은 불교가 아니다'라고 얘기하는 것은 잘못이다. 더러 수좌들이 "스님, 왜 위빠사나를 인정하십니까?" 하고 묻는데 나는 그것도 불교라 대답한다.

결국 위빠사나를 하든 염불을 하든, 봉사를 하든 불교 수행을 하게 되면 우리 의식이 적적성성寂寂惺惺*으로 변한다. 적적성성으로 완성되면 주관·객관을 초월하고 해탈하여 자유자재하게 된다. 모든 불교 수행의 길은 적적성성으로 간다. 이것이 자기를 비우는 공부다.

참선도 역시 잘 되고 있는 상태를 성성적적, 잘못하고 있는 것을 혼

침도거昏沈掉擧라 한다. 《영가집永嘉集》에는 사마타를 적적성성이라고 하고, 위빠사나를 성성적적이라고 번역해 놓았다. 전부 같은 것으로 삼매三昧를 뜻한다.

우리가 육조단경을 공부하고 있지만, 육조 스님이 화두를 참구한 기록은 없다. 그렇지만 조사선의 조상은 육조 스님이다. 육조 스님이 금강경을 듣고 지견이 나 출가해서 8개월 동안 방아를 찧었다. 이 방아 찧는 것이 우리말로 하면 보살행하는 것이다. 요즘은 봉사라는 말을 많이 쓰는데, 육조 스님이 8개월 동안 한 것이 봉사다. 사실 봉사는 서양에서 온 말이고 불교에서 쓰는 말은 보살행이다.

이렇게 육조 스님의 예에서 보듯이 근기가 수승한 사람은 봉사나 간경이나 참선이나 다른 게 없다. 둘이 아닌 하나다. 금강경 구절을 듣고 견성한 육조 스님이 바로 조사선을 만들어 냈다. 봉사하여 지견이 열리고 경을 듣고 견성한 분이 조사선을 제창하게 된 것이다. 이것은 바로 모든 수행이 둘이 아니라는 말이다. 사람이 영리하고 둔한 차이가 있을 뿐 법은 하나다.

그래서 육조 스님이 화두 들고 선방에서 참선한 분도 아닌데 견성하였고, 또 문자도 몰랐고 불교를 배우지도 않았는데 세속에서 순수하게 효도하다 보니 스스로 그 마음이 맑아져自淨其意 지견이 열렸던 것이다.

거듭 강조하지만, 순수하게 진심으로 한다는 것이 매우 중요하다. 무슨 이해관계나 보상심리로 하면 순수하지 못하다. 세속에서 말하는 효도도 순수하게 하면 불교 수행과 같은 공부가 된다. 불교를 모르더라도 불교에서 말하는 양변을 여읜 마음으로 생활하면 그것이 수행이다. 즉 불교를 통해 우리가 그 마음을 만들어 가거나, 어떤 계기로 세속에서 그런 마음으로 수행하거나 이치는 같다.

다시 한 번 강조하지만 오직 성불이 목적이라는 신념을 가져야 한다. 가치관이 바뀌어야 한다. 이것이 신념화된다고 생활이 구속받거나 고행하는 것이 절대 아니다. 정견에 의해 바르게 공부하면 마음이 더 여유롭고 자유로워져 정말로 마음이 평화로운 상태에서 수행하는 것이다. 설은 것이 익어 가고, 익은 것은 설어진다.

이런 마음으로 공부가 완성된 사람을 도인이라 하는데, 나는 이 도인을 '어른의 어른이 된 사람'이라 말한다. 똑같으면 싸운다. 그런데 어른의 어른이 된 사람은 정말로 여유롭다. 누가 뭐라 하더라도 웃어넘기면서 연민할 수 있는 여유가 있다. 그러니 우리 불자라면 누구나 견성성불에 목표를 두어야 한다.

그래서 육조 스님도 부처가 되는 길을 묻기 위해 오조 스님을 찾아왔던 것이다.

오조 홍인 스님이 혜능을 꾸짖으며 말씀하셨다.
"너는 영남 사람으로 오랑캐인데, 어찌 감히 부처가 될 수 있는가?"
혜능이 답하였다.
"사람은 남북이 있으나 부처의 성품은 남북이 없습니다. 오랑캐의 몸은 스님과 다르나 부처의 성품에 무슨 차별이 있습니까?"

오조 스님께서 혜능과 문답을 하면서 소위 떠보는 것이다. "너는 남방의 오랑캐인데 감히 부처가 되려 하느냐?" 그러니까 혜능이 "사람은 남북에 살더라도 불성에 남북이 어디 있습니까?" 하고 대답한다. 문자도 모르는 무식한 사람이지만, 대단하다! 지견만 나도 이 수준은 된다. 지견이 아니라 정견만 세워도 이런 답은 나온다.

그런데 왜 불성에는 남북이 없을까? 이것도 그냥 넘어가면 안 된다. 불성 그 자리는 동서남북을 초월한 자리다. 그래서 혜능이 불성에 무슨 오랑캐가 있느냐고 말한 것이다.

부처님 당시 인도에는 네 가지 계급이 있었는데, 부처님이 이것을 타파하신 것은 대단한 혁명이었다. 부처님이 수행공동체인 승가를 만들면서 세속의 계급을 인정하지 않고 모든 존재의 본질은 평등하다는 법으로 제도를 만드신 것은 대단한 사건이다. 그래서 불교의 가치가 더 빛나는 것이다. 불성은 차별이 없고 일체가 모두 평등하다.

오조 스님은 더 이야기하고 싶었으나, 좌우에 여러 사람이 있는 것을 보고 다시 더 묻지 않고 혜능을 내보내 대중과 함께 일하게 하였다. 그때 혜능은 한 행자의 안내로 방앗간에 가서 여덟 달 동안 방아를 찧었다.

홍인 스님께서 혜능의 말을 들어 보니 700명 대중 가운데 나머지 699명과는 말이 달랐던 것이다. 지견이 있는 소리를 하니까 더 확인

하고 싶었는데 주변에 사람들이 많아 어떻게 생각할까 싶어 더 물어
보지 않고, 후원에서 대중과 같이 일하라고 보냈다.

• 적적寂寂은 온갖 번뇌 망상이 일어나지 않는 상태이고 성성惺惺은 초롱초롱한 정신으로 화두 의심이
지속되는 것이다.

3

命偈

게송을 지으라 하심

오조 홍인 스님이 하루는 문인들을 다 불러 모아 말씀하셨다.

"내가 너희들에게 말한다. 세상 사람의 생사가 큰일인데, 너희 문인들은 종일 공양해서 다만 복전만 구하고 생사고해 벗어날 것을 구하지 않는구나!

너희들의 자성이 미혹하면 그 복의 문이 어찌 너희를 구하겠느냐? 너희들은 모두 방으로 돌아가 스스로를 잘 살펴보아라. 지혜가 있는 자는 스스로 본래 성품인 반야의 지혜를 써서 각자 게송 하나씩을 지어 나에게 가져오너라. 내가 너희들의 게송을 보고 만약 큰 뜻을 깨달은 자가 있으면, 그에게 가사와 법을 부촉해서 육조로 삼을 것이니 어서 빨리 서두르도록 하라."

五祖忍於一日 喚門人盡來 門人集訖 五祖曰 吾向汝說 世人生死事大 汝等門人終日供養 只求福田 不求出離生死苦海 汝等自性迷 福門何可救汝 汝惣且歸房自看 有智惠者 自取本性般若之知 各作一偈呈吾 吾看汝偈 若悟大意者 付汝衣法 禀爲六代 火急急

하루는 오조 홍인 스님이 도량에서 공부하던 문인 700명을 불러 모아 말씀하셨다. 세상에 생사의 일이 아주 큰데, 이것을 해결하지 않고, 복전만 구하려 한다고 경책하신 것이다.

그런데 우리는 생사라 하면, 죽고 사는 것만을 생각한다. 지금 우리에게 생각이 일어났다 사라졌다 하는 것도 생사다. 꼭 태어나 죽는 것만 생사가 아니다. 도인도 생각이 일어났다 꺼졌다 하는데 왜 도인은 생사라 하지 않고 우리만 생사라 하느냐.

우리는 '너다-나다', '있다-없다' 분별하는 마음으로 생각이 일어나고 꺼지기 때문에 생사라 하고, 도인은 '너다-나다', '있다-없다'를 초월했기 때문에 생사라 하지 않는다. 더 설명하면 도인은 이것을 초월했기 때문에 경계에 꺼들리거나 지배받지 않는다.

우리가 좋은 일을 보면 환희심이 일어나고, 나쁜 일이 있으면 기분이 나빠지는 것, 그것이 바로 경계에 꺼들리며 지배받고 있다는 증거다. 이원적인 사고를 하기 때문에 그렇게 되는 것이다. 도인과 중생의 차이는 경계에 꺼들리느냐 아니냐 하는 그것뿐이다. 우리 주변에 공부를 열심히 해서 지견이 나고 '알았다' 하는 사람들이 있다. 그 사람들도 생사심이 끊겨야 그것이 진짜 안 것이고 깨달은 것이다. 그래서 화두를 취모검吹毛劍이라 한다. 취모검은 사람이면 누구나 갖추고 있는 지혜를 말하는데, 즉 생사심을 끊는 칼이라는 의미이다.

화두가 참선하는 사람에게만 있는 것은 아니다. 금강경에서 말하듯이 아상·인상·중생상·수자상 없이 봉사를 하면, 그것도 화두와 똑같아 생사심을 바로 끊어버린다. 상相˚ 없이 하면 그렇게 된다. 이것을 주관과 객관을 초월한다는 말로도 표현하는데, 불교는 어떤 수행을 하든지 주관과 객관을 초월하는 것을 구경으로 하고 있다.

그리고 깨달음의 세계로 들어가면, 염불하는 세계와 참선하는 세계가 따로 있는 것이 아니라 하나다. 그래서 이 생사심을 죽고 사는 것으로만 이해해서는 안 된다. 지금 우리가 생각을 일으키고 사라지고, 사라졌다 일으키는 것이 생사심이다. 또 이것을 초월하는 것이 견성이고, 해탈이고, 열반이다.

생사고해 벗어날 것을 구하지 않는구나! 너희들의 자성이 미혹하면
　여기에서 미혹하다는 것은 '너다-나다' 이원적으로 사고함을 말한다.

그 복의 문이 어찌 너희를 구하겠느냐? 너희들은 모두 방으로 돌아가 스스로를 잘 살펴보아라. 지혜가 있는 자는 스스로 본래 성품인 반야의 지혜를 써서 각자 게송 하나씩을 지어 나에게 가져오너라. 내가 너희들의 게송을 보고 만약 큰 뜻을 깨달은 자가 있으면, 그에게 가사와 법을 부촉해서 육조로 삼을 것이니 어서 빨리 서두르도록 하라.

생사라는 괴로움의 바다를 벗어나지 않고 복만 지으려 하는데 그 복이 어찌 너희를 구하겠느냐며 경책하셨다. 중생이나 도인이나 마음이 '일어났다-꺼졌다' 하는 것은 똑같다. 그런데 우리는 '있다-없다'를 바탕으로 분별심을 내어 대립과 갈등을 멈추지 못하는데, 도인은

왜 생각을 하는데도 분별심을 내지 않는가? 그 답은 간단하다.

《반야심경》에 '오온개공五蘊皆空'이라 했다. '다섯 가지 쌓임이 모두 공'이다. 모두 공空인 줄 알면, 내가 실체가 없다는 것을 알게 되면, 이 정신과 육체가 실체가 아니라 인연에 따라 일어나는 연기緣起 현상이고 무아無我라는 것을 알면 그렇게 되는 것이다. 이것이 우리의 본래 모습이다.

부처님이나 누가 만든 것이 아니다. 본래 그렇게 존재하는데, 다만 착각에 빠져 그 효능을 내지 못하고 있는 것뿐이다. 우리가 실체가 없고 공이고 무아라는 것을 깨닫게 되면, 본래 자리로 돌아간다. 그러니 우리 본래 모습, 본래 자리로 돌아가는 수행을 꾸준히 하다 보면, 궁극에 가서 자유자재하고 매일매일 좋은 날이 되어 기쁜 세계지만, 중간 과정에서도 깊은 행복감을 맛볼 수 있다.

불교 수행이라고 하면 고행을 생각하시는 분들이 많은데, 수행은 절대 고행이 아니다. 수행의 중간 과정에서도 수행한 만큼 자유를 누리고, 한 만큼 마음이 편안해진다. 바로 이것을 알아야 한다.

문인들이 지시를 받고 각자 방으로 돌아와 서로 말하였다.

"우리들은 모름지기 마음을 가다듬고 뜻으로 게송을 지어 스님께 바칠 필요가 없다. 신수 상좌가 교수사이니 법을 얻은 후에 자연히 의지하면 되니까 굳이 지을 필요가 없다."

모든 사람들이 마음을 쉬고 다들 감히 게송을 짓지 않았다.

그때 오조 스님의 방 앞에 세 칸의 회랑이 있어 그 회랑 벽에 능가변상도와 오조 스님이 가사와 법을 전수하는 그림을 그려 공양하고 후대에 유행시켜 기념하고자 화인 노진에게 벽을 살피게 하여 다음날 시작하려 했다.

門人得處分 却來各至自房 遞相謂言 我等 不須呈心用意作偈 將呈和尙 神秀上座 是教授師 秀上座得法後 自可依止 請不用作 諸人息心 盡不敢呈偈 時大師堂前 有三間房廊 於此廊下 供養 欲畵楞伽變相 幷畵五祖大師 傳授衣法流行後代 爲記 畵人盧珍看壁了 明日下手

오조 스님의 지시를 받은 대중은 자기 방에 돌아와 "신수 스님이 우리 중에는 최고 수좌이니, 우리가 게를 지어 바쳐 봤자 합격도 못할 것이다. 신수 스님이 게를 지어 법 받는 것은 당연하니, 우리는 자연스럽게 신수 스님을 의지해서 공부하면 된다. 그러니 골치 썩어 가면서 게를 지으려 끙끙거릴 필요 없다"고 이야기한다.

'능가변상도'가 나오는데 변상도變相圖라는 것은 경전의 내용을 그림으로 나타낸 것을 말한다. 《법화경》에 관해서는 법화경 변상도가 있고, 《화엄경》에 관해서는 화엄경 변상도가 있다. 오조 스님은 오조 때까지 법이 어떻게 전해져왔는지를 회랑 벽에다 그리려 했던 것이다.

이 대목에서 신수(神秀, 606~706) 스님이 나온다. 신수 스님은 육조 혜능(638~713) 스님보다 나이가 서른 살 정도 많은 분이다. 오조 홍인 (594~674) 스님과는 나이 차이가 별로 나지 않는다. 신수 스님도 어릴 때 출가해서 유가儒家의 사서삼경이나 장자 같은 학문을 많이 공부해서 한마디로 굉장히 유식한 분이다. 신수 스님은 오조 스님 열반 이후에 당시 중국의 서울인 장안(서안)을 비롯한 북방에서 법을 널리 펴셨다. 육조 혜능대사는 주로 남방에서 법을 펴셨다. 법으로 보면 육조 스님이 돈오頓悟법을 제창하신 반면, 신수 스님은 점수漸修법을 가르쳐 후대 선문禪門에서 비판을 받게 되고 점차 쇠퇴하였다.

이분이 40세 무렵에 오조 홍인 스님에게 와서 6년을 공부했다는 기록이 있다. 신수 스님은 키가 8척이나 되고 인물이 아주 좋았다. 반면 육조 스님은 남쪽 변방 사람으로 키도 작고 못생겼다고 한다. 나중에 육조 스님의 이름이 알려져 황제 측천무후가 궁으로 초대했을 때 병이 들어 못 간다는 구실을 댔는데, 어느 기록에는 '못 생겨서 안 가겠다'고 했다는 말도 나온다.

그럴 정도로 신수 스님은 육조 스님과 굉장히 대조적이다. 세 황제의 국사國師가 되고 낙양과 장안의 법주法主가 될 정도로 화려하게 살았던 분이다. 그러나 3~4대에 가면 그 법맥이 흐지부지 되고 만다.

육조 스님은 남방의 광주에서나 겨우 이름이 알려진 정도였으나 10대 제자를 두었고 또 그 밑으로 굉장한 법손이 출현한다. 가령 남악회양(南嶽懷讓, 677~744)과 그 제자 마조도일(709~788) 스님도 굉장한 분이었다. 문하에 80인의 대선지식이 있었다고 한다. 마조에서부터 백장, 황벽, 임제 등으로 이어지면서 육조 스님 당대보다 그 제자들이 육조 스님의 돈법을 크게 부각시켰다.

• 상(相)이란 주로 생각, 견해라는 뜻으로 쓰이며 금강경에서는 중생들이 실재한다고 믿는 네 가지 상(四相), 즉 아상(我相), 인상(人相), 중생상(衆生相), 수자상(壽者相)을 말한다. 아상은 자아가 있다는 관념, 인상은 개아가 있다는 관념, 중생상은 중생이 있다는 관념, 수자상은 영혼이 있다는 관념을 말한다.

4

神秀

신수

신수 상좌가 생각하였다.

'모든 사람이 마음의 게송을 바치지 않는 것은 내가 교수사이기 때문이다. 내가 만약 마음의 게를 바치지 않으면 오조 스님께서 어떻게 나의 견해가 깊고 얕음을 알 것인가?

내가 오조 스님에게 마음의 게송을 지어 뜻을 밝혀 법을 구하는 것은 옳거니와 조사의 위치를 넘보는 것은 옳지 않다. 그렇게 하는 것은 오히려 범부의 마음으로 성인의 지위를 빼앗으려 하는 것과 같다. 그러나 만약 마음의 게송을 바치지 아니하면 마침내 법을 얻지 못한다.

침묵하며 생각하고 생각하되 참으로 어렵고 어려우며, 실로 어렵고 어려운 일이다. 밤이 삼경에 이르면 사람들이 보지 않으니 남쪽 회랑 중간 벽에 마음의 게를 써 놓고 법을 구해 보아야겠다. 만약 오조 스님이 게를 보시고 이 게가 합당하지 않다고 나를 찾으면 내가 전생 업장이 두터워 법을 얻지 못함이니, 성인의 뜻을 헤아리기 어려움으로 내 마음을 스스로 쉬어야 하겠다.'

신수 상좌가 밤 삼경에 촛불을 들고 남쪽 회랑 중간 벽에 게송을 쓰니, 사람들이 다 알지 못하였다.

게송으로 말하였다.

몸은 보리의 나무요

마음은 밝은 거울과 같으니

언제나 부지런히 털고 닦아

먼지와 티끌이 있지 않게 하라

上座神秀思惟 諸人不呈心偈 緣我爲敎授師 我若不呈心偈 五祖如何得見我
心中 見解深淺 我將心偈 上五祖呈意 求法卽善 覓祖不善 却同凡心 奪其聖
位 若不呈心 終不得法 良久思惟 甚難甚難 甚難甚難 夜至三更 不令人見 遂
向南廊下中間壁上 題作呈心偈 欲求於法 若五祖見偈 言此偈語不堪 若訪覓
我 我宿業障重 不合得法 聖意難測 我心自息

秀上座 三更 於南廊下中間壁上 秉燭題作偈 人盡不知 偈曰

身是菩提樹　　心如明鏡臺

時時勸拂拭　　莫使有塵埃

당시 도량에 있던 대중이 아무도 게송을 바치지 않았다. 이유는 신수 스님이 교수사教授師*이니 알아서 할 것이라는 기대 때문이다. 신수 스님은 굉장히 고민하게 된다. 그래서 마침내 아무도 없는 야밤 삼경에 남쪽 회랑 벽에 게를 써 두고 법을 구해 봐야겠다고 생각한다. 만약 신수 스님이 자신이 있었으면 남들이 보는 대낮에 떳떳이 오조 스님께 게송을 바칠 텐데, 자신이 없으니 남들이 보지 않을 때 글을 써 놓고 다행히 오조 스님이 인정하면 법을 잇고, 인정하지 않으면 그만두겠다는 것이다. 쓰지 않으려 하니 또 대중 보기가 민망했을 것이다.

신수의 게송을 잘 보아야 한다.

몸은 보리의 나무요
마음은 밝은 거울과 같으니
언제나 부지런히 털고 닦아
먼지와 티끌이 있지 않게 하라

먼지가 있고, 또 먼지를 없애는 행위도 한다. 먼지를 털고 닦는 것은 어디까지나 수행하는 내용이니 손가락이라 하는 것이다. 그러나 오조 스님은 깨달음을 쓰라 했으니 이것은 불합격이다. 신수 스님은 이를 스스로 알고 있었기 때문에 남몰래 벽에 썼다.

이것은 비유하자면, '손가락과 달'의 문제다. 우리는 손가락을 통해 달을 봐야 한다. 오조 홍인 스님은 손가락이 아니라 달을 요구한 것이다. 깨달음의 세계를 드러내 보이라 한 것인데 손가락 입장의 게송을 썼으니 이것은 불합격이다. 왜 불합격인지 알고 넘어가야 한다. 이런 것이 우리가 정견을 갖춰 가는 하나의 과정이다.

달을 이야기한 게송을 손가락으로 해석하면 안 된다. 깊이 수행하려면 적어도 달과 손가락은 구분할 수 있어야 한다.

신수 상좌가 이 게를 쓰고 방에 돌아와 누우니 아무도 보는 사람이 없었다. 오조 스님께서 아침에 드디어 노공봉**을 불러 남쪽 회랑에 능가변상도를 그리려 하다가 홀연히 이 게를 보아 읽기를 마치고 공봉에게 말하였다.

"홍인이 공봉에게 돈 3만 냥을 주어 멀리 온 것을 위로하니, 변상도는 그리지 않겠다. 금강경에 말씀하기를 '무릇 있는 바 형상은 다 허망하다' 하였으니, 이 게를 남겨 미혹한 사람으로 하여금 외워 이것을 의지해 수행하여 삼악도***에 떨어지지 않게 하는 것만 못할 것이다. 법을 의지하여 수행하면 사람들에게 큰 이익이 있을 것이다."

곧 오조 스님이 문인들을 다 불러 모아 게송 앞에 향을 사르게 하니 대중이 보고는 다 존경심을 내었다. 다시 오조 스님이 말하였다.

"너희들이 이 게를 외우면, 바야흐로 견성을 얻을 것이다. 이것을 의지해 수행하면 곧 타락하지 않을 것이다."

문인들이 모두 외우고 존경심을 내어 "훌륭하다!"고 말하였다.

오조 스님이 곧이어 신수 상좌를 방으로 불러 물었다.

"네가 이 게를 지었느냐? 만약 네가 지었다면 마땅히 내 법을 얻으리라."

신수 상좌가 말했다.

"죄송합니다. 실은 제가 지었으나 감히 조사의 지위를 구하는 것이 아니니, 원컨대 스님께서는 자비로써 보아주십시오. 제자가 조그마한 지혜라도 있어서 대의를 알았습니까?"

오조 스님이 말하였다.

"네가 지은 이 게는 조그마한 견해에는 이르렀으나 다만 문 앞에 이르렀을 뿐, 아직 안에 들지는 못했다. 범부가 이 게송을 의지해 수행하면 곧 타락하지 아니하나, 이 견해로 위없는 깨달음을 구하고자 하면 얻지 못할 것이다. 모름지기 문 안에 들어와야 스스로 본성을 봄이니, 네가 가서 며칠 동안 생각하여 다시 한 게를 지어 와 나에게 보여라. 만일 문 안에 들어와 스스로 본성을 보면, 마땅히 너에게 가사와 법을 부촉하리라."

신수 상좌는 돌아가 며칠이 지났으나 게송을 짓지 못하였다.

神秀上座題此偈畢 歸房臥 並無人見 五祖平旦遂喚盧供奉來 南廊下 畫楞伽變 五祖忽見此偈讀訖 乃謂供奉曰 弘忍 與供奉錢三十千 深勞遠來 不畫變相也 金剛經云 凡所有相皆是虛妄 不如留此偈 令迷人誦 依此修行 不墮三惡依法修行 人有大利益 大師遂喚門人盡來 焚香偈前 人衆入見 皆生敬心 五祖曰如等盡誦此偈者 方得見性 依此修行 即不墮落 門人盡誦 皆生敬心 喚言善哉

五祖遂喚秀上座於堂內 問是汝作偈否 若是汝作 應得我法 秀上座言 罪過 實
是神秀作 不敢求祖 願和尙慈悲看 弟子有小智惠 識大意否 五祖曰 汝作此偈
見即來到 只到門前 尙未得入 凡夫依此偈修行 即不墮落 作此見解 若覓無上
菩提 即未可得 須入得門 見自本性 汝且去 一兩日來思惟 更作一偈 來呈吾
若入得門 見自本性 當付汝衣法 秀上座去 數日作不得

오조 스님은 먼저 회랑 벽에 능가변상도와 역대 조사로부터 전법 받는 그림을 그리려 했다. 그런데 벽에 게송이 쓰여 있는 것을 보시고, 금강경의 '무릇 있는 바 형상은 다 허망하다凡所有相 皆是虛妄'는 말씀을 인용하며 그림 그리려던 것을 그만두고, 이 게송을 남겨 미혹한 사람이 의지해 수행하면 삼악도에 떨어지지 않을 것이라 하였다.

깨달은 게송이 아니더라도 수행하는 방편만 부지런히 닦아 가더라도 삼악도에는 떨어지지 않는다는 말이다. 깨달은 사람에게는 삼악도라는 것이 없다. 삼악도 자체가 연기 현상이고, 실체가 없는 줄 알면 지옥에 가 있어도 지옥에 있는 것이 아니다.

신수가 지은 게송은 조그만 소견이 나 문 앞에만 이르렀지 문 안에는 들어오지 못한 격이다. 만약 문 안에 들어왔다면 달을 본 것이다. 오조 스님은 신수가 비록 수행하는 방법은 정확하게 알고 있어도 그것은 아직 문 밖의 일이라 말하고 있다. 문 안에 들어와야 달을 보고 위없는 깨달음을 얻을 수 있지, 문 밖에서는 달을 볼 수도 깨달을 수도 없다.

• 수계식에서 계율(戒律)을 받는 사람에게 예법(禮法)을 가르치는 역할이다. 여기에서는 수행 기간이 길고 덕이 높아 맨 윗자리에 앉는 총림의 수좌(首座)와 같은 위치를 뜻한다.

•• 노는 성이고, 공봉은 벼슬 이름이다.

••• 악한 일을 저지른 중생이 그 과보로 태어나 고통을 받는 지옥(地獄), 아귀(餓鬼), 축생(畜生)을 말한다.

5

呈偈

게송을 바침

한 동자가 방앗간 옆을 지나면서 이 게송을 소리 내어 외웠다. 혜능이 한 번 들음에 이 게송이 성품을 보지 못했고 대의도 모르는 것임을 알았다.

혜능이 동자에게 물었다.

"지금 외우는 것은 무슨 게송인가?"

동자가 답하였다.

"너는 알지 못하는가? 대사께서 말하시길, 살고 죽는 일이 크니 가사와 법을 전하고자 한다 하시고 문인들로 하여금 각각 한 게를 지어 보이라 하여, 대의를 깨달았으면 곧 가사와 법을 전해 육대 조사로 삼는다고 말하셨는데, 신수라는 상좌가 홀연히 남쪽 회랑 벽에 무상게 한 수를 써 놓았는데, 오조 스님께서 문인들에게 다 외우게 하시고, 이 게송을 깨닫는 자는 곧 자기 성품을 볼 것인 바, 이것을 의지해 수행하면 생사고해를 벗어나게 되리라 하셨다."

有一童子 於碓房邊過 唱誦此偈 惠能 一聞知未見性 未識大意 能問童子 適來誦者 是何言偈 童子答能曰 儞不知 大師言 生死事大 欲傳衣法 令門人等 各作一偈 來呈看 悟大意 即付衣法 稟爲六代祖 有一上座名神秀 忽於南廊下 書無相偈一首 五祖令諸門人 盡誦 悟此偈者 即見自性 依此修行 即得出離

혜능이 그때는 행자였지만, 게송을 들어 보니 성품도 보지 못했고 대의도 알지 못했다는 것을 알았다. 결국 달을 가리키는 손가락은 아무리 정확하게 제시하더라도 손가락에 불과하다. 달을 봐야 한다. 당시 대중은 모두 달을 못 본 이들이니 신수 스님의 게송이 손가락에 머물고 있다는 것을 몰랐던 것이다. 오조 스님은 이것이 손가락에 불과하다는 것을 알았지만, 이만큼 안목을 갖춘 이도 없으니 방편으로 이 게송을 의지해 수행하면 생사고해를 벗어날 것이라 했던 것이다.

혜능이 말하였다.

"내가 이곳에서 8개월 동안 방아를 찧었으나 아직 오조 스님의 방 앞에 가 보지 못했으니, 바라건대 나를 남쪽 회랑에 안내하면 그 게 송을 보아 예배하고 또한 외워 내생에 부처님 땅에 나기를 바라네."

동자가 혜능을 인도하여 남쪽 회랑에 이르러 이 게송에 예배하고, 글자를 알지 못하니 어느 사람에게 읽어주기를 청하였다. 혜능은 듣고 곧 대의를 알았다.

또한 혜능은 한 게송을 지어, 다시 글 쓸 줄 아는 사람에게 청해 서 쪽 벽에 써서 스스로 본마음을 드러내 보였다.

본래 마음을 알지 못하면 법을 배워도 이익이 없다. 마음을 알아 견 성해야 곧 대의를 깨닫는 것이다.

혜능이 게송으로 말하였다.

보리는 본래 나무가 없고
밝은 거울은 또한 받침대가 없네
부처의 성품은 항상 청정하니
어느 곳에 먼지와 티끌이 있으리오

또 게송에서 말하였다.

마음은 보리의 나무요

몸은 밝은 거울의 받침대라

밝은 거울은 본래 청정하니

어느 곳이 먼지와 티끌에 물들리오

도량 안 대중은 혜능이 이 게송 지은 것을 보고 다 괴이하게 여겼고, 혜능은 방앗간으로 돌아갔다. 오조 스님이 문득 혜능의 게송을 보고 곧 대의를 알았으나, 대중이 알까 두려워 이렇게 말씀하셨다. "이것도 아직 완전히 깨달은 것이 아니다."

惠能答曰 我此踏碓八箇餘月 未至堂前 望上人引惠能至南廊下 見此偈禮拜
亦願誦取 結來生緣 願生佛地 童子引能至南廊下 能卽禮拜此偈 爲不識字 請
一人讀 惠能聞已 卽識大意 惠能亦作一偈 又請得一解書人 於西間壁上題著
呈自本心 不識本心 學法無益 識心見性 卽悟大意 惠能偈曰

菩提本無樹 　　　明鏡亦無臺

佛性常淸淨 　　　何處有塵埃

又偈曰

心是菩提樹 　　　身爲明鏡臺

明鏡本淸淨 　　　何處染塵埃

院內徒衆 見能作此偈盡怪 惠能却入碓房 五祖忽見惠能偈 即善識大意 恐衆
人知 五祖乃謂衆人曰 此亦未得了

혜능 행자는 방아를 찧느라 오조 스님 방문 앞에도 가 본 적이 없었던 것 같다. 그런데 다른 기록에 의하면 일부러 가지 않았다고 한다. 오조 스님은 혜능 행자가 이미 지견이 상당히 난 상태에 있다는 것을 알고 있었다. 그래서 처음 만났을 때 더 말을 하려다 대중이 행자의 견처見處를 눈치 채서 다른 일이 일어날까 염려 되어 대중과 같이 일하라고 했던 것이다.

또한 혜능은 한 게송을 지어, 다시 글 쓸 줄 아는 사람에게 청해 서쪽 벽에 써서 스스로 본마음을 드러내 보였다.

혜능 행자는 신수 스님의 게송이 잘못된 것임을 알았을 뿐 아니라 글 쓸 줄 아는 사람에게 부탁해서 자기가 지은 게송을 쓰게 하여 본심을 드러내 보였다. 그런데 후대 홍성사본에는 글 써준 분이 강주江州의 별가別駕라는 벼슬을 한 장일용張日用이라는 사람으로 나온다. 혜능 행자가 나도 게송을 하나 지었으니 글을 써 달라고 청하니, 그가 혜능 행자를 무시해서 "네가 게송을 지었다고 하니 가소롭다" 했다. 그러자 혜능이 "미천한 사람도 고귀한 지혜가 있을 수 있고, 또 고귀한 사람도 지혜를 갖지 못한 경우가 있는데, 겉만 보고 사람을 무시한다면 당신의 죄가 크다"라고 말한다. 그 말에 깜짝 놀란 장일용이 "내가 게송을 써줄 테니, 만일 그 게송이 오조 스님에게 합격해서 네가 인가를 받게 되면 나를 제일 먼저 제도해다오"라고 말했다 한다.

돈황본은 약 1만 2천자로 이루어져 있는데, 후대본이 대략 1만 4천자에서 2만자가 넘는 것과 비교해 볼 때 육조단경의 다섯 가지 판본 중에서 글자 수가 제일 적다. 다른 단경은 설명을 더 붙여 글자가 많아진 것이다.

육조단경 돈황본도 육조 스님 당시에 쓰여진 것이냐 아니냐는 논란이 있다. 근세 중국의 학자 후스(胡適, 1891~1962)는 육조단경이 《신회어록》과 내용이 유사해 신회(荷澤神會, 684~758) 스님의 작품이라고 주장했다. 근래에 일본학계의 영향을 받은 분들 중에 그렇게 주장하는 경우도 있다. 하지만 이는 일부의 주장일 뿐, 대부분의 학자들은 그렇게 보지 않는다. 돈황본은 1907년에 중국 돈황의 동굴 속에 감춰져 있던 것을 영국 탐험가가 발굴하면서 세상에 알려졌다. 단경이 만들어진 때는 8세기 말(780~790년 무렵)로 추정되는데, 그렇다면 혜능대사가 돌아가신 지 65년 후에 만들어진 것이다. 어쨌든 우리는 일부 학자들이 신회 스님 저작설을 주장할지라도 육조 스님 설로 받아들이는 것이 옳다.

본래 마음을 알지 못하면 법을 배워도 이익이 없다. 마음을 알아 견성해야 곧 대의를 깨닫는 것이다.

마음을 아는 그 자체가 견성이다. 견성과 식심識心이 따로 있는 게 아니다. 그래서 대의를 깨닫는 것이다.

보리는 본래 나무가 없고

밝은 거울은 또한 받침대가 없네

부처의 성품은 항상 청정하니

어느 곳에 먼지와 티끌이 있으리오

혜능 행자의 게송은 철저히 반야 공空 입장에서 지어졌다. 그래서 보리도 거울도 없는 철저히 공이다.

"불성은 항상 청정하다." 앞에서 '깨끗한 마음으로 들어라', '고요하게 들어라' 할 때에 '깨끗하다-더럽다', '고요하다-시끄럽다'를 초월하는 것이 깨끗한 것이라고 했다. 거기에는 부처도 없고 중생도 없다.

우리 존재원리에 그런 자리가 있다는 것이다. 부처도 중생도 세우지 않고, '깨끗하다-더럽다' 하는 것이 없는 자리가 있다. 그래서 금강경에서 "32상相은 32상이 아니기 때문에 32상이다"라고 했다. 그 32상이 연기 현상이고 실체가 없고 무아인 줄 알 때, 그것이 진짜 32상이다. 또 "부처란 부처가 아니기 때문에 부처다" 하면, 부처가 아닌 것은 무엇인가? 부처다 중생이다 하는 그 차별심이 없는 자리가 부처라는 것이다. 이것이 반야 공사상이다. 앞의 게송은 그런 입장에서 얘기한 것이다.

보리도 없고, 밝은 거울도 없고, 그 불성 자리는 항상 청정하다. 그런데 우리는 항상 있다고 보고 있다. 지금도 우리는 사람을 볼 때 겉모양만 본다. 그러면 여기에서 말하는 본질, 이것은 있는 줄도 모르고 보지도 못한다. 그래서 계속 비교하여 차별하고, 또 나보다 나은 사람을 보면 위축되고 열등감에 빠지고, 나보다 못한 사람을 보면 교만심도 부리고 어깨에 힘도 주면서 남도 학대하고 자기도 학대한다.

우리가 이것을 극복하려면, 부처님이 세상과 자기를 보는 것과 우리가 세상과 자기를 보는 것이 분명히 다르다는 것을 알아야 한다. 우리는 껍데기만 보고, 계속 비교하면서 '좋다-나쁘다'에 꺼들려 괴로움을 느낀다. 그런데 부처님은 불성을 같이 본다. 이 점이 다르다. 우리도 껍데기 형상만 보지 말고 알맹이 불성을 같이 통일시켜 보자고 말은 하지만 일상생활에서 그것이 잘 안 된다.

집, 사람, 자동차, 학교, 재산, 지위, 자리 등등 온갖 것을 두고 비교를 한다. 그런데 황새는 다리가 길고 뱁새는 다리가 짧다. 겉모습만 보고 비교하면 긴 것을 좋아하는 사람은 황새가 좋다 할 것이고, 짧은 것을 좋아하는 사람은 뱁새가 좋다 할 것이다. 긴 것은 긴 것대로 좋고, 짧은 것은 짧은 것대로 좋다. 그게 평등이다. 이처럼 우리 마음이 본래 청정하다는 본질을 알면 진보와 보수, 종교, 인종 갈등을 초월하여 모든 것이 평화롭고 평등해서 서로 인정하고 존중하여 무한히 자유로워질 수가 있다.

앞에서 신수 스님은 "때때로 부지런히 털고 닦아 먼지가 끼지 않게 하라" 했는데, 혜능은 "본래 청정하니, 어느 곳의 티끌과 먼지에 물들리오" 했다. 이것은 달을 보고 지은 게송으로 보면 된다.

도량 안 대중은 혜능이 이 게송 지은 것을 보고 다 괴이하게 여겼고, 혜능은 방앗간으로 돌아갔다. 오조 스님이 문득 혜능의 게송을 보고 곧 대의를 알았으나 대중이 알까 두려워 이렇게 말씀하셨다.

"이것도 아직 완전히 깨달은 것이 아니다."

　오조 스님은 혜능이 달을 본 것을 알았다. 그러나 대중이 혜능 행자가 깨달음을 얻어 법을 받아 갈 것을 알게 되면 분란이 일어날까 염려되어 방편을 쓴다. "이 게송도 달을 보지 못했다"고 거짓말을 한 것이다. 분란이 일어나지 않게 방편으로 하신 말씀이다.

• 부처나 전륜성왕(轉輪聖王)이 몸에 지니고 있다는 32가지 모습을 말한다. 그 가운데는 발바닥이 평평하고 발바닥에 수레바퀴 자국이 있으며, 손가락이 가늘고 길며 손발이 매우 부드럽다는 것 등의 내용이 있다.

6

受法

법을 받음

오조 스님이 밤 삼경에 혜능을 조사당 안으로 불러 금강경을 설하자, 혜능이 한 번 듣고 말끝에 바로 깨달았다. 그 밤에 법을 전해 받으니 사람들이 다 알지 못했다.

곧 오조 스님은 단박 깨치는 법과 가사를 전하며 말하였다. "네가 육대 조사가 되었으니, 가사로 신표를 삼는다. 대대로 받들어 서로 전함에 법은 마음에서 마음으로 전하되 마땅히 스스로 깨닫게 하라."

오조 스님이 또 말하였다.

"혜능아, 옛부터 법을 전할 때에 목숨은 실날과 같으니, 이곳에 머물면 사람들이 너를 해칠 것이다. 너는 속히 떠나거라."

五祖夜至三更 喚惠能堂內 說金剛經 惠能 一聞言下便悟 其夜受法 人盡不知 便傳頓法及衣 汝爲六代祖 衣將爲信 稟代代相傳 法以心傳心 當令自悟 五祖言 惠能自古傳法 命如懸絲 若住此間 有人害汝 汝即須速去

여기에서 깨달은 것이 확철대오다. 혜능 행자가 출가 전에 금강경 구절을 듣고 깨달았다 하는 것은 지견으로 봐야 한다. 다른 기록에 보면, 금강경의 '응당 머무는 바 없이 그 마음을 내어라應無所住 而生其心'라는 구절을 듣고 깨쳤다고 구체적으로 나오는데, 돈황본에서는 그냥 금강경을 듣고 깨달은 것으로 나온다.

밤 삼경에 혜능 행자를 방 안으로 불러 사흘 밤낮을 문답하는데 혜능 행자가 하나도 막힘없이 대답하니, 그때 인가하고 법을 전했다는 기록도 있다. 그런데 여기서는 사흘이 아니라 하룻밤 이야기다.

오조 스님이 또 말하였다. "혜능아, 옛부터 법을 전할 때에 목숨은 실낱과 같으니, 이곳에 머물면 사람들이 너를 해칠 것이다. 너는 속히 떠나거라."

이것을 보면, 그 당시에도 법으로 다툼이 있던 것 같다. 이해관계로 싸우는 것보다야 낫겠지만, 법으로 싸우는 것이나 이해로 싸우는 것이나 같다. 당시에도 큰스님의 권위가 그렇게 강하게 영향을 미치지 못했다는 생각이 든다. 계속해서 오조 스님은 혜능 행자를 보호하고 있다. 또 덕이본을 보면 "밤에 몰래 가사로 병풍까지 쳐놓고 금강경을 설했다"는 기록도 있다. 그래서 "목숨이 실낱과 같으니……"라고 말씀하신 것이다.

인도에서도 사자師子 존자*가 피살당한 일이 있었고, 달마 스님도 중국에 와서 독살당했다.** 육조 스님에게도 자객이 온 적이 있는데 그 자객에게 "내가 전생에 너한테 목숨 빚진 것은 없고 돈 몇 푼 빚진 일이 있다" 하고 돈을 줬다는 일화가 있다.

법 때문에 싸우든 이해관계 때문에 싸우든, 그 싸우는 마음은 유위법이다. 무위법에 머무는 도인이면 싸울 수 없다. 아무리 법 때문에 싸운다 하더라도 그 마음은 중생심이다. 우리도 대중 생활을 하다 보면 서로 의견 달리하는 일이 많다. 그게 시비가 되어 대중공사大衆公事를 하는데, 그때마다 나는 "우리는 의견을 달리하는 것이 잘못된 것으로 알고 있는데, 의견을 달리하는 것은 오히려 정상이다. 우리가 서로 자라 온 배경도 다르고 성격도 다르고 가치관도 다르니, 얼마든지 다른 견해가 있을 수가 있다"라고 말한다.

문제는 이렇게 이견이 있을 때 그것을 해결하는 방법이다. 세속에서처럼 힘으로 할 것이냐, 지금까지 이야기한 양변을 여읜 자리에서 할 것이냐, 이것이 문제다. 우리도 도반끼리 또는 산중에서나 종단 차원에서 문제가 생겨 분란이 일어날 때 양변을 여읜 중도 자리에서 해결하면, 서로 감정의 앙금이나 불필요한 승부심이 사라진다. 나를 비워 가는 수행이 된다. 정말 기분 좋게 해결하면서 수행해 나갈 수 있다. 이렇게 하는 것이 승가 공동체 정신이다.

우리 승가 공동체는 2,500년이 넘게 내려온 지구상에서 가장 오래된 공동체다. 그렇게 오래 지속될 수 있던 것은 중도로 모든 것을 사고하고 풀어 가는 전통 때문이다.

혜능이 가사와 법을 받고 밤 삼경에 떠나려 하니 오조 스님이 몸소 혜능을 구강역까지 전송했는데 바로 그때, 오조 스님이 지시하셨다.

"너는 가서 노력하여라. 법을 가지고 남쪽으로 가되, 삼 년 동안은 이 법을 설하지 말라. 어려운 일이 있을 것이다. 뒤에 널리 교화해 미혹한 사람을 잘 이끌어 마음이 열리면 너의 깨달음과 다름이 없으리라."

혜능은 곧 하직 인사를 마치고, 남쪽을 향해 출발했다.

能得衣法 三更發去 五祖自送能於九江驛 登時 便五祖處分 汝去努力 將法向南 三年勿弘此法 難起在後弘化 善誘迷人 若得心開 汝悟無別 辭違已了 便發向南

혜능 행자는 남으로 내려와 은둔 생활을 했다. 이 기간에 대해서는 3년, 5년, 15년 등 여러 설이 있지만 돈황본에는 "3년 동안 법을 펴지 말라" 한다. 어느 기록에서 보면 오조 스님이 혜능에게 법을 전하고 3년 만에 돌아가셨다는데, 그래서 당신이 죽을 때까지는 법을 펴지 말라는 뜻에서 그리 말했을 것으로 추정한다.

뒤에 널리 교화해 미혹한 사람을 잘 이끌어 마음이 열리면 너의 깨달음과 다름이 없으리라.

　3년 후에 널리 교화할 때, 미혹한 사람에게 잘 지도해서 그 사람 마음이 열려 깨닫게 되면, 네가 깨달은 것과 똑같다는 말이다. 깨달음의 세계는 시간과 공간을 초월해 있고, 우리 모두는 본래 부처이기 때문이다.

두 달 반 만에 대유령***에 이르렀는데, 모르는 사이 뒤에 수백 인이 따라와 혜능을 해치고 가사와 법을 빼앗고자 하다가 중간에 다 돌아가고, 오직 한 스님이 있었으니 성은 진씨, 이름은 혜명****이며, 선조는 삼품장군으로 성품과 행동이 거칠고 포악해서 바로 고갯마루까지 쫓아와 범행하고자 하였다.

곧 혜능이 가사를 주었으나 또한 받으려 하지 않고 "제가 이렇게 멀리 온 것은 법을 구함이요, 가사는 필요하지 않습니다" 하였다.

혜능이 고갯마루에서 문득 법을 혜명에게 전하니, 혜명이 듣고 말끝에 마음이 열렸다. 혜능이 혜명에게 "곧 북쪽으로 돌아가 사람들을 교화하라"고 하였다.

兩月中間 至大庾嶺 不知向後 有數百人來 欲擬害惠能 奪衣法 來至半路 盡惣却廻 唯有一僧 姓陳 名惠明 先是三品將軍 性行麁惡 直至嶺上 來趂犯著 惠能 即還法衣 又不肯取 我故遠來 求法 不要其衣 能於嶺上 便傳法惠明 惠明 得聞 言下心開 能使惠明 即却向北化人來

오조 스님이 혜능 행자에게 법을 전하고 3일 동안 법문도 하지 않고, 방에서도 나오지 않으니 대중이 이상히 여겨 여쭈었다.

"스님, 어디 편찮으십니까? 왜 법문을 하지 않으십니까?"

오조 스님이 대답했다.

"내 법은 남쪽으로 갔다."

그러자 대중이 혜능 행자가 법과 의발을 가지고 남쪽으로 간 줄 알고 뒤따라간 것이다. 그런데 중간에 다른 사람들은 돌아가고 오직 혜명 스님만 끝까지 쫓아갔다. 혜명 스님은 성품과 행동이 포악해서 바로 쫓아와 범행하려 했다. 그런데 혜능이 가사를 주자, 혜명이 받지 않고 이렇게 말한다.

"제가 이렇게 멀리 온 것은 법을 구함이요, 가사는 필요하지 않습니다."

이 대목도 돈황본에는 이렇게 간단히 나와 있는데, 덕이본에는 덧붙여 놓았다. 바위에 의발衣鉢을 두고 가져가라 하니, 혜명이 의발을 들려 했지만 도무지 들 수 없었다. 그때서야 혜명이 겁이 나서 말했다.

"의발을 뺏으러 온 것이 아니고 법을 얻으러 왔습니다."

그러자 혜능이 혜명에게 물었다.

"선도 생각하지 말고 악도 생각하지 마라不思善 不思惡. 그럴 때, 네 본래면목이 무엇이냐?"

여기에서 혜명이 깨달았다고 덕이본에는 되어 있다. 돈황본에는 이 이야기가 없다. 이것은 단경을 이해하기 쉽게 후대에 첨가한 것이다.

학자들은 돈황본이 1만 2,000자이고, 덕이본이 2만 4,000자라 하는데 그만큼 시간이 지나면서 원형에 가까운 돈황본에 후대의 편찬자들이 이런저런 이유로 내용을 추가한 것이라 보면 된다.

• 사자 존자는 부처님의 법을 전해 받은 24조인데 인도에서 일어난 법난 중에 피살되었다고 전한다.

•• 인도에서 중국으로 건너와 선법을 전한 달마 대사는 반대파로부터 여러 번 독살 위협을 받았다. 150세 되던 해에 결국 독을 마시고 입적했다는 기록이 있다.

••• 대유령은 중국 오령(五嶺)의 하나로 광동성과 강서성의 경계에 있는 고개이다. 대유령 남쪽을 영남이라 한다.

•••• 중국 강서 변양 출신의 스님이다. 육조와 문답하다 깨쳤다 하며 당대에 고승으로 이름이 높았다. 후에 혜능과 같은 글자를 쓰는 것을 피하기 위해 도명(道明)으로 이름을 바꿨다.

7

定慧

정혜

"혜능이 이곳에 와서 머무른 것은 모든 관료와 도교인, 재가자들과 여러 전생에 인연이 있었기 때문이다. 가르침은 옛 성인이 전하는 바이고, 혜능이 스스로 안 것이 아니니, 옛 성인의 가르침 듣기를 원하는 이는 각각 모름지기 마음을 깨끗이 하여 들어 스스로 미혹한 것을 없애고 옛 사람들의 깨달음과 같기를 원하라."

혜능대사가 말하였다.

"선지식아! 보리반야의 지혜는 사람들이 본래 스스로 있는 것이다. 다만 마음이 미혹하기 때문에 스스로 깨치지 못하는 것이다. 모름지기 큰 선지식의 지도를 받아 성품을 보라. 선지식아, 깨달음을 만나면 지혜를 이루리라."

惠能來依此地 與諸官僚道俗 亦有累劫之因 敎是先聖所傳 不是惠能自知 願聞先聖敎者 各須淨心 聞了願自除迷 如先代悟(下是法) 惠能大師喚言 善知識 菩提般若之智 世人本自有之 卽緣心迷 不能自悟 須求大善知識 示導 見性 善知識 遇悟卽成智

이 짧은 〈정혜定慧〉에 불교의 진수가 다 있다. 우리가 "겉모습만 보고 다른 한 면을 보지 못하고 있다" 했는데 바로 정혜를 모르는 것이다. 부처님의 가르침은 정혜에 다 있고, 정혜를 통해 우리 존재원리를 설명할 수 있다. 앞에서 부처님이 자신과 세상을 혜안으로 보는 것과 우리가 자신과 세상을 육안으로 보는 것이 다르다 했다. 자기 존재원리를 알면 객관세계에 있는 모든 존재원리를 다 알게 된다. 이 세상의 존재원리는 하나다. 이것을 중도라 하는데, 이 속에 불교가 다 있다.

혜능대사가 전생부터 오랫동안 인연이 있어 소주에 와서 여러분과 함께 부처님 법을 이야기한다는 뜻이다. 그리고 혜능대사가 "가르침은 옛 성인이 전하는 바"라고 한 것은, 이 가르침은 부처님과 역대 조사가 전한 것이지 혜능이 스스로 만든 것이 아니라는 말이다.

가르침을 옛 성인들에게 받았다는 것은 없는 것을 전해 받은 것이 아니고, 우리 존재원리가 본래 그렇게 되어 있다는 말이다. 과거 선사 스님이나 부처님이나 우리나 그 존재원리는 손톱만큼도 다름이 없다.

가르침은 옛 성인이 전하는 바이고, 혜능이 스스로 안 것이 아니니, 옛 성인의 가르침 듣기를 원하는 이는 각각 모름지기 마음을 깨끗이 하여 들어 스스로 미혹한 것을 없애고 옛 사람들의 깨달음과 같기를 원하라.

양변을 여의어 마음을 깨끗이 하는 것, 그 자체가 미혹한 것을 없애는 것이다.

"옛 사람들의 깨달음과 같기를 원하라." 양변만 여의면 그렇게 되는데 양변을 여의는 것이 어렵다. 어렵다고 존재원리대로 돌아가지 않고 양변에서 자기를 학대하면서 산다면 너무 억울하지 않겠는가. 어렵더라도 우리는 이해하려고 노력해야 한다.

혜능대사가 말하였다.

"선지식아! 보리반야의 지혜는 사람들이 본래 스스로 있는 것이다. 다만 마음이 미혹하기 때문에 스스로 깨치지 못하는 것이다. 모름지기 큰 선지식의 지도를 받아 성품을 보라. 선지식아, 깨달음을 만나면 지혜를 이루리라."

여기서 '선지식'은 우리를 말한다. 혜능대사가 말하듯이 지혜는 본래 스스로 있는 것이다. 누가 만들어 준 것도 자기가 만든 것도 아니고 본래 있는 것이다. 있는 대로 돌아가면 된다. 그런데 그 있다는 것이 무엇인가? 아까 말한 양변을 여읜 자리다. 우리는 형상지어 있는 것만 보고, 있다고 집착한다. 더 깊이 보아 그 형상이 연기緣起고, 실체가 없어 공空이라는 것을 보아야 한다.

예를 들어 우리 인간들이 사회를 이루어 살고 있지만, 이렇게 얼굴이나 모습이 모두 다르다. 가령 우리가 새끼, 짚신, 가마니라 하면 그 형상을 만드는 재료는 짚이다. 모양이 다르더라도 본질은 짚으로 만든 것이니 그것만 알면 귀천 없이 다 평등하다.

간단하다. 겉모양이라는 것은 있지만 겉모양이 무엇이든 그것을 만든 짚이 있으니 이것만 알면 정혜를 다 알고 우리 존재원리를 다 알게 되는 것이다. 그래서 우리 마음속에 꺼들리고, 지배받고, 고통을 느끼고, 불평하는 것이 일시에 없어진다. 이것을 아는 것이 흐린 날 먹구름이 걷히면서 햇빛이 비치는 것과 같다. 바로 진공묘유眞空妙有다. 짚을 아는 것은 구름이 걷히는 것과 같다. 구름이 걷히면 우리 마음속에 해가 나온다. 그 해가 보리반야지菩提般若智다.

깨달음을 만난다는 것은 '구름이 걷히면 햇빛이 나온다'는 말이다.

이제 정혜가 나온다. 육조단경에서 매우 중요한 대목이다. 이것만 이해하면 불교를 다 아는 것이다.

선지식아! 나의 이 법문은 정과 혜로써 근본을 삼는다. 반드시 미혹하여 정과 혜가 다르다고 하지 말라. 정과 혜는 몸이 하나여서 둘이 아니다. 곧 정은 이 혜의 몸이요, 혜는 곧 정의 작용이니, 곧 혜가 작용할 때는 정이 혜에 있고, 또 정이 되어 있을 때에는 혜가 정에 있느니라.

선지식아! 이 뜻은 곧 정과 혜가 평등하니, 도를 배우는 사람은 뜻을 짓되 정을 먼저 하여 혜를 낸다거나 혜를 먼저 하여 정을 낸다고 해서 정과 혜가 각각 다르다고 하지 말라.

이렇게 생각하는 사람은 법에 두 가지 모양이 있으니 입으로 선한 것을 말하고 마음으로 선하지 못하면 정혜가 평등하지 아니함이요, 마음과 입이 함께 선해 안팎이 하나가 되면 정과 혜가 곧 평등할 것이니라.

스스로 깨달아 수행하는 것은 입으로 다투는 데 있지 않다. 만약 선후를 다툰다면 곧 미혹한 사람으로 승부를 끊지 못함이니, 도리어 법이라는 아집이 생겨 사상을 여의지 못함이니라.

善知識 我此法門 以定惠爲本 第一勿迷言惠定別 定惠體一不二 即定是惠體 即惠是定用 即惠之時定在惠 即定之時惠在定 善知識 此義即是定惠等 學道

之人作意 莫言先定發惠 先惠發定 定惠各別 作此見者 法有二相 口說善 心
不善 惠定不等 心口俱善 內外一種 定惠即等 自悟修行不在口諍 若諍先後
即是迷人 不斷勝負 却生法我 不離四相

선지식아! 나의 이 법문은 정定과 혜慧로써 근본을 삼는다.

우리가 보고 듣고 왔다 갔다 하는 존재원리가 정과 혜, 두 개를 벗어난 것이 없다. 우리는 복잡하게 살지만 따지고 보면 정혜밖에 없다. 우리 의식도 그렇고 이 몸, 책, 펜, 건물 등 모두 정혜의 원리를 벗어나지 않는다.

이것을 초기불교에서는 이렇게 말한다. "형상이 있든 없든 모든 존재는 연기緣起로써 존재한다. 연기를 보는 사람은 법法을 보고 법을 보는 사람은 여래如來를 본다." 그래서 존재＝연기＝법＝여래이니 본래 부처라 한다. 연기 현상이 정혜고, 중도가 정혜이다. 말은 다르지만 내용은 하나다. 대승불교의 핵심도 정혜이다. 반야심경에서 '오온개공五蘊皆空', '색즉시공 공즉시색色卽是空 空卽是色' 하는데, 색은 혜이고 공은 정이다.

미얀마에 가서 "불교가 뭡니까?" 하고 스님들에게 물으면 백이면 백 한결같이 사성제四聖諦, 팔정도八正道로 설명한다고 한다. 그런데 대승불교는 이것과 내용은 같은데 설명이 다양하다. 그러다 보니 복잡한 백화점 같아 우리나라 스님에게 "불교가 뭡니까?" 하고 물으면 백 가지 불교가 나온다. 이것이 지금 단점으로 나타나고 있다. 스님들마다 백 가지, 천 가지 불교를 얘기하니 불자들이 혼란스러워 평생 불교가 무엇인지를 아는 데 세월을 보낸다.

미얀마에서는 누구나 같은 얘기를 하기 때문에 불교를 아는 데 오랜 시간이 걸리지 않고, 그 다음부터는 직접 체험하는 수행을 하고 있다. 남방은 단순함을 장점으로 살려 불교의 본래 목적대로 가고 있는데, 우리는 장점은 점점 없어지고 단점만 부각되어 제자리걸음하는 것이 아닌가 한다.

불교를 백 사람이 얘기하든, 천만 가지로 얘기하든 정혜뿐이라는 것을 알게 되면 다양하고 깊이 이해해서 그것을 체험하는 데 굉장히 도움이 된다. 대승불교의 장점이 여기에 있다.

금강경에서 '응당 머무는 바 없이 그 마음을 내라' 할 때 '응무소주應無所主'가 정定이고, '이생기심而生其心'이 혜慧이다.

"나의 이 법문은……" 할 때의 이 법문이 우리 존재원리를 말한다. 이 법문은 "정과 혜로써 근본을 삼는다" 그 외에는 아무것도 없다. 불교는 어렵다고 하는데 사실은 어려운 것이 아니다. 이 원리만 알면 불교가 쉽다. 그러면 그 정혜가 멀리 있느냐? 지금 보고 듣고 하는 바로 이것이 정혜로 존재하면서 작용하고 있다.

반드시 미혹하여 정과 혜가 다르다고 하지 말라.

정과 혜가 분리되어 있다고 생각하면 안 된다. 하나다. 예를 들면 손에는 손바닥과 손등이 같이 있다. 손바닥을 혜라 하고, 손등은 정이라 하자. 그럼 손등인 정을 보이면, 혜인 손바닥은 뒤에 가 있다. 또 반대로 손바닥인 혜를 보이면 손등인 정은 뒤에 있다. 이와 같이 분리되어 있는 것이 아니고 붙어 있다.

그런데 남방불교의 수행법을 정리한《청정도론清淨道論》같은 책에서는 "사마타를 닦고 위빠사나를 닦는다"는 말이 나온다. 그러나 마지막에 가면 "정혜를 함께 닦아야 한다"고 했다.

대승불교에서는 "정혜를 분리시키면 마구니다"라고 한다. 분리될 수 없다. 착각해서 양변으로 분리하면 중생이라 하고, 양변을 여읜 하나가 된 자리, 응무소주 자리, 백척간두 자리에 있으면 도인이라 한다. 정혜가 본래 하나로 존재하기 때문에 본래 성불이라 하는 것이다.

정과 혜는 몸體이 하나여서 둘이 아니다. 곧 정은 이 혜의 몸體이요, 혜는 곧 정의 작용用이니

분명히 말하지만, 정과 혜의 몸은 하나다. 손바닥과 손등이 다르지만 손은 하나인 것과 같다. 이것은 다른 얘기가 아니라, 지금 보고 듣는 것을 표현하는 말이다. 지금 보고 듣는 것은 혜가 하는 것이다. 혜가 하는데 정이 같이 있다. 그런데 우리는 그것을 못 보고 있다. 그것까지 보면 자유자재하는 지혜로서 작용하게 된다. 이것만 알면 육조단경을 더 볼 필요도 없다.

곧 혜가 작용할 때는 정이 혜에 있고, 또 정이 되어 있을 때에는 혜가 정에 있느니라.

둘이 아니라 하나다. 그런데 우리는 하나가 하고 있다는 것을 모르고 그냥 작용하는 것만 보니까 거기에 집착해서 있다고 생각하는 것이다. 정이 작용하고 있는 줄 알면 그 작용이 실체가 없고 무아라는

것을 알 텐데, 작용만 보니 이것을 있다고 착각한다. 그 차이다.

선지식아! 이 뜻은 곧 정과 혜가 평등하니, 도를 배우는 사람은 뜻을 짓되 정을 먼저 하여 혜를 낸다거나 혜를 먼저 하여 정을 낸다고 해서 정과 혜가 각각 다르다고 하지 말라.

"정을 익혀야 혜가 나온다"는 말을 한다. 그것은 잘못된 생각이다. 정과 혜를 분리해서 닦는 사람이 그런 말을 한다.

앞에서 얘기했지만 삼매는 적적성성寂寂惺惺이라 한다. 적적이 정이고 성성이 혜다. 공부를 바로 하면 적적성성 삼매에 들어가는 것이다. 보통 외도外道들은 적적만 익힌다. 적적만 익혀 공부가 깊이 들어가면 모든 행동이 정지한다. 먹는 것, 배설하는 것, 모든 생리작용도 정지한다. 그렇게 몇 달씩 몇 년씩 있다는 사람들이 있다. 인도의 요기들이 그렇다.

그런데 《선요禪要》를 보면, 화두 삼매에 들어도 화장실 갈 때 화장실 가고, 밥 먹을 때 식당으로 정확하게 간다. 고봉 스님은 6일 동안 삼매에 들었는데, 식당과 화장실은 정확하게 가셨다. 그래서 우리가 하는 이 적적성성 삼매 공부는 지구상에 불교밖에 없다. 다른 종교의 삼매는 적적만 한다. 부처님이 우리 존재원리를 발견하고 그 발견한 대로 공부 방법도 만들었는데, 이것은 정말로 위대한 것이다.

여기도 정을 먼저 닦고 그 다음에 지혜를 개발한다 하거나 혜를 먼저 개발해서 정을 닦는다고 하면 잘못된 것이다. 그래서 그렇게 말하지 말라 하신 것이다.

이렇게 생각하는 사람은 법에 두 가지 모양*이 있으니 입으로 선한 것을 말하고 마음으로 선하지 못하면 정혜가 평등하지 아니함이요, 마음과 입이 함께 선해 안팎이 하나가 되면 정과 혜가 곧 평등할 것이니라. 스스로 깨달아 수행하는 것은 입으로 다투는 데 있지 않다. 만약 선후를 다툰다면 곧 미혹한 사람으로 승부를 끊지 못함이니, 도리어 법이라는 아집이 생겨 사상四相을 여의지 못함이니라.

도반들끼리도 이기려고 싸우는 사람은 법을 두 모양으로 보고 이원적인 사고를 하고 양변에 집착한 사람이라 생각하면 된다. 승부심이 일어났을 때 양변을 여읜 마음으로 돌아가는 것이 이기는 것이다. 끝까지 이기려고 다투는 사람은 양변에 떨어져 있는 사람이다. 그것은 부처님 법과 어긋난 사람이다.

불교의 핵심인 정혜를 후대 사람들은 다양하게 표현한다. 선문禪門에서는 살활殺活, 화엄경에서는 이理와 사事, 조동종曹洞宗은 명암明暗이라 한다. 황새 다리는 길고, 뱁새 다리는 짧다. 그런데 그것이 실체가 없고 연기 현상이라는 것을 알게 되면 모두 평등하다는 것을 안다. 그러면 황새는 황새대로 뱁새는 뱁새대로 평등하다. 그것을 "산은 산이고 물은 물이다"라고 표현한다.

또 하나 예를 든다면, 우리가 한꺼번에 도인이 되었다고 가정하자. 평등한 것을 깨달았다고 해서 모두 법을 똑같이 쓰지는 않는다. 자기

개성에 맞게 법을 쓴다. 평등이라 해서 이것저것 절충해 뒤섞어 놓는 것이 아니다. 있는 그대로 평등해서 우열을 따지지 않고 귀천, 고하를 따지지 않고, 서로 인정하면서 더불어 살아가는 것이다. 개성을 있는 그대로 인정하면서 자기 능력을 무한 향상할 뿐이다.

그래서 불교의 평등은 세상 사람이 말하는 평등과는 다르다. 이것을 이해해야 한다. 지금 이 순간에도 정혜가 같으면 입으로 어느 것이 좋고 어느 것이 나쁘다 하는 다툼이 없어진다. 또 정혜에 대한 선후를 다투면 그런 사람은 승부심을 못 끊고, 법에 대한 아집이 생겨 사상을 여의지 못한다.

일행삼매란 가거나 머물거나 앉거나 눕거나 항상 곧은 마음을 행하는 것이다.

유마경에 '곧은 마음이 도량이고 곧은 마음이 정토다' 하였다.

마음으로 아첨하고 비뚤어지게 행하며, 입으로는 법이 곧음을 말하지 말라. 다만 곧은 마음으로 행하며 모든 법에 집착하지 않는 것을 일행삼매라 한다.

그러나 미혹한 사람은 법의 모양에 집착하고 일행삼매에 얽매여 앉아서 가만히 움직이지 않는 것을 곧은 마음이라 생각하며, 또 망상을 없애어 마음을 일으키지 않는 것을 일행삼매라 한다. 만약 이와 같다면 이 법은 무정과 같은 것으로 오히려 도를 장애하는 인연이 될 것이다.

도는 모름지기 통하여 흘러야 한다. 어찌 머물러 있을까? 마음이 머물러 있지 않으면 곧 통하여 흐르는 것이고, 머물러 있으면 곧 속박되는 것이다. 만약 앉아서 가만히 있는 것이 옳다면, 유마힐이 숲속에 편안히 앉아 있는 사리불을 꾸짖었음은 옳지 않은 것이리라.

선지식아! 어떤 사람이 사람들에게 '마음을 보고 깨끗한 것을 보며 움직이지도 말고 일어나지도 말라'고 가르쳐 이것으로 공부를 삼게 하는 것을 본다. 미혹한 사람은 이것을 깨닫지 못하고 문득 집착해서 착각함이 수백 가지니, 도를 이렇게 가르치는 사람은 크게 잘못된 것임을 알아야 한다.

선지식아! 정과 혜는 무엇과 같은가? 등과 그 빛과 같다. 등이 있으면 빛이 있고, 등이 없으면 빛이 없다. 등이 이 빛의 몸이요, 빛은 등의 작용이다. 비록 이름은 두 개가 있으나 몸은 둘이 아니다. 이 정혜의 법도 이와 같다.

一行三昧者 於一切時中 行住坐臥 常行直心是 淨名經云 直心是道場 直心是淨土 莫心行諂曲 口說法直 口說一行三昧 不行直心 非佛弟子 但行直心 於一切法 無有執著 名一行三昧 迷人著法相 執一行三昧 直心坐不動 除妄不起心 即是一行三昧 若如是此法同無情 却是障道因緣 道須通流 何以却滯 心不住在 即通流 住即被縛 若坐不動是 維摩詰不合呵呵舍利弗 宴坐林中 善知識 又見有人 敎人坐 看心看淨 不動不起 從此置功 迷人不悟 便執成顚 即有數百般 如此敎道者 故知大錯 善知識 定惠猶如何等 如燈光 有燈即有光 無燈即無光 燈是光之體 光是燈之用 名即有二 體無兩般 此定惠法 亦復如是

일행삼매란 가거나 머물거나 앉거나 눕거나 항상 곧은 마음直心을 행하는 것이다.

여기에서 곧은 마음이란 바로 '양변을 여읜 자리'를 표현하는 말이다. 양변을 여읜 자리에서 가고 머물고 앉고 눕고 말하고 침묵하고 움직이고 조용함行住坐臥 語默動靜을 시간과 공간을 초월해서 행하는 사람을 일행삼매에 든 사람이라 한다.

유마경에 '곧은 마음이 도량이고 곧은 마음이 정토다' 하였다.**

도량이라니까 마당이나 운동장을 상상할 수 있는데, 곧은 마음이 우리의 본래 모습이다. '나다-너다'를 여의면 바로 도량이고, 정토가 된다. 반대로 '나다-너다'가 있으면 도량도 안 되고 정토도 되지 못한다. 그것은 지옥이다. 그래서 마음, 정토 등은 연기이기 때문에 정토라 하고, 도량이라 한다. 연기이기 때문에 우리가 만든 것이 아니고 본래 그렇게 존재하고 있다.

마음으로 아첨하고 비뚤어지게 행하며, 입으로는 법이 곧음을 말하지 말라.

마음으로는 아부하고 비뚤어지게 행하면서 입으로는 법이 곧다고 말하는 사람은 양변에 머물러 있기 때문에 그렇게 되는 것이다. 양변을 여읜 사람이라면 마음으로 곧게 행하고 입으로도 곧게 말할 것이다. 그 곧음은 양변을 여읜 것이다. 곧은 마음이 도량이고 정토인 줄 알면 언행일치가 된다.

다만 곧은 마음으로 행하며 모든 법에 집착하지 않는 것을 일행삼매라 한다.

우리가 양변을 여의어 모든 법을 행하게 되면 집착심이 없어진다. '나다-너다'가 없어 집착할 데가 없고 '부처-중생'이 없는데 '공부한다, 증득한다, 깨닫는다'가 왜 필요할까?

부처님도 깨닫기 전에는 당신도 뭔가 깨닫는 것이 있는 줄 알았다 한다. 당신이 깨닫고 보니까 깨달을 것도 없고, 얻어지는 것도 없이 이미 다 완성되어 있더란다. 우리는 그런 위대한 존재다. 위대한 존재인데 제대로 써먹지도 못하고 자기를 끝없이 학대하고 무시한다. 육조단경을 읽는 분들도 자신의 위대성을 깊이 인식하고 지금껏 그렇게 살지 못한 것에 대하여 억울한 생각을 내면 좋겠다.

그러나 미혹한 사람은 법의 모양에 집착하고 일행삼매에 얽매여 앉아서 가만히 움직이지 않는 것을 곧은 마음이라 생각하며, 또 망상을 없애어 마음을 일으키지 않는 것을 일행삼매라 한다. 만약 이와 같다면 이 법은 무정無情과 같은 것으로 오히려 도를 장애하는 인연이 될 것이다.

달마 스님이 "밖으로 인연을 쉬고 안으로 헐떡거림을 쉬어 마음을 담벼락 같이 하면 가히 도에 들어간다外息諸緣 內心無喘 心如障壁 可以入

道”했다. 그런데 담벼락 같이 되려고 앉아서 움직이지도 않고 망상 없애서 마음도 일으키지 않고 가만히 있으면 이것은 적적寂寂 공부다. 흔히 이것을 도라 오해한다.

예를 하나 들면, '파자소암婆子燒庵' 화두가 있다. 어느 노파가 수좌를 암자에 모시고 20년 동안 밥을 해줬다. 그런데 노파가 아무리 봐도 스님 공부에 진척이 없어 확인해 보려고 자기 딸한테 이렇게 시켰다. "아침에 밥 가져다주고 돌아올 때 스님 무릎에 앉아 이럴 때 경계가 어떤지 물어 보고 나에게 이야기해 다오." 딸이 엄마 말대로 수좌의 무릎에 앉아 "이럴 때 경계가 어떻습니까?"라고 묻자, 스님이 "찬 바위에 고목이 의지한 것과 같다"고 대답했다. 어머니가 그 이야기를 듣고 그 스님을 쫓아내고 암자에 불을 질러버렸다는 이야기다. 이 스님이 한 공부가 바로 적적 공부다. 일행삼매를 적적 공부로 오해하면 안 된다.

도道는 모름지기 통하여 흘러야 한다. 어찌 머물러 있을까?

덕이본 단경에는 "정과 혜가 하나가 되었더라도 그것은 도가 아니다"라고 한다. 그리고 이어 한두 줄 내려가면, "혜와 정이 하나가 되어 통류해야 도다"라는 말이 나온다. 그럼 통하여 흐르는 것通流이 무엇이냐?

나는 20여 년 전 각화사 동암에서 혼자 정진할 때 우연히 육조단경의 이 대목을 보고 혜안이 열렸다. '백척간두 진일보'가 무슨 말인지 깨달았다. 백척간두 진일보의 백척百尺은 33미터이다. 법주사 부처님도 백척이고, 동화사 부처님도 백척이다. 이 백척이란 말에는 매우 깊은 의미가 있다. 백척간두는 33미터나 되는 장대 위의 공간을 말하는데, 그 공간이 얼마나 되겠나. 《서장書狀》에서는 "한 털 머리 위에서 백천묘의百千妙義가 나온다"고 했다.

백척간두가 뭘 의미하는지를 알아야 한다. 그래야 불상이 설명된다. 이것은 얘기하고 싶지만, 얘기할 수 없다. 앞에서 계속 설명했다. 스스로 알아보라.

여기에서도 정과 혜가 하나된 그 자리에서 통하여 흘러야 한다. 앞에서 생사 얘기를 했는데 양변을 여읜 자리가 '일어났다-꺼졌다, 일어났다-꺼졌다'를 활발하게 하고 있는 것을 말한다. 우리가 그 자리에서 정말 자유자재하게 작용하며 통하고 흘러야 한다.

마음이 머물러 있지 않으면 곧 통하여 흐르는 것이고, 머물러 있으면 곧 속박되는 것이다.

마음이 어디에 머물면 어떻게 되는가? 속박된다.

만약 앉아서 가만히 있는 것이 옳다면, 유마힐이 숲 속에서 편안히 앉아 있는 사리불을 꾸짖었음은 옳지 않은 것이리라.

《유마경》 제2〈제자품〉에 보면 부처님께서 사리불에게 유마 거사를 문병하라고 한다. 그러자 사리불은 과거 자신이 숲 속에서 조용히 좌선을 할 때 유마 거사에게 경책받은 이야기를 하며 자신은 문병을 갈 수 없다고 고백한다. 사리불이 수행한다고 숲 속에 가만히 앉아 있으니 유마 거사가 그것을 꾸짖은 것이다.

선지식아! 어떤 사람이 사람들에게 '마음을 보고 깨끗한 것을 보며 움직이지도 말고 일어나지도 말라'고 가르쳐 이것으로 공부를 삼게 하는 것을 본다. 미혹한 사람은 이것을 깨닫지 못하고 문득 집착해서 착각함이 수백 가지이니, 도를 이렇게 가르치는 사람은 크게 잘못된 것임을 알아야 한다.

어떤 사람이 가만히 앉아 마음을 보고 깨끗한 것을 봐서 움직이지도 않고 일어나지도 않는 것이 도라 가르치는 것은 잘못되었다는 것이다. 이것은 적적 공부만 가르치는 사람을 말한다. 적적 공부는 잘못된 것이다. 적적성성 공부를 해서 은산철벽銀山鐵壁을 투과하든지, 멸진정滅盡定***을 투과하든지, 그렇게 해서 자유자재하는 것이 해탈이다. 어디에 정체해 있거나 머물러 있는 것은 도가 아니라는 것을 바로 알아야 한다.

선지식아! 정과 혜는 무엇과 같은가? 등과 그 빛과 같다. 등이 있으면 빛이 있고, 등이 없으면 빛이 없다. 등이 이 빛의 몸體이요, 빛은 등의 작용用이다. 비록 이름은 두 개가 있으나 몸은 둘이 아니다. 이 정혜의 법도 이와 같다.

여기서 등과 그 빛을 비교하는데, 앞에서 새끼, 짚신, 가마니를 비교했다. 우리의 짚이 무엇인지 알면, 이 이야기가 다 군더더기고 쓸데없는 말이다.

요즘 화두 참선을 하려는 사람이 점점 늘고 있는데, 출가나 재가를 막론하고 "화두가 안 들리는데 어떻게 하면 좋을까요?"라는 질문을 많이 한다. 분명히 알아야 할 것은, 깨달은 선지식들이 말 한마디를 하거나 법문한 것이 모두 그 자리에서 당장 깨달으라 한 말이다.

혜능대사 당시에도 법문 듣고 그 자리에서 깨달은 분이 많다. 의심하라고 화두를 제시한 것이 아니다. 특히 선어록은 그 자리에서 바로 깨달은 것이다. 《벽암록碧嚴錄》을 보면, 도인 스님들이 하는 법문을 일기一機 · 일경一境 · 일언一言 · 일구一句 네 가지로 정리해 놓았다. 일기는 눈썹을 올린다든지 눈을 껌뻑거린다든지 하는 것, 일경은 불자나 주장자를 드는 것, 일언은 아주 짧은 말, 일구는 긴 말이다.

그런데 그 자리에서 깨달은 분도 많지만, 못 깨달은 분은 어쩔 수 없이 말이나 일기, 일경을 듣고 보고 '왜?', '어째서?' 하고 의심하는 것이다. 지금 우리가 화두라 하는 것은 본래 선지식들이 바로 깨달으라 한 말이라는 것을 알아야 한다.

우리가 깨달으면 좋겠지만, 못 깨닫는다 하더라도 정견正見은 서야 한다. 얼마 전에 만난 어떤 스님은 스무 살에 출가하여 40여 년이 넘게 평생을 선방에서 보냈지만, 아직도 "화두가 안 들린다, 발심이 안 된다"고 솔직히 털어놓았다. 출가해서 일생을 선방에서 보내면서 화두와 씨름했는데 화두가 왜 안 들릴까?

화두 공부가 안 되는 것은 진심으로 안 했기 때문에 그렇다. 부처님의 법, 부처님의 깨달음이 이 세상 무엇보다도 가치 있고 의미 있다는 점을 바르게 인식하지 못했기 때문이다. 공부를 하더라도 가치를 알고 진심으로 해야 한다.

금강경에 부처님이 수행할 때 나찰에게 몸을 바치는 대목이 있다. 그렇게 이 세상에서 법에 대한 가치를 어떤 것과도 바꿀 수 없다는 인식이 생겨야 한다. 이런 인식이 나려면 먼저 정견이 서야 한다. 부처님 법을 바르게 이해하여 정견이 서야 그 가치를 알고 진심으로 공부하게 된다. 그래서 이 육조단경을 공부해야 한다. 육조단경을 공부해서 정견 정도는 세워야 시간 낭비를 하지 않는다. 육조단경이 다 중요하지만 〈정혜〉, 〈무념〉 편에 불교의 핵심을 다 이야기해 놓았다.

• 유와 무, 나와 너가 분리되어 있다고 이해하는 것을 말한다. 그렇게 이해하는 사람은 '나다-너다'가 있고 '옳다-그르다'가 있고 '정과 혜가 다르다'고 여기므로 언행일치가 되기 어렵다.

•• 《유마경》제1〈불국품〉에 "직심이 바로 보살의 정토이니……"와 제4〈보살품〉에 "직심이 바로 도량이니 헛됨과 거짓이 없기 때문이다"라고 했다.

••• 멸진정은 초기불교에서 말하는 9단계의 선정(색계 4선+무색계 4선+멸진정) 가운데 마지막 단계로, 초기불교 수행에서 최고에 이른 아라한이 드는 삼매를 말한다.

8

無念

무념

선지식아! 법에는 돈점이 없되 사람에게는 영리함과 둔함이 있다. 미혹한 사람은 점점 계합하고, 깨달은 사람은 단박에 닦느니라. 스스로 본마음을 아는 것이 본성을 보는 것이다. 깨닫고 나면 본래 차별이 없지만, 깨닫지 못하면 긴 세월 동안 윤회하는 것이다.

善知識 法無頓漸 人有利鈍 迷即漸契 悟人頓修 識自本心是見本性 悟即元無差別 不悟即長劫輪廻

선지식아! 법에는 돈점頓漸이 없되 사람에게는 영리함과 둔함이 있다.

여기에서 돈頓·점漸*이 나온다. 지금 우리나라에서 말하는 돈점은 육조 스님 당시와는 내용이 다르다. 중국에서 말하는 돈점은 육조 스님과 신수 스님으로 갈라진다. 공부하는 방법도 다르다. 우리나라 돈점은 육조 스님 이하 남악회양(677~744)으로부터 마조도일(709~788), 백장회해(百丈懷海, 749~814) 등으로 내려오는 그 계통을 다 인정한다. 돈오돈수 하는 분은 말할 것도 없고, 돈오점수 하는 분도 그 법맥에 줄을 대고 있으니 사실 뿌리가 같다.

간혹 이런저런 자리에서 그런 시비가 일게 되면, 나는 이렇게 얘기한다. "보조 스님 이후에 자꾸 돈점 얘기가 나오는데 그 시점에서 가지를 잘라버리자. 조상은 하나다. 이것을 인정하고 큰집, 작은집 정도로 보자. 육조와 신수 스님이 갈린 것과 우리는 다르니 시비하지 말자."

우리나라 돈점은 중국과 달리 조상이 하나다. 돈오의 기준에 높고 낮음이 있다. 과연 조사선의 돈오 기준이 어느 것이 맞는지 깊이 생각해야 한다. 여기 "법法에는 돈점이 없다" 할 때 '법'은 '손가락과 달'의 비유에서 '달'이다. 우리의 존재원리, 본래 부처 자리에는 돈점이 없다. 다만 사람에 영리하고 둔한 것이 있다.

사람에 영리하고 둔한 것이 있다고 하지만, 뒤에 아무리 둔한 하근기라도 최상승 법문을 듣고 믿어 공부하면 최상승 근기라 한다. 사람의 근기에 상근기, 하근기가 따로 있는 것이 아니다. 믿고 하면 다 상근기다.

여기에서는 영리하고 둔한 것을 가리켜 영리한 것은 상근기고 둔한 것은 하근기다 했는데, 실제 공부하는 과정은 모두 손가락이다. 손가락인 방편에는 그런 것이 있다 하더라도 법, 즉 우리 존재원리에는 돈점이 없다. 부처님이나 우리나 존재원리는 똑같다. 다만 우리는 내가 있다는 착각에 빠져 그 효능이 안 나오고 있는 것뿐이다. 착각만 깨면 본래 자리로 돌아간다. 깨달음을 꿈 깬 것에 자주 비유하는데, 꿈 깨면 꿈속에서 했던 일이 다 허망하듯이 법에는 돈점이 없다. 법에는 종교의 차이도 없다. 하나님이나 알라신이나 공자나 브라만도 연기 현상으로 보면 다 부처님이다. 조금도 다를 바가 없다.

"형상이 있거나 없거나 모든 존재는 연기로 존재한다. 연기로 존재하기 때문에 실체가 없고 공이다." 이렇게 공이라 하니 허무하고 아무것도 없는 것이냐. 세상 사람들이 불교의 공에 대해서 가장 이해하지 못하는 것이 바로 이 점이다. 공이라고 하니 '있다-없다'의 공인 줄 알고 허무한 종교다, 비관적인 종교다 말들 한다.

불교에서 말하는 공은 그런 것이 아니다. 구름이 걷히면 해가 나타나는 그런 공이다. 우리가 비교하면서 이런저런 스트레스 받고 자기 학대하던 그 자리가 공인 줄 알면, 그것은 사라지고 거기에 태양과 같은 지혜가 나온다. 그 지혜가 우리 마음을 평화롭게 만든다. 그리고 어떤 차별경계, 역경계·순경계가 나타난다 하더라도 거기에 꺼들리지 않고 자유자재할 수 있는 능력을 얻게 된다. 불교의 본질은 평화와 자유다.

법에는 돈점이 없다는 말은 돈점뿐 아니라 종교의 차이도 없고, 남녀·귀천·지위 고하도 없고, 일체가 없는 자리면서 일체가 활발하게 살아 있는 자리라는 뜻이다. 이 자리가 우리 존재원리다.

우리 존재원리는 만들어서 된 것이 아니고 지금 보고 듣고 하는 바로 그것이다. 그것이 돈점이 없는 자리다. 이것만 알면 불교를 다 이해하는 것이다. 그래서 그 자리를 불립문자不立文字라 하는데, 문자만 세우지 않는 자리가 아니라 돈·점도 세우지 않고 '부처다-중생이다', '해탈이다-구속이다', '지혜다-번뇌다' 이렇게 대립하는 양변도 세우지 않는 자리다. 겉으로 드러나는 현상 말고 그 본질만 보면 마음이 편안해지고 자유롭게 되는 것이다.

세상 사람들이 이 자리만 알면 경찰서나 형무소도 필요 없다. 인류 역사가 몇 천 년 내려오면서 계속 갈등하고 대립하면서 전쟁하고 있는데 이것을 전부 해소해줄 수 있는 그런 위대한 자리다. 그렇게 귀중한 자리기 때문에 그 자리에 돌아가기 위해서 공부하고, 수행하고, 출가까지 하는 것이다.

누구든지 어떤 분야에서 무슨 일을 하더라도 이 자리를 보아 영원히 자유롭고 행복하게 살기 위해서는 끝없이 정진해 나가야 한다.

미혹한 사람은 점점 계합하고, 깨달은 사람은 단박에 닦느니라. 스스로 본마음本心을 아는 것이 본성을 보는 것이다.

우리가 미혹해 있으면 점차 계합한다. 육조 스님은 돈오를 주창했지만, 이와 같이 점진적인 깨달음에 대한 말도 하고 있다. 그렇지만 깨달은 사람은 꿈 깬 것과 같으니, 꿈을 깨면 더 닦을 것이 없다. 깨달은 사람은 단박에 닦는다. 그래서 식심견성識心見性이라고 하는데, 본마음本心을 알면 본래 성품本性을 본다. 이 본마음은 우리가 지금 보고 듣고 작용하는 이 마음이다.

여기에서 본 성품을 보고 견성한다는 것은 보고 듣고 작용하는 것을 일으키는 바로 그 자리를 보는 것이니까 이것이 둘이 아니라 하나다. 일으키는 자리와 일어나는 작용이 하나다.

지금 보고 듣고 하는 것은 누구나 한다. 그 보고 듣고 하는 것이 어디에서 일어나고 있느냐? 이것을 보는 것이 견성見性이다. 멀리 있는 것이 아니다.

깨닫고 나면 본래 차별이 없지만

우리가 깨닫고 나면 거기에는 부처-중생, 빈부, 귀천 등의 구별이 없어진다. 영리하고 둔한 것도 없고, 남자-여자, 하나님-부처님도 다 없다. 그래서 편안하고 자유롭다. 우리가 껍데기만 볼 때는 온갖 차별을 다 하지만, 성품만 보면 차별이 없어진다. 본래 그 자리는 평등하다.

우리는 일상에서 차별하면서 엄청난 스트레스를 받는다. 남편도 차별하고 아내도 차별하고 서로 상처를 주면서 산다. 하지만 이 성품 자리를 보게 되면 전부 평등하다는 것을 알게 된다. 동시에 자기가 어떤 일을 하더라도 비교하는 마음이 없어진다. 그래서 자기 하는 일이 무엇이든 그 안에서 가치와 의미를 발견한다. 그럼 자기 일을 열심히 하면서 그 분야의 전문가가 되고, 자기 스스로를 인정하고 살아갈 수 있다.

깨닫지 못하면 긴 세월 동안 윤회하는 것이다.

죽어 윤회輪廻하는 것도 윤회지만, 이생에서도 계속 윤회한다. 이일 하다 저 일 하고, 또 이 순간에도 이 생각하다 저 생각하는 것이 다 윤회다.

선지식아, 나의 이 법문은 예부터 무념으로 종을 삼고, 무상으로 체를 삼으며, 무주로써 본을 삼는다. 무엇을 무상이라 하는가? 무상이란 모양에서 모양을 여읜 것이고, 무념이란 생각에서 생각을 여읨이오, 무주란 사람의 본래 성품이 생각마다 머물지 않는 것이다. 그러나 앞 생각과 지금 생각과 뒷 생각이 생각 생각 이어져 끊어지지 않으니, 만약 한 생각이 끊어지면 법신이 곧 색신을 여읜다. 생각할 때마다 모든 법 위에 머무름이 없으니, 만약 한 생각이라도 머무르면 생각마다 머물러 이를 얽매임이라 하며, 모든 법 위에 순간 순간 생각을 여의면 곧 얽매임이 없는 것이다. 그러므로 무주로 근본을 삼는다.

善知識 我自法門 從上已來 皆立無念爲宗 無相爲體 無住爲本 何名無相 無相者於相而離相 無念者 於念而不念 無住者 爲人本性 念念不住 前念今念後念 念念相續 無有斷絶 若一念斷絶 法身 卽是離色身 念念時中 於一切法上無住 一念若住 念念卽住 名繫縛 於一切法上 念念不住 卽無縛也 是以無住爲本

선지식아, 나의 이 법문은 예부터 무념無念으로 종을 삼고, 무상無相으로 체를 삼으며, 무주無住로써 본을 삼는다. 무엇을 무상이라 하는가? 무상이란 모양相에서 모양相을 여읜 것이고, 무념이란 생각에서 생각을 여읨이오

무상無相, 즉 '모양에서 모양을 여읜다'는 말이 어렵다. 보통 사람은 '나다-너다' 하는 이분법으로 사고한다. 그런 사람에게 무상이라 하면, 상을 없애는 것으로 이해하기 쉽다.

불교에서 무상이라는 것은 '모양에서 모양을 여읜다', '모양을 두고 모양을 여읜다'라는 말이다. 이분법적인 사고에 익숙한 사람들에게는 이것이 어렵다. 무상, 즉 '상에서 상을 여읜다'는 말은 무엇인가? 앞의 상은 '있다-없다' 하는 상이다. 그러니 상이 있다는 말이다. 그 다음 '상을 여의었다'는 것은 '좋다-나쁘다'라는 이분법적인 분별심을 깨어 상을 여읜다는 말이다.

예를 들면 지금 보고 있는 책이나 펜, 책상, 컵, 안경 등이 다 모양이 다르더라도 모두 금으로 만들어졌다고 가정하면 모양은 다르지만 금으로 만들어졌다는 것은 같다. 반복하지만 새끼나 짚신, 가마니는 그 모양이 다 다르지만 그 재료가 짚이니 하나다. 이것을 상에서 상을 여의었다고 한다.

일상생활에서 내 집-옆집, 남편-부인을 비교하는 것이 괴로움苦인데, 상에서 상을 여의면 비교할 것 없이 똑같다. 그러면 자기 학대도 안 하고 남도 학대하지 않는다. 그것이 괴로움을 여의는 것이다. 그러

면 고통이 사라진다.

무념도 똑같다. 생각하면서 생각을 여읜다는 것이다. 무념은 주관적인 분별심을 여의고 보는 것, 무상은 객관적인 모양이나 물체를 보면서 분별심을 여의고 보는 것, 이렇게 보면 된다. 무념은 주관적인 입장에서 보고, 무상은 객관적인 사물이나 사건에 대하여 그렇게 보는 것으로 구분할 수도 있다.

무주란 사람의 본래 성품이 생각마다 머물지 않는 것이다.

무주無住는 우리가 만든 것이 아니다. 우리 존재원리의 성품이 그렇다. 우리는 지금 이 순간에도 이 생각에서 저 생각으로 넘어가고, 또 이것 봤다 저것 봤다 잠시도 머물지 않고 계속하고 있다.

그리스의 어느 철학자가 "아침에 흘러가는 물에 발을 담그면, 그 흘러간 물에 다시 발을 적시지 못한다"고 했다. 모양만 보면 같은 물이 계속 내려가는 것으로 보이지만, 아침에 담갔던 그 물이 다시 돌아와서 그 발을 적시고 지나가지는 않는다.

우리 마음도 계속 작용하는 것처럼 느끼는데 실제 우리 존재원리는 일어났다 꺼졌다, 일어났다 꺼졌다 한다. 그래서 공부를 지속적으로 향상시켜 나아가 깊이 잠이 든 상태에서도 화두 의심이 지속되는 숙면일여熟眠一如, 팔식八識 경계에 들어가면, 햇빛이 창문으로 들어오면 방 안 먼지가 보이듯이 미세한 생각이 보인다.

그 미세 망념이 남아 마지막 숙면일여를 투과해야 완전히 견성이라 한다. 그 상태는 지금 못 느끼지만, 무의식 세계에서는 그런 미세 망념이 일어나고 있다. 잠재의식, 육식六識으로 우리가 의식을 느끼지만, 뭔가 있어서 계속 작용하는 것으로 느낀다. 실제로 의식은 일어났다 꺼졌다를 계속 반복한다. 그래서 우리 의식은 무주다. 의식뿐 아니라 모든 것이 무주다. 무상無常이라 말하기도 한다. 항상 변하고 있다.

그러나 앞 생각前念과 지금 생각수念과 뒷 생각後念이 생각 생각 이어져 끊어지지 않으니, 만약 한 생각이 끊어지면 법신法身이 곧 색신色身을 여읜다.

이 부분이 육조단경의 문제 대목이다. 생각 생각이 계속 일어났다 꺼졌다 반복하고 있다. 그런데 그 문제는 접어 두고 "한 생각이 끊어지면 법신이 색신을 여읜다"라고 법신과 색신, 이 둘을 나눠 얘기하고 있다. 여기에서는 법신과 색신을 단절하면 서로 분리되는 것이다.

반야심경에 오온五蘊이 개공皆空이라 했다. 오온은 색色·수受·상想·행行·식識인데, 색은 이 세상의 모든 형상 지어진 존재를 말한다. 이 책도 색이다. 색은 이렇게 광범위한 의미를 가지고 있지만, 좁혀 보면 몸도 공이라 했고, 수·상·행·식도 공이라 했다.

그런데 여기에서는 색신과 법신을 둘로 보고 있다. 법신은 우리의 정신을 말하고, 색신은 우리의 몸으로 본 것이다. 한 생각이 끊어지면 이 정신과 육체가 분리되어 죽는다고 본 것 같다. 그러나 '오온이 모두 공이다'라는 견지에서 보면 '육체도 공이고 정신도 공이다' 했으니 이 말이 맞지 않다.

육조 스님의 제자 중에 남양혜충(南陽慧忠, ?~775) 국사가 있는데 육조께서 입적(713)하시고도 오랫동안 살아 계셨다. 이분이 계실 때 이미 육조단경이 편집되었는지 그 이야기가 《전등록傳燈錄》 혜충 국사 편에 나온다.

"내가 전에 행각을 다닐 때에도 이런 무리를 많이 보았는데 요새는 더욱 번성하고 있다. 3백, 5백 대중을 모아 놓고 눈으론 하늘을 멍하니 바라보면서 말하기를 '남방의 종지'라 한다. 단경을 꺼내다가 이리저리 바꾸고, 누추한 말을 섞어 성인의 뜻을 깎아버리고, 후학들을 어지럽히니, 어찌 가르침이라 하겠는가. 애달픈 일이다. 우리 종宗은 망하는구나."

눈 먼 무리가 단경에 손을 대서 후대에 혼란에 빠질 것으로 보고 걱정하고 있는데, 바로 이 대목 때문이다.

여기에서처럼 "색신과 법신이 분리된다"고 하면 이원적인 사고에 빠진다. 혜충 국사가 걱정한 대로 저속하게 고쳐진 것이다. 이 대목을 좋게 봐서 모든 존재가 연기니까, 인연이 합해졌다가 흩어진다는 시각에서 보면 조금 이해는 된다. 하지만 앞에서 말한 법신은 정신이고 뒤에서 말한 색신은 육체라고 보면 상당히 문제가 있으니, 연기되었다가 그것이 흩어지는 것으로 이해하면 좋겠다.

생각할 때마다 모든 법 위에 머무름이 없으니, 만약 한 생각이라도 머무르면 생각마다 머물러 이를 얽매임이라 하며, 모든 법 위에 순간순간 생각을 여의면 곧 얽매임이 없는 것이다.

여기에서 머무른다는 말은 집착으로 봐야 한다. 왜 집착하느냐? 이분법적인 사고를 하기 때문에 집착한다. 집착하기 때문에 머물게 되고 머물게 되니 자유로울 수 없다. 속박이 된다. 왜 속박이 되느냐? '있다-없다' 하면 귀천·고하가 있게 되고, 그로부터 분별심이 생겨서 괴로움도 일으켰다 즐거움도 일으켰다 하는 희로애락을 계속하게 된다. 때문에 그 자체가 속박이다. 우리가 속박에서 벗어나고, 집착에서 벗어나려면 이분법적인 사고를 뛰어넘어야 한다.

또 "모든 법 위에 생각 생각이 머물지 않으면"은 집착하지 않는 것이다. '좋다-나쁘다'의 대상이 되는 모든 것이 평등함을 알게 되면, 어떤 차별경계에서도 자유로울 수 있다. 마주치는 경계에서 자유롭지 못하면 그건 속박이다.

어떻게 해야 자유롭게 살 수 있느냐? '내가 없다'는 것만 알면 모든 것에서 자유로울 수 있다. 만약 한 생각이라도 머물면 생각 생각이 머물러 그것에 구속된다. 모든 법에 생각 생각이 머물지 않으면 구속으로부터 해탈한다.

그러므로 무주로 근본을 삼는다.

이 무주도 굉장히 중요하다. 상에서 상을 여의고 생각에서 생각을 여읜다. 또 우리 생각이 본래 무주다. 어디 머무르면 집착이 되어 벌이 창문을 뚫고 나가려다가 나중에는 힘이 없어 떨어져 죽듯이 우리는 그렇게 죽고 만다.

선지식아! 밖으로 모든 모양을 여의는 것이 무상이다. 다만 모양을 여의면 성품의 체는 청정하다. 그러므로 무상으로써 본체를 삼는다. 모든 경계에 물들지 않는 것을 무념이라 하니, 스스로 생각 위에 경계를 여의어 법에 대한 생각을 내지 않는 것이다. 백 가지 사물을 생각하지 않고 생각을 모두 없애지 말라. 한 생각 끊어지면 곧 다른 곳에 남을 받게 될 것이다.

도를 배우는 사람은 마음을 써서 법의 뜻을 쉬어라. 자기의 잘못은 그렇다 하더라도 다시 다른 사람에게 권하겠는가. 미혹한 사람이 스스로 알지 못하고 또 경전의 법을 비방하니, 그러므로 무념을 세워 종으로 삼는다. 미혹한 사람이 경계 위에 생각을 두고 그 생각 위에 곧 삿된 견해를 일으키므로 모든 번뇌와 망령된 생각이 이로부터 생긴다.

善知識 外離一切相 是無相 但能離相 性體淸淨 是以無相爲體 於一切境上
不染名爲無念 於自念上離境 不於法上念生 莫百物不思 念盡除却 一念斷 卽
別處受生 學道者用心 莫不息法意 自錯尙可 更勸他人 迷不自見 又謗經法 是
以立無念爲宗 卽緣迷人 於境上有念 念上便起邪見 一切塵勞妄念 從此而生

선지식아! 밖으로 모든 모양相을 여의는 것이 무상이다.

밖으로 보이는 사람이나 물건, 무엇이든지 다 상相을 여의라고 했다. 상을 여읜다는 말은 실체가 없으니 공으로 보라는 것이다.

일상생활에서 밖으로 보이는 모든 형상相을 '좋다-나쁘다', '예쁘다-밉다' 하니까 문제가 생기는 것이다. 어떤 형상도 중도 연기로 보아 실체가 없다는 것을 알면 그것이 무상이다. 그러면 그 형상에 대한 집착을 끊어 자유자재할 수 있고 영원히 자유로울 수 있다.

다만 모양相을 여의면 성품의 체는 청정하다.

청정하다는 것은 깨끗하다는 뜻이다. 이 '깨끗하다'도 이분법적인 깨끗함이 아니라 그것을 초월한 깨끗함을 말한다.

예를 들어 금덩어리를 보면서 '저것은 좋은 것이다' 하면서 '나쁘다'의 반대되는 '좋다'로 본다면 그것은 제대로 깨끗하게 본 것이 아니다. 반대로 똥덩어리를 보고 깨끗하다고 한다면, 그것은 금덩어리를 보고 깨끗하다고 한 것보다 더 위대하다. 똥덩어리를 보고 깨끗하다고 할 사람이 있을까? 그것을 보고 깨끗하다는 것은 '더럽다-깨끗하다'를 초월했다는 것이다. 금덩어리나 똥덩어리나 똑같이 청정해서 평등한 것을 알아 어디에도 집착하지 않고 자유자재해야 한다.

모든 경계에 물들지 않는 것을 무념이라 하니, 스스로 생각 위에 경계를 여의어 법에 대한 생각을 내지 않는 것이다.

"일체 경계에 물들지 않는다"는 의미는 무엇에 집착하지 않으면 물들지 않는 것이다. 물들지 않으려면 모든 대상이나 그 대상을 인식하는 의식도 전부 연기 현상이고 실체가 없다는 것을 알아야 한다.

"스스로 그 생각 위에 경계를 여의어"라고 할 때 생각 위에 경계는 그것이 실체가 없고 공이라는 것을 아는 것이다. 우리가 깨달으면 저절로 경계에 꺼들리지도, 지배받지도, 구속되지도, 자기를 학대하지도 않게 된다.

그렇지만 역경계를 만났을 때, 누가 나를 욕한다든지 손해를 입어 속상할 때, 그것이 마음에 머물러 오래 간다. 그것이 하루 가는 사람도 있고 열흘, 한 달, 일 년 가는 사람도 있다. 심한 사람은 그로 인해 쇼크를 받아 중풍이 들거나 죽기도 한다.

순경계, 즉 좋을 때는 의식 못하지만 역경계를 만났을 때는 그것이 마음속에 머물러 스트레스를 일으키는데, 그때 '그래, 연기 현상이고 공이다'라고 생각하고 스트레스를 푸는 훈련을 해야 한다. 한 번, 두 번, 세 번 이렇게 반복하다 보면 단련이 된다. 그렇게 단련이 되면 역경계를 만나 스트레스 받는 일도 훨씬 수월하게 넘길 수가 있고 그 문제를 해결할 수 있는 지혜가 나온다. 그래서 깨닫지는 못했지만 일상생활에서 그런 정견으로 보는 안목을 기르다 보면 그것이 생활화되는 것이다.

오래전부터 교계에서 '불교를 생활화하자'는 운동이 많았다. 교계 신문에서 그런 캠페인도 하고 관련 법문도 많이 소개했다. 그 후 나타나는 모습은 생활화가 아니라 세속화였다. 왜 그럴까? 정견이 갖춰지지 않아 그렇다. 정견이 갖춰진 사람이라면 그 생활화가 바로 수행이다. 부처님 교법을 바르게 이해하여 정견을 세우면, 그 정견을 지속해나가는 것이 절·염불·참선·봉사 등의 수행과 똑같다. 그렇게 향상하면서 나아가야 한다.

이 세계에서 한국불교만큼 법을 깊이 보는 곳이 없다. 우리는 조사선 전통이 내려왔기 때문에 안목이 굉장하다. 다른 어느 나라 불교보다도 경쟁력이 있다. 폄하하는 것이 아니라, 한국불교는 틱낫한 스님이나 달라이라마 스님의 가르침보다 더 깊이가 있다. 그럼에도 불구하고 한국불교의 스님들은 틱낫한 스님이나 달라이라마 스님만큼 신뢰와 존경을 받지 못하고 있다. 그 까닭은 무엇일까?

간화선 때문에 그렇다고 말하는 사람도 있는데, 아니다. 바로 공부 따로 생활 따로 하고 있는 것이 문제다. 수행과 생활이 일치하지 않고 있다. 법문이나 가르침이 아무리 훌륭해도 그것을 실천하고 생활화하지 않으면 아무 소용이 없다. 그런데 실천은 제쳐놓더라도 정견도 갖추지 못하고 있으니 이것이 문제다.

바른 수행을 하려면 무엇보다 부처님의 가르침을 바로 알아 정견을 세울 줄 알아야 한다. 정견을 세우고 생활화해 나가면 마음이 편안해지고 불교가 일상생활에서 매우 유용하고 위대한 가르침이란 것을 저절로 알게 된다.

백 가지 사물을 생각하지 않고 생각을 모두 없애지 말라. 한 생각 끊어지면 곧 다른 곳에 남을 받게 될 것이다

　근본적으로 아무 생각 안 하는 것이 무념이라 생각하기 쉬운데 그것은 아니다. 그것은 단견斷見과 상견常見 가운데 단견에 떨어지는 것이다. 상견과 단견은 이분법적인 사고에서 비롯된다.

　"백 가지를 생각하지 않고 생각을 다 없애지 말라"는 것은 단견에 떨어지지 말라는 의미이다. 그렇게 단견에 떨어진 사람이 한 생각이라도 끊기면 곧 다른 곳에 나게 될 것이다. 여기에서 다른 곳은 '단견에 떨어지는 곳'이라고만 알고 가볍게 넘어가자.

도를 배우는 사람은 마음을 써서 법의 뜻法意을 쉬어라.

　법의 뜻은 이분법적인 사고를 말한다.

자기의 잘못은 그렇다 하더라도 다시 다른 사람에게 권하겠는가.

　자기 혼자 잘못되는 것, 그것도 괜찮은 게 아니지만 잘못된 것을 타인에게 권하면 안 된다는 말이다. 이 무념을 잘못 이해해서 다른 사람한테 잘못 말해서는 안 된다.

미혹한 사람이 스스로 알지 못하고 또 경전의 법을 비방하니, 그러므로 무념을 세워 종으로 삼는다.

　무념이나 무상에 대한 것을 스스로 알지 못하고 부처님 경전이나

법을 비방하니, 무념을 세워 종宗을 삼아야만 부처님 법도 비방하지 않고 우리가 못 보는 것도 보게 된다는 말이다.

미혹한 사람이 경계 위에 생각을 두고 그 생각 위에 곧 삿된 견해를 일으키므로 모든 번뇌와 망령된 생각이 이로부터 생긴다.

이것이 법의法意다. 앞에서 "법의를 쉬어라"라고 했던 그것이다. 경계 위에 '있다-없다' 생각을 일으키고, 그 생각 위에 또 삿된 견해를 일으킨다. 집착하는 것이 삿된 견해다. 모든 번뇌와 망령된 생각이 이로부터 일어나게 되는 것이다.

결국 이런 것이 모두 반야심경의 오온개공을 모르고 '내가 있다'고 보기 때문에 그렇다. 이것 하나만 알면 근본을 알게 되는 것이다.

이 몸이 오고 가고 하며 듣고 보고 하는데 왜 무아無我냐? 왜 공이라 하느냐? 연기이기 때문에 공이다. 실체가 없다. 우리는 형상만 보고 자꾸 '있다'고 집착한다. 그런데 부처님은 이것을 '실체가 없다', '공이다', '무아다' 이렇게 말했다. 이것이 부처님이 깨달은 법이다.

그러나 이 가르침의 문은 무념을 세워 종을 삼는다. 세상 사람이 견해를 여의고 생각을 일으키지 않아 생각함이 없으면 그 무념도 또한 서지 않는다.

없다 함은 무엇이 없다는 것이고, 생각함이란 무엇을 생각하는 것인가? 없다 함은 두 모양의 모든 번뇌를 떠난 것이고, 생각함은 진여의 본성을 생각하는 것으로, 진여는 생각의 본체요 생각은 진여의 작용이다.

자기 성품이 생각을 일으켜 비록 보고 듣고 느끼고 아나, 만 가지 경계에 물들지 않아 항상 자재한다. 유마경에 말씀하기를 "밖으로 능히 모든 법의 모양을 잘 분별하나 안으로 반드시 움직이지 않는다" 하였다.

然此敎門 立無念爲宗 世人離見 不起於念 若無有念 無念亦不立 無者無何事 念者念何物 無者離二相諸塵勞 念者念眞如本性 眞如是念之體 念是眞如之用 自性起念 雖卽見聞覺知 不染萬境而常自在 維摩經云 外能善分別諸法相 內於第一義而不動

그러나 이 가르침의 문은 무념을 세워 종을 삼는다. 세상 사람이 견해를 여의고 생각을 일으키지 않아, 생각함이 없으면 그 무념도 또한 서지 않는다. 없다 함은 무엇이 없다는 것이고, 생각함이란 무엇을 생각하는 것인가? 없다 함은 두 모양의 모든 번뇌를 떠난 것이고

여기에서 '견해를 여읜다'는 것은 '있다-없다' 하는 견해를 여의는 것이다. 그것을 여의었으니 '좋다-나쁘다', '높다-낮다' 하는 생각을 일으키지 않게 된다. 그렇게 생각함이 없으면 그 무념도 서지 않는다. 즉 무념에도 집착하지 않는다. 그래서 선요에 보면 "없다 하는 그것도 없어져야 한다"고 말한다.

'있다-없다' 이 두 모양을 여의는 것이 무념이다. 그럼 모양은 왜 여의어야 하느냐? 우리 존재원리가 그렇게 되어 있다는 것이다.

생각함은 진여의 본성을 생각하는 것으로, 진여는 생각의 본체요 생각은 진여의 작용이다.

앞의 〈정혜〉편과 같은 말이다. 두 모양, '있다-없다', '나다-너다'를 여의어야 한다. 왜냐하면 진여본성 그 자리는 있는 것도 아니고 없는 것도 아니기 때문이다. 또 있기도 하고 없기도 하다. 이 말이 어렵다. '있다-없다' 할 때 '있다'고 하면 상견常見에 떨어지고 '없다'고 하면 단견斷見에 떨어진다.

우리의 존재원리인 진여본성은 있는 것도 없는 것도 아니고, 있기도 하고 없기도 해서 그 두 변이 분리되어 있는 것이 아니라는 것이

다. 이것을 바로 보게 되면 모든 것을 평등하게 보게 되고, 어떤 차별 경계가 나타나더라도 거기에 꺼들리지 않고 자유자재하게 된다. 그래서 여기에서 '없다'고 하는 것은 모양이 없는 것, 양변이 없는 것을 말한다. 또 '생각한다'는 것은 진여본성眞如本性, 즉 일체 차별이 없는 그 자리를 생각한다고 말하는 것이다.

자기 성품이 생각을 일으켜 비록 보고 듣고 느끼고 아나, 만 가지 경계에 물들지 않아 항상 자재한다. 유마경에 말씀하기를 "밖으로 능히 모든 법의 모양을 잘 분별하나 안으로 반드시 움직이지 않는다" 하였다.

　자기의 성품에서 한 생각이 일어나서 보기도 하고 듣고 느끼고 알기도 하나, 만 가지 경계에 물들지 않아 항상 자재한다. 그런데 이 말도 깊이 따져 보면 '있다-없다' 차별경계심에서 생각을 일으키는 것이 아니고 차별경계를 여읜 사람이 자기 성품에서 생각을 일으킨다고 봐야 한다. 그것은 분별심이 없는 생각이다.

　객관의 어떤 물체를 보든지, 어떤 사건을 보든지 잘 분별해야 한다. 잘 분별한다는 것은 '있다-없다'의 차별된 마음이 아닌, 모든 것이 공이라는, 평등한 지혜의 눈으로 분별하는 것이다.

---

* 돈오돈수(頓悟頓修)·돈오점수(頓悟漸修) 논쟁은 깨달음에 대한 견해 차이에서 나왔다. 돈오돈수란 단박 깨치는 순간 더 이상 닦을 필요가 없다는 뜻이고, 돈오점수는 단박에 깨달았더라도 미세한 습기가 남아 있기 때문에 계속 닦아나가야 한다는 의미이다.

9
坐禪
좌선

선지식아! 이 법문에서 좌선이란 원래 마음에 집착하지 않고 또한 깨끗함에도 집착하지 않으며, 또 움직이지 않음을 말하는 것이 아니다. 만약 마음을 본다고 말하면, 마음은 원래 허망한 것이며 허망함이 허깨비와 같은 까닭에 볼 것이 없다.

만약 깨끗한 것을 본다고 말하면, 사람의 성품은 본래 깨끗함에도 허망한 생각으로 진여가 덮인 것이니 허망한 생각을 여의면 성품은 본래대로 깨끗하다. 자기 성품이 본래 깨끗한 것을 보지 못하고 마음을 일으켜 깨끗한 것을 보면 오히려 깨끗하다는 망상이 생긴다. 망상은 처소가 없다. 그러므로 본다고 하는 것이 오히려 허망된 것임을 알라. 깨끗함은 모양이 없는데 오히려 깨끗하다는 모양을 세워 공부라고 말하면, 이런 소견을 내는 이는 자기의 본래 성품을 가로막아 도리어 깨끗함에 묶이게 된다.

만약 움직이지 않는 이가 모든 사람의 허물을 보지 않으면 이는 자성이 움직이지 않는 것이다. 미혹한 사람은 자기 몸은 움직이지 않으나 입을 열면 곧 사람들의 옳고 그름을 말하니 도와 어긋나 등진다. 마음을 보고 깨끗함을 본다는 것은 오히려 도를 가로막는 인연이다.

善知識 此法門中 坐禪元不著心 亦不著淨 亦不言不動 若言看心 心元是妄
妄如幻故 無所看也 若言看淨 人性本淨 爲妄念故 蓋覆眞如 離妄念 本性淨
不見自性本淨 心起看淨 却生淨妄 妄無處所 故知看者不却是妄也 淨無形相
却立淨相 言是功夫 作此見者障自本性 却被淨縛 若不動者 不見一切人過患
是性不動 迷人 自身不動 開口卽說人是非 與道違背 看心看淨 却是障道因緣

선지식아! 이 법문에서 좌선坐禪이란 원래 마음에 집착著*하지 않고 또한 깨끗함에도 집착하지 않으며, 또 움직이지 않음을 말하는 것이 아니다.

좌선은 움직이지 않는 것이 아니다. 마음에 집착하지 않고 깨끗한 것에 집착하지 않는 것을 좌선이라 한다. 불교 수행에서 가장 대표적인 것이 좌선이다. 육조단경을 통해 좌선의 의미를 바르게 알아야 한다.

만약 마음을 본다看고 말하면, 마음은 원래 허망한 것이며 허망함이 허깨비와 같은 까닭에 볼 것이 없다.

앞에서는 "마음에 집착"이라고 하다가 여기에서는 마음을 본다는 '간看' 자를 썼다. A라는 생각을 하다가 금방 B라는 생각을 하듯이 마음이 고정되어 있는 것이 아니다. 또 악한 생각을 했다가 착한 생각을 하고 별별 생각을 다 일으키는 것이 마음이다. 마음은 허망한 것이다.

만약 깨끗한 것을 본다고 말하면, 사람의 성품은 본래 깨끗함에도 허망한 생각으로 진여가 덮인 것이니 허망한 생각을 여의면 성품은 본래대로 깨끗하다.

사람의 성품은 본래 깨끗하다. 악한 생각 낼 때는 성품이 더럽혀지고 선한 생각 낼 때는 깨끗해지는 것이 아니다. 본래는 선악을 초월해 있기 때문에 깨끗하다. 그런데 본래 깨끗한 본성을 덮고 있는 이 망념이 '있다-없다' 두 가지로 나누어 놓은 것이다. 그것만 없애면, 그 없앤 상태에서 작용을 일으키면, 평등하게 보아 어디에 집착하지 않고 자유자재할 수 있다. 본성이 깨끗하기 때문에 망념만 여의면 그렇게 된다.

자기 성품이 본래 깨끗한 것을 보지 못하고 마음을 일으켜 깨끗한 것을 보면 오히려 깨끗하다는 망상淨妄이 생긴다.

　깨끗하다는 것에 집착하는 것이다. 계율을 철저히 지키는 분이 스스로 계율을 지킨다는 집착에 빠져 계를 안 지키는 사람을 멸시하는 경우가 종종 있다. 이런 분은 깨끗하다는 망념을 지키는 사람이다. 부처님은 이런 분을 계금취戒禁取라 했다. 계에 집착하는 사람이란 뜻이다. 진짜 계 지키는 사람은 본래 깨끗한 마음으로 계를 철저히 지켜가면서 계를 지키지 않는 사람을 보더라도 부처님처럼 연민한다. 미워하거나 업신여겨서는 안 된다.

망상은 처소가 없다. 그러므로 본다고 하는 것이 오히려 허망된 것임을 알라.

　망상이라는 것은 '있다–없다'는 착각이고 꿈이다. 그건 실체가 아니다. 그래서 처소가 없다. '깨끗하다–더럽다' 그렇게 보는 그 자체가 망상이다.

　깨끗함은 모양이 없는데 오히려 깨끗하다는 모양을 세워 공부라고 말하면, 이런 소견을 내는 이는 자기의 본래 성품을 가로막아 도리어 깨끗함에 묶이게 된다.

깨끗함에 집착하여 깨끗하다는 상을 세워 이것이 공부라고 말하면, 이 견해를 일으킨 이는 스스로 본래 모습을 가로막아 도리어 깨끗하다는 속박을 받게 된다.

어느 선원에서 실제 있었던 이야기다. 선원은 보통 오전 11시에 방선放禪을 한다. 제사가 있으면 10시 30분쯤 법당에서 부전 스님이 《천수경千手經》을 목탁 없이 외면서 불공을 드린다. 그런데 어느 날 그 시간에 목탁을 치고 염불을 하니, 선방에서 한 스님이 그 소리가 듣기 싫다고 법당에 올라가 많은 신도들이 보는 앞에서 스님의 목탁을 빼앗아 가버렸다. 이 일로 선방에서는 대중공사를 통해 그 스님을 내보낸 적이 있다.

그 스님이 나중에 내게 와서는 "스님! 저는 공부 잘 하자고 하는 건데, 왜 뭐라 하십니까?" 했다. 그래서 "스님은 잘 하자는 변에 떨어져 집착하고 있다"고 말해준 적이 있다.

'고요하다-시끄럽다' 이 양변에 집착하면 거기에서 마음의 갈등이 일어나고 다른 사람까지 구박하고 학대하게 된다.

지금 좌선에 대해 말하고 있지만, 움직이지 않는다 함은 안으로 어지럽지 않는 것이다. 선방에서 좌선하는 사람의 마음이 어지럽게 움직이면 앉아 있어도 좌선하는 것이 아니다. 마음이 어지럽지 않아야 좌선이다.

만약 움직이지 않는 이가 모든 사람의 허물을 보지 않으면 이는 자성
自性이 움직이지 않는 것이다.

안으로 움직이지 않는 사람은 다른 사람의 허물을 보지 않는다. 예
를 들면 누가 나에게 불이익을 주고 욕했다고 하자. '너다-나다'의 양
변에서 보는 사람은 내가 불이익을 당하고 욕까지 먹었으니 같이 욕
하고 싸워야 한다. 그런데 안으로 움직이지 않는 사람, '조용하다-시
끄럽다'를 여읜 사람은 나의 본래 존재원리뿐만 아니라 다른 사람의
존재원리까지 보고 있다. 그래서 '너의 존재원리는 본래 그렇지 않은
데 착각에 빠져 차별심을 가지고 나에게 욕을 하고 있으니 불쌍하다'
라고 생각한다. 이것은 깔보는 것이 아니다. 너와 내가 손톱만큼도 다
르지 않고 평등하다, 네가 착각에 빠져 그렇지 본래 너의 존재원리는
그런 사람이 아니다 하는 입장에서 그 사람을 대한다. 그런 사람은 남
의 허물을 보지 않는다.

남이 나에게 불이익을 줬을 때, 그 불이익을 줬다고 나도 같이 화를
내면 그것은 내 허물이 된다. 남이 화를 내든 말든 나는 스스로를 보
호하면 된다.

미혹한 사람은 자기 몸은 움직이지 않으나 입을 열면 곧 사람들의 옳
고 그름을 말하니 도와 어긋나 등진다. 마음을 보고 깨끗함을 본다는
것은 오히려 도를 가로막는 인연이다.

미혹한 사람은 '옳다-그르다' 하는 견해에 빠져 있는 사람이니, 몸

은 움직이지 않으나 입만 열면 옳고 그름을 말한다.

"마음을 보고 깨끗한 것을 본다." 이것은 양변에서 보는 것이다. 도는 본래 그런 것을 초월하는 자리다.

이제 너희들에게 말하니, 이 법문 가운데 무엇을 좌선이라 하는가? 이 법문 가운데 일체 걸림이 없어 밖으로 모든 경계 위에 생각이 일어나지 않는 것이 좌며 안으로 본래 성품을 보아 어지럽지 않은 것이 선이다.

또 무엇을 선정이라 하는가. 밖으로 모양을 떠남이 선이요, 안으로 어지럽지 않음이 정이다. 만약 밖으로 모양이 있어도 안으로 성품이 어지럽지 않으면 본래 스스로 깨끗하고 스스로 정하다.

만약 경계에 부딪히면 어지러우니 모양을 여의고 어지럽지 않은 것이 정이다. 밖으로 모양을 여읜 것이 곧 선이요, 안으로 어지럽지 않은 것이 정이다. 밖으로 선하고 안으로 정하는 것이 곧 선정이라 이름한다.

유마경에 말하기를 '즉시 활연히 깨달아 본래 마음에 돌아간다' 하였고, 보살계에 말하되 '본래 근원인 자기 성품이 청정하다'고 하였다.

선지식아, 자기 성품이 스스로 깨끗함을 보아라. 스스로 닦고 스스로 짓는 것이 자기 성품인 법신이며, 스스로 행함이 부처님 행이며, 스스로 짓고 스스로 이룸이 부처님의 도이다.

今記**汝 是此法門中 何名坐禪 此法門中 一切無碍 外於一切境界上 念不起
爲坐 內見本性不亂爲禪 何名爲禪定 外離相曰禪 內不亂曰定 外若有***相
內性不亂 本自淨自定 只緣境觸 觸即亂 離相不亂即定 外離相即禪 內不亂即
定 外禪內定 故名禪定 維摩經云 即時豁然 還得本心 菩薩戒云 本源自性 淸
淨 善知識 見自性自淨 自修自作 自性法身 自行佛行 自作自成 佛道

이제 너희들에게 말하니, 이 법문 가운데 무엇을 좌선이라 하는가? 이 법문 가운데 일체 걸림이 없어 밖으로 모든 경계 위에 생각이 일어나지 않는 것이 좌坐며 안으로 본래 성품을 보아 어지럽지 않은 것이 선禪이다.

밖의 시끄러운 경계나 조용한 경계 위에 생각을 일으키지 않는 것이 좌坐이다. 일체 경계에 꺼들리지 않는 것이 좌요, 안으로 본래 성품을 보아 어지럽지 않은 것이 선禪이니, 이것이 좌선이다.

앉아 있다고 다 좌선이 아니다. 앉아 있어도 경계에 꺼들리면 좌선이 아니다. 일체에 걸림이 없어 '있다-없다', '시끄럽다-조용하다'를 초월하면, 물구나무를 하든 시장이나 거리에서 물건을 팔든 사든, 그 사람은 24시간 좌선하고 있는 것이다.

또 무엇을 선정禪定이라 하는가. 밖으로 모양을 떠남이 선이요, 안으로 어지럽지 않음이 정이다.

밖으로나 안으로 모양相을 여의니 마음이 꺼들리지 않는다. 그러나 안으로나 밖으로 모양에 꺼들려 지배를 받아 비교하고 열등의식도 느끼고 우월의식도 느끼는 것은 어지러운 것이다.

만약 밖으로 모양相이 있어도 안으로 성품이 어지럽지 않으면 본래 스스로 깨끗하고 스스로 정定하다.

이 말에는 모순이 있는 것 같아 덕이본을 보니, 거기에는 '만약 밖으로 모양이 있으면 안으로 곧 어지럽고, 밖으로 모양을 여의면 안으로 성품이 어지럽지 아니하다'는 두 구절이 있다. 이것이 훨씬 분명하다.

• ≪돈황본 육조단경≫(성철, 장경각, 1988)에는 '著(착)'으로 되어 있는데, 덕이본에는 '看(간)'으로 되어 있다. 모든 대상은 고정된 실체가 있는 것이 아니기 때문에 볼 것도 없고 집착할 것도 없다는 의미에서 서로 통한다.

•• ≪돈황본 육조단경≫(성철, 장경각, 1988)에는 '記(기)'로 되어 있으나, 고우 스님의 문맥으로는 '語(어)'로 이어져야 한다.

••• ≪돈황본 육조단경≫(성철, 장경각, 1988)에는 '有(유)'로 되어 있으나, 고우 스님의 문맥으로는 '離(리)'로 이어져야 한다.

10

三身

삼신

선지식아, 모두 마땅히 스스로의 몸으로 무상계를 받되, 다 함께 혜능의 입을 따라 말하라. 선지식으로 하여금 스스로 삼신불을 보게 하리라.

'나의 색신의 청정 법신불에게 귀의하며,

나의 색신의 천백억 화신불에게 귀의하며,

나의 색신의 당래원만 보신불에게 귀의합니다' 하라.

〈이상 세 번 합창〉

색신은 집이므로 가히 돌아간다고 말할 수 없다. 앞의 삼신은 자기의 법성 속에 있고 세상 사람이 다 가진 것이다. 그러나 미혹하여 보지 못하고 밖으로 삼신 여래를 찾고 자기 색신 속 세 성품의 부처를 보지 못하느니라.

선지식아 들어라. 선지식에게 말하여 선지식으로 하여금 스스로 색신 속에 있는 법성이 삼신불을 가졌음을 보게 하리라.

善知識 惣須自體 以受無相戒 一時逐惠能口道 令善知識 見自三身佛 於自色身 歸依淸淨法身佛 於自色身 歸依千百億化身佛 於自色身 歸依當來圓滿報身佛 (已上三唱) 色身 是舍宅 不可言歸 向者三身 在自法性 世人盡有 爲迷 不見 外覓三身如來 不見自色身中三性佛 善知識 聽 與善知識說 令善知識

於自色身 見自法性 有三身佛

선지식아, 모두 마땅히 스스로의 몸으로 무상계無相戒[•]를 받되, 다 함께 혜능의 입을 따라 말하라.

선지식으로 하여금 스스로 삼신불三身佛을 보게 하리라.

나의 색신色身의 청정 법신불法身佛에게 귀의하며,

나의 색신의 천백억 화신불化身佛에게 귀의하며,

나의 색신의 당래원만 보신불報身佛에게 귀의합니다' 하라.

반야심경에 오온의 색과 수·상·행·식이 모두 연기 현상이기 때문에 공이라 했다. 그래서 색신이 법신이고, 법신이 색신이다. 지금 보고 듣고 생각하고 있는 바로 이것이 법신불이고, 보신불이고, 화신불이다. 이것 말고 따로 삼신불이 있는 것이 아니다.

색신은 집이므로 가히 돌아간다고 말할 수 없다. 앞의 삼신三身은 자기의 법성 속에 있고 세상 사람이 다 가진 것이다. 그러나 미혹하여 보지 못하고 밖으로 삼신 여래如來를 찾고 자기 색신 속 세 성품의 부처三性佛를 보지 못하니라.

이 삼신은 법성 안에 있는데 부처님만 이 삼신불이 있는 것이 아니라 세상 사람도 다 있다. 그럼, 왜 보지 못할까? '실체가 있다', '내가 있다'고 집착하기 때문이다. 이분법적인 사고를 초월하면 똑같이 삼신여래가 자기 성품 속에 있다는 것이다. '내가 있다'고 보느냐, '내가 없다'고 보느냐 그 차이다.

'내가 있다'고 착각하고 집착하면 삼신불이 못 되고, 그것이 번뇌망상이 되어 오히려 나를 괴롭히는 결과가 된다. 실체가 없고 공이라는 것을 알게 되면 자기 성품 안에 삼신 여래가 다 있다.

선지식아 들어라. 선지식에게 말하여 선지식으로 하여금 스스로 색신 속에 있는 법성이 삼신불을 가졌음을 보게 하리라.

"스스로 색신 속에 있는 법성……" 이렇게 얘기하면 어렵다는 생각이 드는데, 삼신불을 보는 것은 간단하다. 내가 없는 줄 알면 바로 삼신불을 보는 것이다. 지금 보고 듣고 하는 데 화신불, 보신불이 다 작용하고 있는 것이다. 그런데 '내가 있다'는 착각 때문에 삼신불을 보지 못한다. 근본 무명無明은 '내가 있다' 하는 이것이다.

이 삼신불은 자성으로부터 생긴다. 어떤 것을 깨끗한 법신불이라 하는가?

선지식아, 세상 사람의 성품은 본래 스스로 깨끗하여 만 가지 법이 자기 성품에 있다. 그러므로 모든 악한 일을 생각하면 곧 악한 것을 행하고, 모든 선한 일을 생각하면 문득 선행을 닦는다. 이와 같이 모든 법이 자성 속에 있어 자성은 항상 청정함을 알라.

해와 달은 항상 밝으나 다만 구름이 덮이면 위는 밝고 아래는 어두워 일월성신을 보지 못한다. 홀연히 지혜의 바람이 불어 구름과 안개를 다 걷어버리면 삼라만상이 모두 일시에 나타난다.

세상 사람의 성품이 깨끗한 것이 맑은 하늘과 같아 혜는 해와 같고, 또 지는 달과 같다. 지혜는 항상 밝되 밖으로 경계에 집착하여 망상의 뜬구름이 덮여 자성이 밝지 못할 뿐이다. 그러므로 선지식이 참법을 열어 미망을 불어 물리쳐버리면 안팎이 사무치게 밝아 자기 성품 가운데 만법이 다 나타나니, 모든 법이 자재한 성품을 청정법신이라 한다.

스스로 귀의한다 함은 무엇인가? 착하지 못한 행동을 없애는 것이며 이것을 이름하여 귀의한다고 함이다.

此三身佛 從性上生 何名清淨法身佛 善知識 世人 性本自淨 萬法在自性 思量一切惡事 即行於惡 思量一切善事 便修於善行 知如是一切法 盡在自性 自性 常淸淨 日月常明 只爲雲覆蓋 上明下暗 不能了見日月星辰 忽遇慧風吹散 卷盡雲霧 萬像森羅 一時皆現 世人性淨 猶如清天 惠如日 智如月 智惠常明 於外著境 妄念浮雲 蓋覆自性 不能明 故遇善知識 開眞法 吹却迷妄 內外明徹 於自性中 萬法皆見 一切法 自在性 名爲清淨法身 自歸依者除不善行 是名歸依

이 삼신불은 자성으로부터 생긴다. 어떤 것을 깨끗한 법신불이라 하는가? 선지식아, 세상 사람의 성품은 본래 스스로 깨끗하여 만 가지 법이 자기 성품에 있다.

본래는 깨끗해서 우리 마음속에 청정법신도 있고, 그 청정법신에서 화신불이 나와 자유자재하고, 또 보신불이 계속 매일매일 좋은 날로 우리를 이끌어 가고 있다. 우리는 본래 다 갖춰져 기능하고 있는데 '내가 있다'고 집착하는 순간부터 그 효능이 나오지 않는다.

우리가 없다는 것을 바르게 알면 고통이 사라지면서 태양과 같은 지혜가 나와 마음을 편안하게 하고 자유롭게 한다. '내가 없다'고 하는 본래 그 자리를 진공眞空이라 하면 거기에서 태양과 같은 지혜가 나오는 것을 묘유妙有라 한다. 본래 있는 것이기 때문에 '있다-없다'는 망상을 걷어내면 진공묘유가 그대로 나타난다. 이것이 우리를 자유롭게 하고 날마다 좋은 날이 되게 한다. 실제로 굉장히 어려운데 말로는 아주 간단하다. 내가 없는 줄 알면 된다.

이 만 가지 법이 모두 자기 성품에서 나오니 자성에 있다. 모든 것은 마음이 짓는다는 '일체유심조一切唯心造'에서 우주 삼라만상 전체를 만들어내는 것을 법성法性이라 하고, 개개인의 존재를 만들어내는 것은 자성自性이라 한다. 그래서 일체유심조할 때 그 마음은 바로 법성을 말하는 것이다.

그러므로 모든 악한 일을 생각하면 곧 악한 것을 행하고, 모든 선한 일을 생각하면 문득 선행을 닦는다. 이와 같이 모든 법이 자성 속에 있어 자성은 항상 청정함을 알라.

진주가 진흙 속에 천 년, 만 년 있더라도 진흙만 닦으면 진주는 그대로 남아 있다. 그 자리는 절대로 물드는 자리가 아니다. 그 자리를 보게 되면 천 년 만 년의 악이 일순간에 없어진다. 진주의 진흙만 닦아내면 가치를 발한다.

해와 달은 항상 밝으나 다만 구름이 덮이면 위는 밝고 아래는 어두워 일월성신日月星辰을 보지 못한다. 홀연히 지혜의 바람慧風이 불어 구름과 안개를 다 걷어버리면 삼라만상이 모두 일시에 나타난다.

'나다-너다'를 초월하는 것이 지혜의 바람이 부는 것이다. 양변에 집착함은 구름이 덮여 있는 것이다.

모든 우주 만물은 연기로 존재한다. '만물이 연기로 존재하니 실체가 없고 공이다' 하는 것을 알면, 지혜의 바람으로 검은 구름을 확 걷어 해와 달이 밝고 밝아 삼라만상이 일시에 드러난다.

세상 사람의 성품이 깨끗한 것이 맑은 하늘과 같아 혜慧는 해와 같고, 또 지智는 달과 같다.

여기에서 세상 사람, 즉 모든 존재, 그것이 작은 것이든 큰 것이든, 또 무정물無情物이든 유정물有情物이든, 성품이 깨끗한 것은 다 똑같다. 성품이 깨끗한 것이 마치 맑은 하늘과 같다.

지혜는 항상 밝되 밖으로 경계에 집착하여 망상의 뜬구름이 덮여 자기 성품이 밝지 못할 뿐이다.

　지혜는 항상 밝은데, 우리는 바깥의 '있다-없다'는 경계에 집착한다. 그것이 실체가 없고 공이라는 것을 알면 절대 이런 일은 일어나지 않는다. 바깥 경계에 집착하니, 망념이라는 뜬구름이 밝은 자성을 가려 빛이 나지 않는다.

그러므로 선지식이 참법眞法을 열어 미망을 불어 물리쳐버리면 안팎이 사무치게 밝아內外明徹 자기 성품 가운데 만법이 다 나타나니, 모든 법이 자재한 성품을 청정법신이라 한다.

　참법이 무엇인가? 내가 없다는 것을 보여주는 것이다. '실체가 없다'는 여기에 모든 핵심이 있다. 이 말을 '지혜의 바람이다', '참법이다'라고 계속 바꿔 얘기하고 있는데 같은 말이다. 모든 것이 연기고 실체가 없다는 것을 알면 참법을 여는 것이고 그러면 지혜의 바람이 분다. 참법을 열어 미혹하고 허망한 것을 불어 없애면 안팎으로 밝아져 일체가 다 공이라는 것을 안다.

스스로 귀의한다 함은 무엇인가? 착하지 못한 행동을 없애는 것이며 이것을 이름하여 귀의한다고 함이다.

　선하지 않은 행不善行을 없애는 것을 이름하여 귀의한다고 했다. 우리가 '부처님께 귀의한다' 하면 부처님께 의지하는 것 같지만, 귀의한다는 말은 그런 뜻이 아니다. 자성청정심을 보아 절대 선으로 돌아가는 것이다. 자성청정심을 보지 못했을 때는 선도 할 수 있고 악도 할 수 있지만, 자성청정심을 깨닫게 되면 악한 생각을 일으키지 않는다. 이것이 귀의한다는 뜻이다. 그래서 매일매일 좋은 날이 된다.

육조 스님은 이것을 전부 마음으로 해석하고 연기로 해석한다. 그렇지만 공이다, 연기다, 중도다, 이런 말은 한 마디도 없다. 그런 말이 없어도 선적禪的으로 표현하면서 연기와 중도에서 벗어나지 않는다.

불교의 핵심은 바로 연기와 중도이다. 그래서 연기와 중도를 계속 반복해서 설명하는 것이다. 나중에는 굳이 중도나 연기란 말을 쓰지 않아도 이해가 된다. 그렇게 되면 원효 스님처럼 회통불교會通佛敎를 하는 것이다. 금강경 따로 법화경 따로가 아니라 염주 알 꿰는 것처럼 하나로 꿰어버리는 것이다. 중도와 연기를 먼저 이해하고 모든 것을 회통하는 자세로 불교를 보는 것이 더 효과적이고 빠르다.

천백억 화신불은 무엇인가? 생각하지 않으면 성품은 곧 비어 고요하지만, 생각하면 이는 곧 스스로 변화한다. 그러므로 악한 법을 생각하면 변하여 지옥이 되고, 선한 법을 생각하면 변하여 천당이 되며, 독과 해침은 변하여 축생이 되고, 자비는 변하여 보살이 되며, 지혜는 변하여 윗세계가 되고, 또 어리석음은 변해서 하방이 된다. 이같이 자성의 변화가 매우 많은 바 미혹한 사람은 스스로 알아보지 못한다.

한 생각이 선하면 지혜가 생겨나니, 이것을 자성화신이라 한다.

何名爲千百億化身佛 不思量性即空寂 思量即是自化 思量惡法化爲地獄 思量善法化爲天堂 毒害化爲畜生 慈悲化爲菩薩 智惠化爲上界 愚癡化爲下方 自性變化甚多 迷人自不知見 一念善知惠即生 此名自性化身

천백억 화신불은 무엇인가? 생각思量하지 않으면 성품은 곧 비어 고요하지만, 생각하면 이는 곧 스스로 변화한다.

우리가 생각하지 않고 가만히 있으면 작용하지 않아 공적영지空寂靈智, 적적성성해 있다. 이것이 자성이고 법성이다. 여기에서 생각을 일으키면 화신으로 변한다. 그럼 화신과 법신이 둘이 아니라 법신이 화신으로 변하면서 영지공적靈智空寂, 성성적적한다. 스스로 작용하기 시작하면 변하기 시작한다. 지금 우리는 작용하고 있다.

선사들이 화두로 '똥 막대기', '뜰 앞의 잣나무' 하는 것이 의미가 있다. '똥 막대기', '뜰 앞의 잣나무' 하면 생각의 길도 딱 끊기고 말의 길도 끊겨버린다. 끊으면 작용하지 않는다. 그때 바로 깨쳐 살아나야 한다.

그렇게 못 깨치면, 또 거기에서 말의 길이 끊기고 생각의 길이 끊긴 그놈을 붙잡고 '어째서 똥 막대기라고 했을까?' 하며 점점 깊이 의심해 들어간다. 그 의심이 100% 성숙될 때 주관·객관이 끊겨 그 자리에서 보게 되는 것이다. "무슨 수수께끼 같고 쓸데없는 말을 하느냐?" 하는 사람이 더러 있는데, 거기에 깊은 의미가 있고 굉장한 자비심이 있다.

향엄(香嚴, ?~898) 스님 같은 분은 위산(潙山, 771~853) 스님한테 자꾸 말로 가르쳐 달라고 청하는데 위산 스님이 일러주지 않았다. "내가 일러주는 것은 쉬운데 나중에 나를 굉장히 원망할 것이다. 그래서 안 일러준다" 한다. 결국 향엄 스님이 깨치고 나서 "스님, 법보다도 일러

주지 않은 것이 너무나 고맙습니다. 만일 그때 스님께서 일러줬다면 오늘 내가 이 자성을 어떻게 봤겠습니까?"하고 멀리 위산 스님이 계신 쪽으로 절을 했다. 화두라는 것이 그런 의미가 있다.

그러므로 악한 법을 생각하면 변하여 지옥이 되고, 선한 법을 생각하면 변하여 천당이 되며, 독과 해침은 변하여 축생이 되고, 자비는 변하여 보살이 되며, 지혜는 변하여 윗세계上界가 되고

여기에서 오해하면 안 된다. 이것은 못 깨친 사람에 대한 이야기다. 공적영지한 자리를 체험하지 못하면 이렇게 되지만, 깨닫게 되면 이렇게 되지 않는다. 윗세계는 하늘나라도 아니고 지금 세상의 잘사는 환경을 말하는 것도 아니다. 마음속이 꺼들리지 않는 곳으로 보면 된다.

또 어리석음은 변해서 하방下方이 된다. 이같이 자성의 변화가 매우 많은 바 미혹한 사람은 스스로 알아보지 못한다.

못된 사람에게 "짐승 같은 놈아!"한다. 이것이 하방이다. 자성이 천변만화千變萬化하는데 깨치게 되면 이렇게 변하지 않는다. 오로지 자비와 지혜로만 작용하는데, 미혹한 사람은 왜 이렇게 작용하는지 알지도 못한다.

한 생각이 선하면 지혜가 생겨나니, 이것을 자성화신自性化身이라 한다.

양변에 집착하면 어리석고, 양변을 여의면 지혜다. 그래서 상근기,

하근기가 따로 없다. 이 말을 믿고 양변을 여의는 사람은 상근기이고, 이 말을 믿지 않고 양변에서 사고하고 행동하는 사람은 하근기이다.

원만 보신불이란 무엇인가?

한 등불이 능히 천 년의 어둠을 없애고, 한 지혜는 능히 만 년의 어리석음을 없애니, 과거를 생각하지 말고 항상 미래만을 생각하라. 항상 미래의 생각이 선한 것을 이름하여 보신이라 한다. 한 생각의 악한 과보는 천 년의 선함을 물리치고, 한 생각의 선한 과보는 천 년의 악을 없앤다. 비롯함이 없는 때로부터 미래의 생각이 선함을 보신이라 한다. 법신을 좇아 생각함이 곧 화신이고, 생각 생각이 선한 것이 보신이다. 스스로 깨닫고 스스로 닦는 것을 곧 귀의라 한다. 가죽과 살은 색신이며 집이라 귀의할 곳이 아니다. 다만 삼신을 깨치면 곧 대의를 아는 것이다.

何名圓滿報身佛 一燈能除千年闇 一智能滅萬年愚 莫思向前 常思於後 常後念善 名爲報身 一念惡報 却千年善止 一念善報 却千年惡滅 無始已來 後念善 名爲報身 從法身思量 卽是化身 念念善 卽是報身 自悟自修 卽名歸依也 皮肉是色身是舍宅 不在歸依也 但悟三身 卽識大意

한 등불이 능히 천 년의 어둠을 없애고, 한 지혜는 능히 만 년의 어리석음을 없애니, 과거를 생각하지 말고 항상 미래만을 생각하라. 항상 미래의 생각이 선한 것을 이름하여 보신이라 한다.

깜깜한 방이 있다고 가정할 때 불을 하나만 켜도 방이 환하다. 불 켜는 것이 바로 양변을 여읜 것이다. 그런데 '너다-나다'가 있다고 생각하면 깜깜하다. 이 간단한 것을 우리는 못하고 있다. 이해도 못하고 또 그걸 받아들이지도 못하니까, 남과 시비하고 갈등하며 괴롭게 산다.

한 생각의 악한 과보는 천 년의 선함을 물리치고, 한 생각의 선한 과보는 천 년의 악을 없앤다. 비롯함이 없는 때로부터 미래의 생각이 선함을 보신이라 한다.

여기 '선한 과보'는 선악을 초월한 과보다. "한 생각의 선한 과보는 천 년의 악을 없앤다"라는 것은 영원히 멸하여 다시는 악으로 오지 않는 절대 선이다. 절대 선이 바로 운문 스님이 얘기한 매일매일 좋은 날이고, 하는 일마다 다 선한 일이다.

법신을 좇아 생각함이 곧 화신이고 생각 생각이 선한 것이 보신이다.

법신에서 작용하는 것은 화신이다. 생각이 선하다는 것은 생각 생각이 선했다가 악했다가 하는 것이 아니고, 생각이 영원히 선한 것, 즉 양변을 여읜 것이다. 이것이 보신이다.

스스로 깨닫고 스스로 닦는 것을 곧 귀의라 한다.

귀의라는 것은 양변을 여읜 자리를 말한다. 우리가 주관과 객관을 나누어 '나는 중생이니 부처님께 의지해서 귀의하겠다' 하는 것이 아니다. 스스로 깨닫고 스스로 닦는 것을 귀의라 한다.

가죽과 살은 색신이며 집이라 귀의할 곳이 아니다.

가죽과 살이 색신이라 했는데 가죽과 살이 연기 현상이다. 우리 몸 덩어리는 지수화풍地水火風으로 이루어져 있다. 여러 가지가 모여 이루어졌기 때문에 그 가죽과 살에는 실체가 없이 공이다. 그런데 여기 '집이다', '색신이다' 하는 것이 사실은 문제가 있다.

요즘 현대 의학에서는 우리 몸을 60조 세포덩어리라 한다. 60조의 세포 중에 어느 세포를 가지고 '나'라 할 것인가? '나'라는 것이 실체가 없다. 다만 한 덩어리로 이루어져 있는 겉모양을 보고 자꾸 '나'라고 집착하는 것이 문제다.

다만 삼신을 깨치면 곧 대의를 아는 것이다.

청정법신의 자리, 악도 없고 선도 없고, 나도 없고 너도 없는 자리를 깨닫고 그 자리에서 일어나는 작용이 삼신三身이다. 그래서 삼신을 깨달으면 대의를 깨닫게 된다. 우리 존재원리를 다 알게 되는 것이다.

청정법신淸淨法身 그 자리에서 작용 일어나는 것을 화신이라 한다. 이 화신불, 청정법신불을 깨치지 못하면 악이 화하여 지옥이 되고, 또

선이 화해서 천당도 되고, 독과 해침이 화해서 축생이 된다.

양변을 뛰어넘어 공을 알게 되면 그때부터 절대 선으로 간다고 했다. 그 뒷 생각後念이 악으로 가지 않고 절대 선에서 계속 가는 것이 보신이다. 보신은 여기에서 당래원만 보신불이라고 했는데 미륵불, 아미타불 같은 분을 보신불이라 한다. 화신불이 현재의 절대 선에서 활동하는 분이라면, 보신불은 뒷 생각이 선한 분이니 당래 미륵불로 본다.

실제 큰 차이가 없지만 육조 스님은 이렇게 세 가지로 나눴는데, 임제 스님은 지금 우리 마음에서 '나다-너다'라는 게 없는 청정함이 부처님이고, 심광명心光明을 법이라고 본다. 거울로 말하면 유리에 비치는 성격을 법으로 보는 것인데 심광명心光明이 법이고, 처처무애處處無碍가 승僧이라고 본다. 이것이 우리 존재에 여러 개 있는 것이 아니다. 이런저런 말로 하다 보니 여러 개 있는 것 같지만, 불·법·승이나 청정법신·보신·화신이나 전부 다 같다.

선종에서는 이것을 살활殺活·살활동시殺活同時라 하고, 교종에서는 체용體用·체용동시體用同時라 하는데, 전부 같은 뜻이다. 명암明暗도 이사理事도 같은 말이다. 그래서 임제 스님이 말씀하신 사료간四料簡도 전부 이것을 얘기하고 있고, 또 화엄경에서 사사무애事事無碍하는 것도 같다. 이것을 하나로 알아야 회통하여 자유자재한다.

• 무상계는 선종의 보살계이다. 이 장에서부터 〈네 가지 원〉, 〈참회〉, 〈삼귀의〉까지는 선종의 무상계 수계식을 겸한 설법이다.

11

四願

네 가지 원

이제 이미 스스로 삼신불에게 귀의해 마쳤으니, 선지식으로 하여
금 사홍서원을 발하리라.

선지식아, 다 함께 혜능을 따라 말하라.

가없는 중생 다 제도하기를 서원합니다.

가없는 번뇌 다 끊기를 서원합니다.

가없는 법문 다 배우기를 서원합니다.

위없는 불도 다 이루기를 서원합니다.

<이상 세 번 합창>

선지식아, 가없는 중생을 다 제도한다 함은 혜능이 선지식을 제도
하는 것이 아니다. 마음속 중생을 각각 자기 성품이 스스로 제도하
는 것이다. 자기 성품으로 스스로를 제도한다는 것은 무엇인가? 자
기 마음의 삿된 견해와 번뇌, 그리고 어리석음과 미망에 본래 깨달
음의 성품이 있으니 정견으로 제도하는 것이다.

이미 정견인 반야의 지혜를 깨쳐 어리석음과 미망을 없애면 중생
스스로가 제도하는 것이다. 삿된 것이 오면 바름으로 제도하고, 미

혹한 것이 오면 깨달음으로 제도하고, 또 어리석음이 오면 지혜로 제도하고, 악함이 오면 착함으로 제도하며, 번뇌가 오면 보리로 제도하니, 이와 같이 제도함을 진실한 제도라 한다.

가없는 번뇌를 다 끊기를 서원하는 것은 자기의 마음에 있는 허망한 것을 없앰이요, 가없는 법문을 다 배우겠다고 서원하는 것은 위없는 정법을 배움이요, 위없는 불도를 다 이루기를 서원하는 것은 항상 하심하여 일체를 공경하며 어리석은 집착을 멀리 여의고, 깨달아 반야를 내어 미망을 없애는 것이다. 곧 스스로 깨달아 불도를 이루어 서원력을 행함이다.

今旣自歸依三身佛已 與善知識 發四弘大願 善知識 一時 逐惠能道 衆生無邊誓願度 煩惱無邊誓願斷 法門無邊誓願學 無上佛道誓願成 (三唱) 善知識 衆生無邊誓願度 不是惠能 度善知識 心中衆生 各於自身 自性自度 何名自性自度 自色身中 邪見煩惱 愚癡迷妄 自有本覺性 將正見度 旣悟正見 般若之智 除却愚癡迷妄 衆生各各自度 邪來正度 迷來悟度 愚來智度 惡來善度 煩惱來菩提度 如是度者是名眞度 煩惱無邊誓願斷 自心除虛妄 法門無邊誓願學 學無上正法 無上佛道誓願成 常下心行 恭敬一切 遠離迷執 覺知生般若 除却迷妄 即自悟佛道成 行誓願力

지금까지 〈정혜〉, 〈무념〉, 〈좌선〉, 〈삼신불〉 등으로 우리 존재원리를 다양하게 설명했다. 이제 이러한 법에 대한 이해를 바탕으로 중생을 교화하자. 법을 생활화하고 사회화 하는 데로 나아가야 할 차례이다.

지금 우리가 사는 자본주의 체제는 자유롭고 능력에 따라 살아가는 시장원리를 기초로 하고 있다. 그런데 한 가지 나쁜 것은 밖으로 소유하고자 하는 욕망 때문에 잘못된 방향으로 흘러가고 있다. 그래서 일부에서는 자본주의의 잘못된 방향을 사회주의로 바로잡아야 한다고 얘기하지만, 그것은 갈등과 혼란만 자초할 뿐이다. 나는 자본주의의 이 폐해를 부처님 법으로 바로잡아 가는 것이 좋다고 본다.

욕망에 따라 돈을 목표로 살지 말고, 인간답게 사는 것을 목표로 사람냄새 나는 사회로 만들어 간다면, 자본주의는 좋은 제도다. 그래서 나는 부처님 법을 생활화하고 사회화하는 것이 자본주의 사회에 절실히 필요하다고 생각한다. 이렇게 부처님 법을 공부하면 최소한 수단과 목적 정도는 분별할 수 있는 안목은 갖게 된다.

지금 우리 사회는 수단과 목적이 완전히 뒤엉켜 있다. 좋은 직장 가고 돈벌이 하는 것도 인간답게 살기 위해서 하는 것이지, 돈 벌려고 하는 것이 아니라는 가치관을 세워야 한다. 육조 스님 시대에도 그런 현상들이 있었기 때문에 개인 생활화는 물론 사홍서원을 세워 사회화도 강조하셨다. 부처님께서도 '상구보리 하화중생上求菩提 下化衆生'을 말씀하셨다. 상구보리가 생활화고, 하화중생이 사회화다.

이제 이미 스스로 삼신불에게 귀의해 마쳤으니, 선지식으로 하여금 사홍서원을 발하리라.

선지식아, 다 함께 혜능을 따라 말하라.

가없는 중생 다 제도하기를 서원합니다.

가없는 번뇌 다 끊기를 서원합니다.

가없는 법문 다 배우기를 서원합니다.

위없는 불도 다 이루기를 서원합니다.

〈이상 세 번 합창〉

선지식아, 가없는 중생을 다 제도한다 함은 혜능이 선지식을 제도하는 것이 아니다.

중생을 다 제도하겠다고 원력을 세우지만 혜능대사가 선지식을 제도하는 것이 아니라는 말이다. 요즘 우리는 "선지식이 없다"고 하는데, 밖에 아무리 선지식이 많아도 내 안의 선지식을 발견하지 못하면 아무 소용이 없다. 설사 밖에 선지식이 없더라도 내 안의 선지식을 발견하면, 얼마든지 견성성불할 수 있다.

그럼, 내 안의 선지식이 무엇인가? 양변을 여읜 자리다. 양변을 여의면 그 자리가 바로 선지식이다. 우리는 자기 안의 선지식을 봐야 한다. 밖에 있는 선지식을 천 번, 만 번 보더라도 그것으로는 제도되지 않는다. 밖에 있는 선지식은 다만 내 안의 선지식을 보는 데 도움을 주는 분이다.

마음속 중생을 각각 자기 성품自性이 스스로 제도하는 것이다.

'나다-너다' 하는 중생의 마음을 초월하는 것이 바로 스스로를 제도하는 것이다. 스스로 마음에 있는 양변을 초월한 자리를 보는 것이지, 육조 스님이 제도해주는 것이 결코 아니다.

자기 성품으로 스스로를 제도한다는 것은 무엇인가? 자기 마음의 삿된 견해邪見와 번뇌, 그리고 어리석음과 미망에 본래 깨달음의 성품이 있으니 정견正見으로 제도하는 것이다.

삿된 견해와 번뇌도 양변에서 나오는 것이다. 삿된 견해와 번뇌, 어리석음과 미망 속에 깨달음의 성품이 있고, 그 속에 자성自性이 있다.

그 속의 자성은 무엇인가. 삿된 견해와 번뇌를 일으키고, 어리석음과 미망迷妄하는 바로 그놈이 이 모든 현상이 연기이고 또한 공인 줄 알면 깨달음의 성품覺性을 보는 것이다. 삿된 견해는 '있다-없다'에 집착하는 것이다. 지금 우리가 생활에서 일으키고 있는 생각이 바로 이런 것이다. 이 생각이 실체가 없다고 보면 스스로 본래 깨달음의 성품을 보는 것이다. 알기는 아는데 진공묘유가 되지 않고 자유자재가 되지 않는 것은 지식으로 이해하기 때문이다. 지식을 비우고, 양변을 뛰어넘은 그 자리에서 체험하게 되면 우리도 똑같이 그렇게 된다.

처음에 지식으로 받아들여도 그것을 이해하여 생활화하고, 더 나아가 화두·염불·봉사 등을 통해 자기를 향상시켜 가는 것이 출가 수행자의 본래 목적이자 모든 불자의 근본 목적이어야 한다.

그런데 이 목적지에 도달하지 못하면 어떻게 하느냐? 못 가도 좋다. 꼭 목적지에 도달하지 못하더라도 가는 만큼 행복하고 즐겁고 자유로워진다.

이미 정견인 반야의 지혜를 깨쳐 어리석음과 미망을 없애면 중생 스스로가 제도하는 것이다. 삿된 것이 오면 바름으로 제도하고, 미혹한 것이 오면 깨달음으로 제도하고, 또 어리석음이 오면 지혜로 제도하고, 악함이 오면 착함으로 제도하며, 번뇌가 오면 보리로 제도하니, 이와 같이 제도함을 진실한 제도라 한다.

가없는 번뇌를 다 끊기를 서원誓願하는 것은 자기의 마음에 있는 허망한 것을 없앰이요

다른 사람이 아니라 스스로 제도한다. 스스로 마음의 허망함은 왜 일어나는가? '있다-없다'는 양변으로 사고하기 때문이다.

가없는 법문을 다 배우겠다고 서원하는 것은 위없는 정법을 배움이요

위없는 정법無上正法도 마찬가지다. 양변을 여의면 그 자체가 더 이상 비교할 게 없는 정법이다. 그래서 '부처가 부처가 아니기 때문에 부처'라는 것이다. 부처가 부처 아닌 것이 부처라고 하는 것은 모두 부처가 되어 있기 때문에 부처라는 것이다. 여기에는 비교하는 것이 없다. 이런 법은 부처님 법 말고는 없다.

위없는 불도를 다 이루기를 서원하는 것은 항상 하심하여 일체를 공경하며 어리석은 집착을 멀리 여의고, 깨달아 반야를 내어 미망을 없애는 것이다.

위없는 불도無上佛道를 성취하기 위해서는 항상 하심해야 한다.

하심下心이란 무엇인가? 우리가 '중생이다-부처다'를 초월한 그 자리가 하심이다. 중생과 부처가 본래 없는 것인 줄 아는 것이 하심이다. 그런 하심은 당당하다. 교만하지 않다. 겸손하면서도 절대 비굴하지 않다. 이것이 진짜 하심이다. 하심하는 분은 상불경보살常不輕菩薩*처럼 차별없이 모든 사람을 부처님으로 본다. 똥 치우는 사람도 부처님으로 보고 대통령도 똑같이 부처님으로 보는 것이다.

곧 스스로 깨달아 불도를 이루어 서원력을 행함이다.

스스로 깨달으면 불도를 이룬다. 또 이룬 상태에서 보면 모든 사람이 부처님인데 미망에 빠져 자기를 학대하고 남도 학대하는 그 모습이 보인다. 그러면 저 사람을 본래 마음으로 돌이켜 함께 잘 살게 해줘야겠다는 마음이 난다. 그런 마음을 내는 것이 연민이고 자비심이고 원력이다. 깨달으면 저절로 그런 마음이 나온다.

• 《법화경》 제20〈상불경보살품〉에 나오는 인물이다. 상불경보살은 사부대중 누구를 만나도 예배하고 찬탄하면서 "당신은 보살도를 행하여 마땅히 부처가 될 것입니다"라고 말했다.

12

懺悔

참회

"지금 이미 사홍서원 세우기를 마쳤으니 선지식에게 무상참회를 해서 삼세의 죄장*을 없애게 하리라."

대사가 말하였다.

"선지식아, 앞 생각과 뒷 생각과 현재의 생각이 생각마다 어리석음과 미혹에 물들지 않고, 지난날의 나쁜 행동을 단번에 끊어 자기 성품에서 없애면 이것이 바로 참회다. 앞 생각, 뒷 생각, 현재의 생각이 생각마다 어리석음에 물들지 않아 지난날의 거짓과 속이는 마음을 없애 영원히 끊어버리는 것을 자성참회라 한다. 앞 생각, 뒷 생각, 현재의 생각이 생각마다 질투에 물들지 않아 지난날의 질투하는 마음도 없애라. 자기 마음에서 만약 없애버리면 이것이 곧 참회다."

<이상 세 번 합창>

"선지식아, 무엇을 참회라 하는가? 참이라 함은 몸이 다하도록 잘못을 짓지 않는 것이고, 회는 과거의 잘못을 아는 것이다. 나쁜 죄업을 항상 마음에서 여의지 않으면, 모든 부처님 앞에서 입으로 말해도 이익이 없느니라. 나의 이 법문 가운데 영원히 끊어 짓지 않음

을 이름하여 참회라 한다."

今旣發四弘誓願訖 與善知識 無相懺悔 滅三世罪障 大師言 善知識 前念後念
及今念 念念不被愚迷染 從前惡行 一時永斷 自性若除 即是懺悔 前念後念及
今念 念念不被愚癡染 除却從前矯誑心 永斷名爲自性懺 前念後念及今念 念
念不被疽妬染 除却從前疾**妬心 自性若除即是懺 (已上三唱) 善知識 何名
懺悔 懺者終身不作 悔者知於前非 惡業恒不離心 諸佛前 口說無益 我此法門
中 永斷不作 名爲懺悔

그동안 〈정혜〉, 〈무념〉, 〈좌선〉, 〈삼신불〉, 〈네 가지 원〉을 공부했다. 이제 〈참회〉다. 표현은 다양해도 전부 우리 마음을 설명하고 있다. 지금 우리가 듣고 보고 하는 이 마음, 즉 마음의 모양이나 작용하는 것을 설명하고 있는데, 그것을 있는 그대로 보게 되면 견성이다. 그것을 바로 보게 되면 행복해진다.

일반적인 참회는 우리가 다시는 죄를 짓지 않겠다고 맹세하면서 자신이 그동안 저지른 죄를 반성하는 것이다. 그런데 육조 스님이 하는 참회와 우리가 하는 참회는 다르다. 우리는 죄가 있다고 생각하고 참회한다. 죄가 있으니까 참회해서 다시 그러지 않겠다고 맹세한다. 그러나 그렇게 해서는 참회가 바르게 될 가능성이 거의 없다.

육조 스님이 말씀하시는 것은 무상참회無相懺悔다. 이것은 죄의 뿌리까지 캐내는 참회법으로 우리 존재원리가 그렇게 되어 있다. 반야심경의 '오온이 모두 공하다'를 알면 죄도 함께 공해버린다. 그러면 그것이 뿌리까지 캐내는 참회법이 된다. 우리가 사는 세상에서는 모두 죄가 있다고 보고, 그 죄를 반성하며 다시는 짓지 않겠다고 하지만 뿌리까지 뽑아내기가 쉽지 않다. 그래서 재범도 하고 삼범도 한다.

부처님이 발견한 이 세계에는 본래 죄가 없다. 이것을 알면 다시는 그것을 범하지 않는 그런 참회가 된다. 그것은 깨달았을 때 가능하다. 비록 깨닫지 못했더라도 우리가 그 원리를 알고 있으면 죄가 있다고 생각해서 참회하는 것보다 훨씬 마음도 편안하고 다시 죄를 지을 확률도 훨씬 낮아진다.

흔히 "업장業障 녹이려고 기도한다"는 말을 많이 한다. 이 단경에 업장 녹이는 참회가 무엇인지 나온다. 진정한 참회는 바로 양변을 여읜 자리로 돌아가는 것이다. 참회, 사홍서원, 삼신불은 전부 같은 뜻이다. 지금 보고 듣고 하는 존재원리를 얘기한다. 참회도 양변을 여읜 자리가 진참회眞懺悔다. 업장을 녹인다는 말은 할 필요가 없다.

지금 이미 사홍서원 세우기를 마쳤으니 선지식에게 무상참회無相懺悔를 해서 삼세의 죄장을 없애게 하리라.

여기에 '없는 모양無相'이라는 말이 굉장히 의미가 있다. 흔히 업장 기도를 하면서 '부처님께 참회한다' 하는데, 사실은 참회할 것도 참회할 대상도 없다. 무상참회라는 말이 바로 그런 뜻이다.

대사가 말하였다.
"선지식아, 앞 생각과 뒷 생각과 현재의 생각이 생각마다 어리석음과 미혹에 물들지 않고, 지난날의 나쁜 행동을 단번에 끊어 자기 성품에서 없애면 이것이 바로 참회다."

어리석고 미혹하면 물드는 것이다. '너다-나다'에 물들어 지배받는다. 양변에 끌려 다니고, 차이고, 상처받고, 그렇게 살아간다. 그것을 단번에 끊어 마음에 '너다-나다' 하는 것이 공이라는 것을 아는 것, 그것이 참회다. 참회가 따로 있는 것이 아니다.

앞 생각, 뒷 생각, 현재의 생각이 생각마다 어리석음에 물들지 않아 지난날의 거짓과 속이는 마음矯誑心을 없애 영원히 끊어버리는 것을 자성참회自性懺悔라 한다.

내가 있으면 많이 속인다. 착하지 않은데도 남 앞에서는 착한 척한다. 나 스스로 얼마나 속이는가. 남한테 속는 것은 놔두고, 내가 나를 속이는 경우도 아주 많다. 내가 있기 때문에 그렇다. 내가 없으면 속고 속일 필요가 없다.

앞 생각, 뒷 생각, 현재의 생각이 생각마다 질투에 물들지 않아 지난날의 질투하는 마음도 없애라. 자기 마음에서 만약 없애버리면 이것이 곧 참회다.

'내가 있다'고 생각하는 데서 만 가지 허물이 나온다. '내가 없다'는 것을 알면 어두운 방에 전깃불 하나 켜도 밝아지듯, 모든 것이 일시에 없어진다. 점진적으로 이것도 없애고 저것도 없애고 하는 것이 아니고 단번에 전부 없어진다. 즉 '나'라는 뿌리를 끊으면 일시에 줄기와 잎이 시들어 죽는 것과 같다.

선지식아, 무엇을 참회라 하는가? 참懺이라 함은 몸이 다하도록 잘못을 짓지 않는 것이고, 회悔는 과거의 잘못을 아는 것이다.

몸이 다하도록 악을 짓지 않는다는 말인데, 일부러 그러는 것이 아니고 저절로 짓지 않게 된다. 양변을 여의면 영원히 세세생생 짓지 않는다. 과거의 잘못을 아는 회悔란 이전에 질투하고 사람 속인 걸 아는 것이 아니고, 내가 없는데 '있다'고 착각한 잘못을 아는 것이다. 우리가 질투하고 미워하는 것은 별 것 아니다. 다만 내가 없는데 '있다'고 착각한 것, 양변을 버리는 것, 이것이 참회다.

나쁜 죄업을 항상 마음에서 여의지 않으면, 모든 부처님 앞에서 입으로 말해도 이익이 없느니라.

　나쁜 죄업을 마음에서 여의지 않으면 언행일치가 안 된다. 나쁜 죄업을 없애야 하는데, 전깃불 하나만 켜면 된다. 양변 여의는 것이 전깃불 켜는 것이다.

나의 이 법문 가운데 영원히 끊어 짓지 않음을 이름하여 참회라 한다.

　이것이 진짜 참회다. 견성하는 것이 참회다. 견성하는 것이 사홍서원이고, 삼신불이 하는 것과 똑같다. 앞에 나온 무념, 좌선, 견성 등이 다 같은 말이다. 결국 자성 자리, 부처도 중생도 세우지 않는 그 자리, 있는 것도 아니고 없는 것도 아닌 그 자리를 깨달으면 그것이 참회다.

• 과거, 현재, 미래의 죄로 인한 장애이다.
•• 《돈황본 육조단경》(성철, 장경각, 1988)에는 '疾(질)'로 되어 있으나, 고우 스님의 문맥으로는 '嫉(질)'로 이어져야 한다.

13

三歸

삼귀의

"이제 참회를 마쳤으니 선지식을 위하여 '무상 삼귀의계'를 주리라."
대사가 말하였다.

"선지식아, '깨달음의 양족존에 귀의하며,

바른 이욕존에게 귀의하며,

깨끗한 중중존에게 귀의합니다.

지금부터 부처님을 스승으로 삼고 다시는 삿되고 미혹한 외도에게

귀의하지 않겠사오니, 바라건대 자성삼보는 자비로 증명하소서'

하라.

선지식아, 혜능이 선지식에게 권하여 자성삼보에 귀의하게 하니,

부처란 깨달음이요, 법이란 바름이며, 승이란 깨끗함이라."

今旣懺悔已 與善知識 授無相三歸依戒 大師言 善知識 歸依覺兩足尊 歸依正
離欲尊 歸依淨衆中尊 從今已後 稱佛爲師 更不歸依餘邪迷外道 願自性三寶
慈悲證明 善知識 惠能勸善知識 歸依自性三寶 佛者覺也 法者正也 僧者淨也

불佛·법法·승僧을 삼보라 한다. 삼귀의는 이 삼보를 깊이 받들어 의지한다는 뜻이다. 우리는 평소에 '귀의불양족존, 귀의법이욕존, 귀의승중중존' 하는데, 여기에서는 귀의불 대신에 '각覺', 귀의법 대신에 '정正', 귀의승 대신에 '정淨'이라 했다.

이제 참회를 마쳤으니 선지식을 위하여 '무상 삼귀의계無相三歸依戒'를 주리라.

무상이 안 되면 깨달음도 알 수 없고, 부처도, 법도, 깨끗하다는 것도 알 수 없다. 그래서 무상 삼귀의라고 했다. 삼귀의계란 삼보에 귀의하여 수행공동체의 일원이 되는 계를 말한다. 여기서 말하는 무상 삼귀의계란 어떤 형식의 수계가 아니라 자기 성품에 귀의한다는 뜻이다.

우리가 '귀의불양족존, 귀의법이욕존, 귀의승중중존' 할 때 자성 부처님, 자성 법이라고 생각하지 않고 내 밖에 있는 부처님께 귀의합니다, 내 밖에 있는 부처님이 설한 그 법에 귀의합니다, 내 밖에 있는 스님들께 귀의합니다, 한다면 이것은 삼귀의가 아니다. 이렇게 무상으로 자성에 있는 부처님, 자성에 있는 법, 자성에 있는 스님, 우리 내면에 스님이 있다. 스님이란 다름 아닌 깨끗한 것이 스님이다. '더럽다-깨끗하다'를 초월한 깨끗함이 스님이다. 모든 사람의 자성에 이 세 가지가 있다. 이것이 무상 삼귀의다.

깨달음의 양족존兩足尊에 귀의하며,

바른 이욕존離欲尊에게 귀의하며,
깨끗한 중중존衆中尊에게 귀의합니다.

양족존은 부처님의 다른 이름으로 지혜와 복덕을 원만히 구족한 가장 존귀한 분이란 뜻이다. 이욕존은 부처님 법이 욕망을 여읜 자리로 인도하는 가장 존귀한 가르침이라는 뜻이다. 또한 중중존은 승가가 인간 공동체 가운데 가장 존귀한 집단이라는 의미이다. 일반적으로 그렇게 해석을 하는데 '부처님께서 그러하다'고 보면 된다. 밖에 있는 부처님이 아닌 우리 마음속에 있는 부처님, 즉 양족존에게 귀의하며, 우리 마음에 있는 부처님이 설해 놓은 그 진리, 즉 존재원리에 귀의하며, 깨끗한 중중존에게 귀의한다.

지금부터 부처님을 스승으로 삼고 다시는 삿되고 미혹한 외도에게 귀의하지 않겠사오니, 바라건대 자성삼보自性三寶는 자비로 증명하소서

내 안에 있는 부처님을 스승으로 삼고 미혹한 외도에게 귀의하지 않겠다고 할 때, 삿되고 미혹한 외도는 '있다-없다'에 빠져 있는 외도다. '있다-없다' 착각에 빠져 있으면 우리도 외도다. 외도가 따로 있는 게 아니다. '있다-없다'에 빠진 사람은 전부 밖에서 구한다. 모든 문제 해결을 힘으로 한다. 왜냐면 '있다-없다'에 빠져 있기 때문이다.

자성삼보는 밖에 있는 것이 아니라 우리 마음에 있다. 이제는 부처님을 스승으로 삼고 공부를 하겠다. '유-무', '선-악' 양변에 집착하는 외도들에게 절대 귀의하지 않고 의지하지도 않겠다는 것이다. 그

래서 자성삼보는 우리 마음이다.

선지식아, 혜능이 선지식에게 권하여 자성삼보에 귀의하게 하니, 부처란 깨달음이요, 법이란 바름이며, 승이란 깨끗함이라.

　앞에서 임제 스님이 마음이 깨끗함心淸淨이 불佛이요, 마음이 밝고 빛남心光明이 법法이요, 어느 곳에서나 걸리지 않음이 승僧이라고 했다. 같은 말이다.

자기 마음이 깨달음에 귀의하여 삿되고 미혹하지 않고, 적은 욕심으로 만족할 줄 알아 재물도 여의고 색도 여의는 것이 양족존이다. 자기 마음이 바름으로 돌아가 생각마다 삿되지 않아 곧 애착이 없으니, 애착이 없음을 이욕존이라 한다. 자기 마음이 깨끗함으로 돌아가 모든 번뇌와 망념이 비록 자성에 있어도 자성이 그것에 물들지 않는 것을 중중존이라 한다.

범부는 이를 알지 못하고 날마다 삼귀의계를 받는다. 만약 부처님께 귀의한다고 할진대 부처가 어느 곳에 있으며, 만약 부처를 보지 못하면 곧 귀의할 바가 없다. 이미 돌아갈 바가 없으면, 돌아간다고 한 그 말이 도리어 허망한 것이다.

선지식아, 각각 스스로 관찰하여 그릇되게 마음을 쓰지 말라. 경의 말씀 가운데 '오직 스스로의 부처님에게 귀의한다' 하였고, 다른 부처에게 귀의한다고 말하지 않았으니 자기 성품에 귀의하지 않으면 돌아갈 바가 없다.

自心歸依覺 邪迷不生 少欲知足 離財離色 名兩足尊 自心歸正 念念無邪故 即無愛著 以無愛著 名離欲尊 自心歸淨 一切塵勞妄念 雖在自性 自性不染著 名眾中尊 凡夫不解 從日至日 受三歸依戒 若言歸佛 佛在何處 若不見佛 即

無所歸 旣無所歸 言却是妄 善知識 各自觀察 莫錯用意 經中只卽言自歸依佛 不言歸他佛 自性不歸 無所歸處

자기 마음이 깨달음에 귀의하여 삿되고 미혹하지 않고, 적은 욕심으로 만족할 줄 알아少欲知足 재물도 여의고 색도 여의는 것이 양족존이다.

일반적으로는 '복혜福慧 양족존'이라고 하는데 여기에서는 삿된 것을 여읜 조그마한 욕심, 이 조그마한 욕심少欲에서 이 '소少' 자가 '없다'는 뜻도 되니 '없다'고 해석하자. "욕심이 없어 만족함을 알아 재물도 여의고 색도 여읜다"에서 색色은 이성異性으로 이해하는 것이 좋다. 재물도 여의고 색도 여의는 것이 양족존이라 했는데, 재물에 대한 부처님의 말씀을 보자.

《아함경阿含經》에 나오는 이야기다. 수닷타 장자가 부처님 말씀을 듣고 신심이 나서 부처님께 말했다.

"공부하는 데 이 재산이 방해가 된다면, 모든 재산을 없는 사람에게 나눠주겠습니다."

그런데 부처님께서는 "아니다. 너는 더 가져라" 하셨다. 부처님은 부富를 부정적으로 보지 않고 긍정적으로 보셨다. 수닷타를 한역하면 급고독給孤獨이다. 소외되고 배고픈 사람들에게 베풀기를 잘하는 사람이라는 뜻이다.

재산이 많고 적은 것이 문제가 아니고, 그 재산을 가지는 마음이 문제라는 것이다. 아무리 재산이 없더라도 탐·진·치에 찌들어 있는 사람은 부처님이 다 버리라고 할 것이다. 그러나 우주를 다 갖고 있는 부자라도 탐·진·치가 없는 사람은 더 가지라고 할 것이다. 그런 사람은 재산 때문에 자기를 해치거나 남을 해치는 일이 없기 때문이다.

그래서 욕심이 없어 만족을 알아 재물도 여의고 색도 여의니 양족존이라 한다. 부처님이 복혜를 가졌는데, 그 복이 남을 해치는 복은 절대 아니다. 남에게도 자기에게도 도움이 되는 복이다.

서장에서는 복을 '탁복濁福'과 '청복淸福'으로 나눈다. 부처님 복은 청복이다. 이것은 남도 자기도 해치지 않는 깨끗한 복이다. 반면에 남도 자기도 해치는 복은 탁복이다. 치복癡福이라 하기도 한다.

흔히 지식인들은 기복祈福에 대해 비판적이다. 예전에는 나도 부처님의 가르침이 무소유이니 복을 비는 기복불교에 대해 비난했다. 그런데 '그럼, 불교는 다 부자 되지 말고 가난뱅이가 되라고 가르치느냐' 하는 오해가 일어나 그 다음부터는 청복과 탁복으로 나눠 얘기한다. 탁복을 해서 문제지 청복을 하면, 기복도 좋다. 그럼 청복과 탁복은 어떻게 다른가. 청복을 가지려면 지혜와 복이 하나 되어야 한다. 지혜가 없으면 전부 탁복이다. 지혜를 가져야 청복을 한다.

보시布施는 좋은 일로 그 베품이 양변을 여의는 수행이 되어야 하는데, 지혜가 없다면 그냥 좋은 일로 끝난다. 지혜가 있는 사람은 주고받는 사람, 주고받는 물건 모두 상을 떠나 있기 때문에 그 자체가 양변을 여의는 수행이다. 그래서 보시가 선행보다 더 의미 깊고 값지다.

인욕忍辱, 참는 것도 지혜가 있으면 공이다. 그런데 옛날 부부들은 속상한 일이 있어도 그냥 참았다. 그래서 육십, 칠십이 넘으면 화병에 걸리는 일이 잦았다. 아무리 참기 어려운 역경계逆境界를 만나더라도 실체가 없으니 공이라 보고 넘겨야 한다.

나는 지금도 그렇게 한다. 역경계를 만나면 "그래 이건 연기야, 실체가 없어" 하면서 나를 달랜다. 그럼 훨씬 편해진다. 처음에는 한 번, 두 번 하다가 싱거워서 안 했는데 자꾸 하다 보니, 실감이 나고 굉장히 편하다. 편해지니 화낼 것도 덜 낸다. 그래서 참는 것도 지혜가 있어야 수행이 된다.

지계持戒도 양변을 여읜 선에서 하는 것이 진짜 계를 지키는 것이지 '선이다-악이다' 양변에서 하는 것은 집착만 기르고 상에 매이는 것이다.

정진精進도 도둑질하는 사람이 도둑질을 열심히 한다고 정진이 되는 것이 아니다. 양변을 여의는 것을 열심히 할 때 진짜 정진이다.

보시, 인욕, 지계, 정진의 바라밀을 행할 때에도 지혜가 없으면 아무 의미가 없다. 복도 지혜가 없으면 청복이 되지 않는다. 그래서 정견을 길러야 한다. 정견을 기르고 이 정견을 깨달을 때 비로소 복혜양족존이 된다.

자기 마음이 바름으로 돌아가

여기에서 말하는 바름도 정正과 사邪의 대립하는 정이 아니라 초월하는 바름이다.

생각마다 삿되지 않아 곧 애착이 없으니, 애착이 없음을 이욕존이라 한다. 자기 마음이 깨끗함으로 돌아가 모든 번뇌와 망념이 비록 자성에 있어도 자성이 그것에 물들지 않는 것을 중중존이라 한다.

"모든 번뇌 망념이 자성에 있어도"라고 했는데, 없어야 한다. '있어도'라고 하면 잘못된 이야기다. 양변을 여의어 자성에 가 있으면, 모든 번뇌 망념이 없어져 그 자성에 물들고 집착함이 없는 것을 중중존이라 한다.

범부는 이를 알지 못하고 날마다 삼귀의계를 받는다. 만약 부처님께 귀의한다고 할진대 부처가 어느 곳에 있으며

다시 말하지만 '귀의'라는 말이 부처님께 귀의하는 것이 아니라 양변을 여읜 그 자리에 귀의한다. 그래서 여기에서도 묻는다. 만약 부처님께 우리가 돌아가 귀의한다면, 부처는 어느 곳에 있느냐?

만약 부처를 보지 못하면, 곧 귀의할 바가 없다. 이미 돌아갈 바가 없으면, 돌아간다고 한 그 말이 도리어 허망한 것이다.

선지식아, 각각 스스로 관찰하여 그릇되게 마음을 쓰지 말라. 경의 말씀 가운데 '오직 스스로의 부처님에게 귀의한다' 하였고, 다른 부처에게 귀의한다고 말하지 않았으니 자기 성품에 귀의하지 않으면 돌아갈 바가 없다.

내 부처에게 귀의한다고 했는데 내 부처가 무엇인가? 자성 자리다. 귀의하는 것은 자성 자리에 양변이 없음을 아는 것이다.

육조 스님은 철저히 이 마음을 강조했다. 불교에서 마음을 강조하

니 불교를 유심주의唯心主義라고 보는 사람들이 많다. 그런데 유심주의는 유물주의唯物主義와 반대되는 것을 말한다. 육조 스님이나 부처님이 말한 유심은 절대 유심이다. 꼭 생명에만 있는 마음을 얘기한 것이 아니다. 무정물의 자성 자리, 유정물의 자성 자리, 모든 자성 자리를 통틀어 불교에서는 마음이라고 한다. 그래서 '모든 것은 마음이 짓는다一切唯心造'고 하는 것이다.

그 마음, 자성 자리를 있는 그대로 보는 것이 견성이고, 도인이다.

14

性空

성품이 공하다

이제 스스로 삼보에게 귀의하여 모두 지극한 마음일 것이니, 선지식들에게 마하반야바라밀법을 설하리라.

선지식아, 비록 생각은 하지만 알지 못하니 혜능이 설명해줄 것이다. 각자 잘 들어라.

마하반야바라밀은 서쪽 나라 범어다. 당나라 말로는 '큰 지혜로 저 언덕에 이른다'이다. 이 법은 모름지기 행할 것이지 입으로 외우는 데 있지 않다. 입으로 외우고 행하지 않으면 꼭두각시와 같고 허깨비와 같으나, 닦고 실천하는 이는 법신이나 부처와 같다.

마하란 무엇인가? 마하는 큰 것이다. 마음의 크기가 광대해서 마치 허공과 같지만, 빈 마음으로 앉아 있지 말라. 곧 무기공에 떨어진다. 허공은 능히 해, 달, 별과 대지, 산, 강과 모든 풀, 나무, 그리고 악인과 선인, 악법과 선법, 천당과 지옥을 그 안에 다 포용하고 있다. 세상 사람의 성품이 공한 것도 또한 이와 같다.

今既自歸依三寶 惣各各至心 與善知識說摩訶般若波羅蜜法 善知識 雖念 不解 惠能與說 各各聽 摩訶般若波羅蜜者 西國梵語 唐言大智惠彼岸到 此法 須行 不在口念 口念不行 如幻如化 修行者 法身與佛等也 何名摩訶 摩訶者 是大 心量廣大 猶如虛空 莫空心坐 即落無記空 虛空能含日月星辰 大地山河

一切草木 惡人善人 惡法善法 天堂地獄 盡在空中 世人性空 亦復如是

본래면목 자리는 비어 있다. 그 자리는 부처도 중생도 초월했고, 해탈과 구속, 번뇌와 반야 모든 것을 초월한다. 종교 · 민족 · 인종 · 이데올로기도 초월한 자리, 그 자리가 성품이다. 이데올로기와 종교 등은 전부 인간이 만들어 놓은 모양이다. 이 세상에 있는 어떤 존재도 형상이 있든 없든, 생명이 있든 없든, 모두 그 성품이 공하다. 그래서 일체가 평등하다.

부처님은 금강경에서 이 우주에 모든 존재가 아홉 가지라고 말하셨다. 알에서 태어난 난생卵生 · 태로 난 태생胎生 · 습지에서 태어난 습생濕生 · 진화해서 난 화생化生 이렇게 해서 사생四生이 있고, 여기에 형상이 있거나有色 · 형상이 없거나無色 · 생각이 있거나有想 · 생각이 없거나無想 · 생각이 있는 것도 아니고 없는 것도 아닌 것非有想非無想 다섯이 더해진다.

이 아홉 가지 존재가 전부 연기 현상이고, 그 자성은 모두 공이다. 우리 인간만 그런 것이 아니다. 형상이 있거나 없거나, 생각이 있거나 없거나, 이런 것이 모두 그 마음에서 나오는 것이다.

다른 종교에서는 이 만물을 하느님, 태극, 브라만, 알라신이 만들었다고 해서 그 생성 과정을 단순하게 본다. 반면 부처님께서는 아홉 가지 종류로 구분하여 말하지만, 이렇게 만들어진 것은 모두 조건에 의한 연기 현상이기 때문에 공하다고 말하신다.

개체의 연기 현상이 공한 것을 자성自性이라 하고, 전체가 공한 것을 법성法性이라 한다. 이 자성 · 법성 자리가 굉장히 고귀한 자리니

금덩어리에 비유할 수 있다. 금으로 여러 가지 물건을 만들 수 있다. 만들어진 물건의 모양과 크기와 용도가 각각 다르더라도 본질, 즉 재료는 똑같이 금이다. 이 우주 만물이 모두 평등한 줄 알면 대립할 이유가 없다. 종교도 대립할 이유가 없고, 그래서 마음이 평화롭고 또 그런 차별경계가 나타나더라도 거기에 꺼들리지 않고 자유자재한다.

이제 스스로 삼보에게 귀의하여 모두 지극한 마음일 것이니, 선지식들에게 마하반야바라밀법을 설하리라.
선지식아, 비록 생각은 하지만 알지 못하니 혜능이 설명해줄 것이다. 각자 잘 들어라.
마하반야바라밀은 서쪽 나라 범어梵語다. 당나라 말로는 '큰 지혜로 저 언덕에 이른다'이다. 이 법은 모름지기 행할 것이지 입으로 외우는 데 있지 않다.

　마하반야바라밀이란 '큰 지혜로 저 언덕에 이른다'는 뜻이다. 이 법은 실천하는 것이지, 입으로 외우고 기억하는 데 뜻이 있지 않다는 말이다. 서쪽 나라는 인도이며, 범어는 인도의 고대어 가운데 하나인 산스크리트어이다.

입으로 외우고 행하지 않으면 꼭두각시와 같고 허깨비와 같으나 닦고 실천하는 이修行者는 법신이나 부처와 같다.
　입으로 아무리 마하반야바라밀을 외운다고 하더라도 행하지 않으

면 아무 소용이 없다. 허깨비와 같고 꼭두각시와 같다. 실천해야 한
다. 양변을 여읜 자리는 공이라는 것을 알고, 그 시각으로 일상생활을
하는 것이다. 이것을 닦고 실천하는 자는 부처님과 같다.

마하摩訶란 무엇인가? 마하는 큰 것大이다. 마음의 크기가 광대해서
마치 허공과 같지만

"마하는 큰 것이다"에서 이 대大는 '크다-작다'를 초월한 큰 것이
다. 그것이 마하이다. 그러면 마하나 연기나 중도나 모두 실체가 없
다, 무아다 하는 말과 같은 말이다. 핵심은 여기에 있다.

실제로 이것만 이해하고 실천하면 일체 고통으로부터 벗어나 자기
개인이나 가정이나 사회나 이 우주에서 일어나고 있는 모든 갈등, 대
립, 괴로움도 하루아침에 해결할 수 있다. 이런 위대한 법이 있고, 그
법을 발견한 분이 바로 부처님이다. 부처님만 그렇게 되는 것이 아니라
우리 모두가 본래 그렇게 존재한다는 것이다. 본래 부처라는 것이다.

이것이 엄청난 발견이다. 없는 것을 새로 만드는 것은 어렵지만, 본
래 만들어져 있는 그 자리로 돌아가는 것은 어렵지 않다. 본래 그 자
리로 돌아가는 것이 수행이고, 선이다. 그래서 여기에서도 "마하는
큰 것이니 마음의 크기가 광대해서 허공과 같다"고 하였다.

요즘 우리 사회는 아파트 평수 넓히는 것이 부의 상징으로 이야기
되고 있는데 아파트 평수만 넓히려 하지 말고 마음의 평수를 넓히는
것이 진짜 부자다. 그리고 마음의 평수를 넓히면 아파트 평수도 같이

넓어진다.

빈 마음으로 앉아 있지 말라. 곧 무기공無記空*에 떨어진다.

마음은 크기가 허공과 같다. 그런데 허공과 같다고 일체 빈 마음으로 가만히 있으면 빈 마음에 떨어진다. 이것이 무기공이다.

우리 마음이 아무것도 없고 허망하다고 생각하는 사람은 그 허망하다는 구름에 가려져 있어 햇빛이 나오지 않는다. 허망하다는 것도 없는 진짜 빈 마음이 되면 한순간에 햇빛이 난다.

우리가 수행하는 그 중간 과정에는 삼독심三毒心이 조금씩 엷어져 간다. 예를 들어 먹구름이 짙은 날에는 낮에도 자동차 전조등을 켜고 다닌다. 먹구름이 잔뜩 꼈을 때와 구름이 살짝 꼈을 때와는 그 밝음이 다르다.

우리 마음도 마찬가지다. 서장에 "설익은 것이 익어 가면 익은 것이 설어진다"라고 하였다. 우리 마음속 번뇌 망상의 먹구름이 엷어져 가면 깜깜하다가 점점 밝아진다. 그래서 팔식경계八識境界**에 들어가면 달을 볼 때 발을 쳐 놓고 보는 것처럼 그렇게 보인다. 그 정도만 되어도 굉장한 것이다. 깨달음에 가까운 것이다. 그래서 중간 과정을 무시하면 안 된다. 공부하는 것도 양 극단을 없애기 위해서 하는 것인데 양 극단에 빠져 '모 아니면 도'라는 결과 제일주의로 하는 공부는 잘못된 것이다.

서장에서는 도둑놈이 숲 속에 있는데 그놈이 숲 속에 숨어 있다는 것을 알기는 아는데 다만 못 잡은 것일 뿐이라고 정견을 비유했다. 그러니까 우리는 도둑놈이 어디 있는지도 모르고 늘 도둑질당하고 살았는데 그놈이 어디 있는 줄 알면, 가서 붙잡으면 된다.

허공은 능히 해, 달, 별과 대지, 산, 강과 모든 풀, 나무, 그리고 악인과 선인, 악법과 선법, 천당과 지옥을 그 안에 다 포용하고 있다. 세상 사람의 성품이 공한 것도 또한 이와 같다.

우리 본래 그 자리는 그렇게 되어 있다. 성품이 만법을 포함한 것이 마하다. 허공은 이 세상을 다 포용하고 있다.

성품 속에 만법萬法이 다 포함되어 있으니까 엄청나게 크다. 또 크기도 하고 작기도 하다. 계속 큰 것은 아니다. 작기도 해야 인간적인 면이 나온다. 진짜 도인은 그렇게 인간적이다. 클 때는 크고 작을 때는 작고 그런 것이 자유자재하는 분이다. 그래서 나는 도인을 '사람다운 사람', '인간다운 인간'이라고 표현한다. 인성교육에도 불교만큼 좋은 것이 없다.

이 성품이 만법을 포함하여 큰 것이니 만법이 모두 자성이다. 모든 사람과 사람 아닌 것, 악함과 착함, 악법과 선법을 보되, 모두 버리지 않으며 거기에 물들지도 않아 마치 허공과 같아 이를 이름하여 크다 하니 이것이 대승행이다.

미혹한 사람은 입으로 외우고, 지혜로운 사람은 마음으로 행한다. 또 미혹한 사람은 마음을 비워 생각하지 않는 것을 크다 하나, 이것도 또한 옳지 않다. 마음의 크기가 광대하여도, 행하지 않으면 작은 것이다. 입으로만 말하고 행하지 않는 사람은 나의 제자가 아니다.

性含萬法是大　萬法盡是自性　見一切人及非人　惡之與善　惡法善法　盡皆不捨
不可染著　猶如虛空　名之爲大　此是摩訶行　迷人口念　智者心行　又有迷人　空心
不思　名之爲大　此亦不是　心量廣大　不行是小　莫口空說　不修此行　非我弟子

이 성품이 만법을 포함하여 큰 것이니 만법이 모두 자성이다. 모든 사람과 사람 아닌 것, 악함과 착함, 악법과 선법을 보되, 모두 버리지 않으며 거기에 물들지도 않아

자성에서 나온 것이니까 둘이 아니다. 어떤 악한 사람이라도, 자기한테 아무리 잘못한 사람이라도 절대 내치지 않는다. 부처님은 다 포용하고 또 포용해서 그런 사람에게 물들지 않는다. 동사섭同事攝***한다. 부처님은 정말 위대한 분이다. 부처님만 위대한 것이 아니라 우리도 성품 자리만 보면 바로 위대한 사람이 될 수 있다. 우리 본래 성품은 그렇게 되어 있으니까 그 자리로 돌아가면 부처님, 도인, 대장부가 되는 것이다.

마치 허공과 같아 이를 이름하여 크다 하니 이것이 대승행摩訶行이다.

마하가 대승이다. 자기 혼자만 가면 소승이 된다.

미혹한 사람은 입으로 외우고, 지혜로운 사람은 마음으로 행한다. 또 미혹한 사람은 마음을 비워 생각하지 않는 것을 크다 하나, 이것도 또한 옳지 않다.

마음을 비웠다는 것도 비워야 한다. 마음을 비워 무조건 생각하지 않는 것을 큰 것이라 하면, 비운 그 자리에 머물러 단견斷見에 떨어진다.

마음의 크기가 광대하여도, 행하지 않으면 작은 것이다. 입으로만 말

하고 행하지 않는 사람은 나의 제자가 아니다.

말로만 하고 마음으로 생각하지 않고 실천하지도 않으면 부처님의 제자라 할 수 없다.

• 무기(無記)란 선·악·무기의 삼성(三性)의 하나로 선도 아니고 악도 아닌 상태를 말한다. 선에서는 무기도 지혜 작용이 없는 상태로 보아 크게 경계한다. 화두 참선을 할 때 화두가 들리지 않는데도 마음이 고요한 경계에 처할 수 있다. 이 경계를 무기라 하는데 속히 벗어나야 한다.

•• 팔식경계란 수행을 통해 부처가 되는 마지막 경계이다. 인간의 인식 작용은 눈(眼)·귀(耳)·코(鼻)·혀(舌)·몸(身)·뜻(意)의 육식(六識)과 이를 비교분석하는 칠식(七識), 그리고 이를 저장하는 작용의 팔식(八識)으로 구성되어 있다. 불교 수행을 바르게 해나가면 가장 먼저 육식이 깨끗해지고 그 다음 칠식, 마지막으로 팔식이 깨끗해지면 마침내 견성하여 부처가 된다.

••• 동사섭은 불보살이 중생을 제도함에 근기에 따라 함께하면서 진리의 길로 안내하는 것이다.

15
般若
반야

반야란 무엇인가? 반야는 지혜다. 언제나 생각마다 어리석지 않고 항상 지혜를 행하는 것이 곧 반야행이다. 한 생각이 어리석으면 반야가 끊어지고, 한 생각이 지혜로우면 곧 반야가 난다. 마음 가운데에 항상 어리석으면서 스스로 '나는 닦는다'고 말하나, 반야는 형상이 없으니, 지혜의 성품이 바로 그것이니라.

바라밀이란 무엇인가? 이것은 인도의 산스크리트어로 '저 언덕에 이른다'는 말이다. 바라밀이라는 뜻을 알면 생멸을 여읜다. 경계에 집착하면 생멸이 일어나 물에 파도가 있는 것과 같으니, 이것이 곧 이 언덕이다. 경계를 여의면, 생멸이 없어 물이 항상 끝없이 흘러가는 것과 같다. 곧 이름하여 저 언덕에 이른다고 하며, 그러므로 바라밀이라 한다.

何名般若 般若是智惠 一切時中念念不愚 常行智惠即名般若行 一念愚即般若絶 一念智即般若生 心中常愚 自言我修 般若無形相 智惠性即是 何名波羅蜜 此是西國梵音 言彼岸到 解義離生滅 著境生滅起 如水有波浪 即是於此岸 離境無生滅 如水承長流 故即名到彼岸 故名波羅蜜

반야般若란 무엇인가? 반야는 지혜다. 언제나 생각마다 어리석지 않고 항상 지혜를 행하는 것이 곧 반야행이다.

반야 지혜는 '나다-너다' 양변을 초월한 자리다. 반대로 어리석다는 것은 '내가 있다'고 생각하는 것이다. '나다-너다'를 초월한 자리가 되어 항상 지혜를 쓰는 것이 곧 반야행이다.

한 생각이 어리석으면 반야가 끊어지고, 한 생각이 지혜로우면 곧 반야가 난다. 마음 가운데에 항상 어리석으면서 스스로 '나는 닦는다'고 말하나

한 생각이 '내가 있다'고 생각하면 반야가 끊어지고, 내가 실체가 없어 무아라는 것을 알면 반야가 생겨난다. 일상생활에서 '내가 있다'는 착각에 빠진 사람이 아무리 도를 닦는다고 해도 닦는 것이 아니다. 마음속에서 항상 무아가 되고 공이라는, 그런 생각을 하면서 참선·염불·봉사를 해야 진짜 닦는 것이다.

반야는 형상이 없으니, 지혜의 성품이 바로 그것이니라.

반야는 형상이 없다. 형상이 없기 때문에 지혜의 성품이 바로 반야이다. 지혜의 성품이 무엇인가. 개별적으로는 자성自性이라 하고, 전체는 법성法性이라고 하는 그 자리다.

이 반야의 마음을 쓰고用心 행동하지 못하는 것은 '내가 있다'는 착각에 빠져 그렇다. 사람이 나쁜 것은 아니다. 그 착각만 깨면 형상이

없는 지혜의 성품인 반야를 보게 된다.

바라밀이란 무엇인가? 이것은 인도의 산스크리트어로 '저 언덕에 이른다'는 말이다. 바라밀이라는 뜻을 알면 생멸生滅을 여읜다. 경계에 집착하면 생멸이 일어나 물에 파도가 있는 것과 같으니, 이것이 곧 이 언덕이다.

　이 언덕이란 착각의 세계다. 본래 나의 존재원리가 생멸을 여읜 그 자리라는 것을 모른다. 경계에 집착하여 '좋다-나쁘다' 하면 거기에서 비교하는 마음이 나오니 자연히 '나고 죽음生滅'이 일어난다. 물에 파도가 치는 것과 같다. 이것이 이 언덕此岸이다. 경계를 여의면 그것은 실체가 없고, 없다는 것을 아니까 집착하지 않는다. '바라밀'은 '저 언덕에 이른다'는 말인데, 한자로는 '도피안到彼岸'이다. 이 뜻을 알면 생사를 초월한다.

경계를 여의면, 생멸이 없어 물이 항상 끝없이 흘러가는 것과 같다. 곧 이름하여 저 언덕에 이른다고 하며, 그러므로 바라밀이라 한다.

　생멸이 있는 것을 '이 언덕此岸'이라 한다. 또 생멸이 없고, 경계를 여읜 것을 물이 끝없이 흘러가는 것과 같다고 했다. 끝없이 흘러가는 물이라도 그냥 흘러가는 모습만 보면 '저 언덕彼岸'이 안 된다.

　파도가 이는 물이든, 잔잔하게 흘러가는 물이든, 습기濕氣가 그 물의 성품임을 알면 물의 존재원리를 아는 것이다. 흙탕물에도, 맑은 물에도, 파도치는 물에도, 잔잔히 머물러 있는 물에도 습기가 있다. 그것을 알게 되면, 흙탕물도 깨끗한 물도 물이다. 그럼 거기에 맞게 우리가 쓸 수 있는 지혜가 나온다. 그것을 '저 언덕에 이른다'고 한다.

미혹한 사람은 입으로 외우고, 지혜로운 사람은 마음으로 실천한다. 생각할 때 망상이 있으면, 그 망상은 곧 진실로 있는 것이 아니다. 생각 생각마다 행하면 곧 진실이 있다고 말한다. 이 법을 깨달은 이는 반야법을 깨친 것이며, 또 반야행을 닦는 것이다. 닦지 않으면 곧 범부요, 한 생각으로 수행하면 법신과 부처와 같다.

선지식아, 번뇌가 곧 지혜니, 앞 생각을 붙잡아 미혹하면 곧 범부고, 뒷 생각에 깨달으면 곧 부처다. 선지식아, 마하반야바라밀은 가장 귀중한 것이고, 가장 높은 것이며, 제일이라. 머무름도 없고, 가고 옴도 없다.

삼세의 모든 부처님이 이 가운데에서 나와 큰 지혜로 저 언덕에 이르러 오온의 번뇌와 진로를 타파하는 것이니, 가장 귀중하고 가장 높으며 제일이다. 가장 높다고 찬탄하여 최상승법을 수행하면 반드시 부처가 되어 가는 것도 없고 머무름도 없고, 오고 가는 것도 없나니, 이 정과 혜가 같아 일체법에 물들지 않는다. 삼세의 모든 부처님이 이 가운데에서 삼독을 변하여 계·정·혜로 삼았다.

迷人口念 智者心行 當念時有妄 有妄即非眞有 念念若行 是名眞有 悟此法者
悟般若法 修般若行 不修即凡 一念修行 法身等佛 善知識 即煩惱是菩提 捉

前念迷即凡 後念 悟即佛 善知識 摩訶般若波羅蜜 最尊最上第一 無住無去無

來 三世諸佛 從中出 將大智惠到彼岸 打破五陰煩惱塵勞 最尊最上第一 讚最

上 最上乘法修行 定成佛 無去無住無來往 是定惠等 不染一切法 三世諸佛

從中變三毒 爲戒定惠

아무리 극악무도한 죄를 지은 사람일지라도 본래 그 자리를 보면 좋은 사람이 된다. 그리고 성품이 착하고 좋은 일만 하고 사는 사람도 역시 자기 성품을 보면 영원히 좋은 사람이 된다. 우리는 형상만 보지 말고 그 본질을 보자는 것이다. 부처님 당시의 앙굴리마라도 극악무도했지만 부처님 말씀을 듣고 굉장히 착해졌다.

선문禪門에 이런 말이 있다. 살인을 밥 먹듯이 하다가 부처님을 만나 출가하게 된 앙굴리마라가 하루는 탁발을 나가 어느 집에 가니 임산부가 아기를 낳는 데 난산이었다. 산모의 시아버지 되는 분이 앙굴리마라에게 "당신은 수도를 많이 한 스님이니 우리 며느리가 순산하게 도와달라"고 부탁한다. 앙굴리마라는 "부처님께 물어 보고 와서 도와주겠다" 하고는 부처님께 와서 묻는다. 부처님께서는 "가서 '내가 부처님 법을 얻은 후로는 사람을 한 사람도 죽이지 않았고 살의도 품지 않았다'고만 말해라. 그러면 아기가 금방 태어날 것이다"라고 했다. 그래서 돌아가 그 말을 하니, 곧 아기가 태어났다.

이 이야기는 굉장히 의미가 있다. 세상 삶이 괴롭고 고통스러움을 아기 낳을 때의 산통에 비유한 말이며, 또한 양변을 여의어 영원한 행복을 얻었다는 것은 아기를 순산했다는 것으로 비유한 것이다. 그래서 파도는 무조건 나쁘고 잔잔한 물은 좋다는 식으로 볼 필요가 없다. 극악무도한 사람이라도 자기 성품을 알면 굉장히 착한 사람이 된다. 자기 존재원리를 몰라 착각에 빠져 극악무도한 사람이 되는 것이니 사람을 차별하고 미워하면 안 된다. 부처님처럼 연민해야 한다.

미혹한 사람은 입으로 외우고, 지혜로운 사람은 마음으로 실천한다.

미혹한 사람은 반야니 뭐니 말로만 하고, 지혜로운 사람은 마음으로 실천한다.

생각할 때 망상이 있으면, 그 망상은 곧 진실로 있는 것이 아니다. 생각 생각마다 행하면 곧 진실이 있다고 말한다.

망妄은 다른 것이 아니라 양변에 빠진 것이다. 분명히 짚고 넘어가야 한다. 막연히 망이라는 추상어가 절대 아니다. 양변에 집착하면 온갖 망상이 다 나온다. '내가 있다'고 착각하는 데에서 나오는 것이다. 반면에 '내가 없다'는 것을 알아 생각 생각마다 마음으로 실천하면, 이것을 '진실이 있다'고 말한다.

이 법을 깨달은 이는 반야법般若法을 깨친 것이며, 또 반야행般若行을 닦는 것이다. 닦지 않으면 곧 범부요, 한 생각으로 수행하면 법신과 부처와 같다.

'내가 있다'는 착각에 빠지면 그 자체가 근원이 되어 온갖 망상을 피우는데, 그것은 착각에서 비롯된 것이다. 우리 생각 생각을 마음으로 닦으면 이 법을 깨닫는 것이고 반야행을 닦는 것이다.

선지식아, 번뇌가 곧 지혜菩提니

사실 그렇다. 우리가 착각에 빠져 어디에 집착하고 갈등 대립하고 망상 피우는데, 그것은 '있다'는 생각에서 다 나오는 것이다. 그러니 그 한 생각 돌이키면 바로 지혜_{菩提}다. 번뇌가 없어져 지혜가 나오는 것이 아니고, 번뇌 자체가 깨달음으로 변하는 것이다.

이 번뇌란 착각에 빠져 형상만 보고 '나'라고 집착하는 것이고, 그 형상의 본질인 '있다-없다'를 초월한 그 자리, 연기되어 있고, 연기이 기 때문에 실체가 없고, 실체가 없으니까 공이고 무아라고 아는 그 자리, 그 자리가 바로 깨달음이고 보리다. 번뇌와 보리는 둘이 아니다. 그놈이 착각해서 보는 것, 착각에서 깨어나 보는 것이니 똑같은 놈이 하는 것이다.

그래서 번뇌는 '나'라는 것에 집착해서 형상만 보는 것이고, 지혜는 '나'가 연기 현상이고 무아라 생각하는 그것이다.

앞 생각을 붙잡아 미혹하면 곧 범부고, 뒷 생각에 깨달으면 곧 부처다.

앞 생각은 번뇌를 말한다. 번뇌에 미혹하면 범부고, 무아고 공이라 아는 것이 뒷 생각, 즉 깨달음이고 부처다.

선지식아, 마하반야바라밀은

마하는 크고, 반야는 양변을 여읜 자리고, 그 여읜 자리에서 일상 생활하는 것이 바라밀이라 한다. 마하반야, 즉 양변을 여읜 그 자리에 서 일상생활을 하게 되면 지금 우리가 사는 것과 전혀 다른 매일매일 좋은 날을 살 수 있다.

가장 귀중한 것이고, 가장 높은 것이며, 제일이라. 머무름도 없고, 가고 옴도 없다.

모든 존재가 이렇게 보편되어 있고 '천하다－귀하다'의 양변을 초월해 있기 때문에 가장 귀중하다. '높다－낮다'를 초월해 있기 때문에 최상이고 '제이－제일'을 초월해 있기 때문에 제일이다. 이것도 차별심으로 보게 되면 또 착각에 빠진다. 그 자리는 본래 존재해 있기 때문에 간다고 해도 맞지 않고, 온다고 해도 맞지 않다.

그럼, 이것이 어디에 있느냐? 지금 우리가 보고 듣고 있는 바로 그 자리다. 이 글을 보고 생각하는 바로 그 자리가 본래 그 자리고, 그 자리가 마하반야바라밀이고, 그 자리가 가장 존귀한 자리고, 최상이고, 제일가는 자리다.

우리는 굉장히 가치 있는 존재인데, 그것을 모르고 자신을 낮게 아니 가치 있는 행동을 못 하고 있는 것이다.

삼세의 모든 부처님이 이 가운데에서 나와

이 자리는 우리가 보고 듣고 하는 바로 그 자리다. 모든 부처님이 우리와 손톱만큼도 다르지 않고 똑같다. 우리는 그 자성 자리를 못 보고 있기 때문에 '중생'이라 할 뿐이다.

큰 지혜로 저 언덕에 이르러

그 자리를 아는 것이 큰 지혜다. 양변을 여의면 저 언덕은 저절로 이루어진다. '이 언덕-저 언덕'도 없다.

오온五蘊의 번뇌와 진로塵勞를 타파하는 것이니, 가장 귀중하고 가장
높으며 제일이다.

　그 자리에 이르러 오온의 번뇌와 마음을 피로하게 하는 티끌인 진
로를 다시 타파하는 것이 아니라 그 자리에 이른 그 자체가 오온·번
뇌·진로를 타파하는 것이고, 제일 귀하고 제일 높은 것이라는 뜻이
다. 그래서 여기에서도 "가장 귀중하고, 가장 높으며, 제일이다"라고
자꾸 강조한다. 금강경에서도 "갠지스 강의 모래알 수만큼⋯⋯" 하
며 계속 강조했다. 처음 금강경을 볼 때 '중국 사람도 풍이 센데, 인도
사람도 굉장히 풍이 세구나!' 하고 느꼈는데 지금은 부처님 법은 정말
로 그런 말로도 비교할 수 없다는 생각이다.

가장 높다고 찬탄하여 최상승법을 수행하면 반드시 부처가 되어 가는
것도 없고 머무름도 없고, 오고 가는 것도 없나니
　그 자리에 있다. 그 자리에 있다고 절대 머물러 있지 않는다. 그래
서 가는 것도 없고, 머무름도 없고, 오고 가는 것도 없다.

이 정定과 혜慧가 같아 일체법에 물들지 않는다.
　정혜를 '적적성성寂寂惺惺', '성성적적惺惺寂寂'이라 한다. 정定은 '있
다-없다' 양변을 여읜 자리고 구름 걷힌 것, 그 여읜 자리에 해가 나

와 잘 비춰져 있는 상태다. 그것을 '정혜가 같다'고 한다. 정혜가 같게 되면 '있다-없다' 등 일체에 물들지 않는다.

삼세의 모든 부처님이 이 가운데에서 삼독三毒을 변하여 계戒·정定·혜慧로 삼았다.

 계·정·혜가 분리된 것이 아니다. 우리 마음에서 구름이 걷히면 정定이다. 그 다음에 밝은 진공묘유眞空妙有가 나오면 혜慧고, 그 상태에서 일상생활하고 있으면 그것이 계戒다. 이 세 개가 하나다.

 우리나라에 지금 선사禪師·강사講師·율사律師가 따로 있어 역할을 하고 있는데, 사실은 율사가 선사고, 선사가 율사고, 강사가 선사고, 선사가 강사고, 다 같아야 한다. 따로 따로 있는 것이 아니다.

 여기에서 '삼독三毒이 변해서'라고 할 때도 삼독을 없애고 계·정·혜가 되는 것이 아니고, 삼독이 변해서 되는 것이다. 삼독이 실체가 있는 것이 아니니 세탁만 하면 된다. 오물이 조금 묻은 것이 문제이니 오물만 세탁하면 계·정·혜가 된다.

선지식아, 나의 이 법문은 팔만사천 지혜를 좇으니, 어째서 그런가. 세상에 팔만사천 진로가 있기 때문이니, 만약 진로가 없으면 반야가 항상 있어 자성을 떠나지 않는다. 이 법을 깨달은 자는 곧 무념이다. 기억하는 것도 없고, 집착하는 것도 없어서 속이고 거짓됨을 일으키지 않으면, 곧 스스로 진여의 성품이다. 지혜로 보고 비추어 모든 법을 취하지도 않고 버리지도 않으니, 곧 자성을 보아 부처님 도를 이룬다.

善知識 我此法門 從八萬四千智惠 何以故 爲世有八萬四千塵勞 若無塵勞 般若常在 不離自性 悟此法者 卽是無念 無憶無著 莫起誑妄 卽自是眞如性 用智惠觀照 於一切法 不取不捨 卽見性成佛道

선지식아, 나의 이 법문은 팔만사천 지혜를 좇으니, 어째서 그런가.

부처님 법을 흔히 팔만사천 법문이라 하는데, 이것은 꼭 숫자 팔만사천이 아니라 헤아릴 수 없이 많다는 의미이다. 앞에서 말한 정혜가 같고, 우리가 본래 성불해 있는 그 자리에서 팔만사천 지혜, 즉 무량한 지혜가 나온다는 것이다. 하나는 세탁되어 있고 하나는 세탁되어 있지 않은 것뿐, 둘은 똑같다. 번뇌와 지혜는 둘이 아닌 하나다.

육조단경을 공부하는 것도 세탁하기 위해서라고 생각하자. 번뇌를 싫어하기보다 사랑할 줄 알게 되면 이것이 오히려 세탁을 잘하는 방법이다. 그러니 좋은 사람, 나쁜 사람 이렇게 가르지 않는 것이 수행자에게 중요하다.

세상에 팔만사천 진로가 있기 때문이니, 만약 진로가 없으면 반야가 항상 있어 자성을 떠나지 않는다.

우리가 듣고 보고 하는 이것이 자성과 늘 같이 있는데 그것을 못 보고 있기 때문에 형상에 집착하는 것을 때가 묻어 있다고 한다.

연기 현상이고, 공이고, 무아라는 것을 알게 되면, 자성을 여의지 않고 세탁된 그 상태에서 작용하고 생각하고 그렇게 되면, 매일매일 좋은 날이 된다.

이 법을 깨달은 자는 곧 무념無念이다.

무념은 자성 자리를 아는 것이다.

기억하는 것도 없고, 집착하는 것도 없어서 속이고 거짓됨을 일으키지 않으면, 곧 스스로 진여의 성품이다.

우리가 어떤 현상을 볼 때 그 현상이 연기이고, 무아라는 것을 알면, 그 자체가 진여자성을 여의지 않는 것이다. 그렇게 되면 무념이 되고, 기억하는 것도 없고無憶, 집착하는 것도 없고無著, 또 속이고 망령된 것을 일으키지 않는다. 그 자리가 진여의 성품眞如性이다. 우리가 이 진여의 성품으로 행동하면 매일매일 좋은 날이 된다. 진여의 성품이 곧 지혜다.

지혜로 보고 비추어 모든 법을 취하지도 않고 버리지도 않으니, 곧 자성을 보아 부처님 도를 이룬다.

취하면 집착이다. 또 버리면 무無에 떨어진다. 취하지도 않고 버리지도 않는다는 말이 굉장히 어려운 말이다. 우리가 양변을 여의어 그것을 쓰면, 취하지도 않고 버리지도 않으면서 쓸 수 있다. 양변을 여의려면 '모든 것이 연기 현상이고, 무아'라는 것을 항상 실천해야 한다. 선요에 보면 "공부하는 사람은 눈으로 본 것, 귀로 들은 것, 마음으로 일으켰던 모든 것을 타방 세계에 던져버리고 공부하라"는 말이 나오는데 바로 이 이야기다.

우리는 일상생활에서 역경계, 순경계를 항상 만난다. 순경계는 잘 넘어가는데, 역경계를 만나면 하루나 이틀, 심하게 가는 사람은 일 년도 간다. 마음에 담아 두고 끙끙 앓고 고민한다. 그럴 때만이라도 '이

것은 실체가 없고, 공이고, 무아다, 연기이다' 이렇게 보면 그 회복 시
간도 단축되고, 훨씬 효과적으로 공부할 수 있다.

16

根機

근기

선지식아, 만약 매우 깊은 법의 세계에 들어가고자 하고, 반야삼매에 들고자 하는 사람은 바르게 반야바라밀행을 닦아라. 오로지 금강반야바라밀경 한 권을 가지고 읽을지라도 곧 자성을 보아 반야삼매에 들어간다. 이런 사람의 공덕이 무량하다는 것을 마땅히 알아야 한다. 경에서 분명히 찬탄하였으니 능히 다 설명하지 않겠다. 이것이 최상승법이니, 큰 지혜와 상근기의 사람을 위하여 설한 것이다. 만약 근기와 지혜가 작은 사람이 이 법을 들으면 마음에 믿음을 내지 않는다.

무엇 때문인가. 비유하면 마치 큰 용이 큰 비를 내리는 것과 같다. 염부제에 비가 내리면 풀잎이 떠다니는 것과 같고, 만약 큰 바다에 비가 내리면 더하는 것도 없고 줄어드는 것도 없다. 만약 대승의 사람이 금강경 설하는 것을 들으면 마음이 열려 깨치고 안다. 그러므로 본성이 스스로 반야의 지혜를 지니어 스스로 지혜로 비추어 보아 문자를 빌리지 않음을 알라.

비유컨대 빗물이 하늘에 있는 것이 아님과 같다. 원래 용왕이 강과 바다 가운데서 이 물을 몸으로 이끌어 모든 중생과 초목과 유정·무정을 다 윤택게 하고, 모든 물의 여러 흐름이 다시 큰 바다에 들어가 바다는 모든 물을 받아들여 한 몸으로 합쳐지는 것과 같다. 중생의 본래 성품인 반야의 지혜도 또한 이와 같은 것이다.

善知識 若欲入甚深法界 入般若三昧者 直修般若波羅蜜行 但持金剛般若波羅蜜經一卷 即得見性 入般若三昧 當知此人功德 無量 經中分明讚嘆 不能具說 此是最上乘法 爲大智上根人說 小根智人 若聞此法 心不生信 何以故 譬如大龍 若下大雨 雨於閻浮提 如漂草葉 若下大雨 雨於大海 不增不減 若大乘者 聞說金剛經 心開悟解 故知本性自有般若之智 自用智惠觀照 不假文字 譬如其雨水不從天有 元是龍王 於江海中 將身引此水 令一切衆生 一切草木 一切有情無情 悉皆蒙潤 諸水衆流 却入大海 海納衆水 合爲一體 衆生本性般若之智 亦復如是

선지식아, 만약 매우 깊은 법의 세계에 들어가고자 하고, 반야삼매에 들고자 하는 사람은 바르게 반야바라밀행을 닦아라.

'반야바라밀행'이란 양변을 여읜 자리로 일상생활하면서 자유자재한 것이다. 이것을 바로 닦아야 한다. 역경계를 만났을 때, 실체가 없어 무아다, 공이다, 하고 보는 훈련을 지속적으로 해야 한다. 자주 반복하면 깊고 깊은 법계에 들어갈 수도 있고, 반야삼매에도 들어갈 수 있다. 그렇게 하면서 봉사, 염불, 화두를 하면 수행이 훨씬 잘 된다.

그런 사람은 설사 견성을 못 하더라도 후회하지 않는다. 그리고 내생來生에 대한 믿음도 훨씬 깊어지고, 또 다음 생에 틀림없이 공부를 열심히 하겠다는 원력도 더 확고해질 것이다.

서장에 나오는 소동파나 백낙천이 다 이런 분들이다. 다음 생에서는 말 한마디에 척척 깨닫는 사람이 된다는 것이다. 내생까지 얘기할 것 없고 금생에서도 열심히 해서 깨칠 수 있는 마음이 준비되어 있다면, 선지식도 밖에서 찾지 말고 안에서 찾아야 한다.

지금 한국불교가 극복해야 할 점이 바로 이것이다. 마음이 어리석은 상태에서 자꾸 뭘 닦는다고 한다. 어리석은 상태에 있는 사람이 어떻게 닦겠는가? 먼저 정견을 세워 마음을 바르게 해야 한다.

실제로 한국불교는 조사선 전통으로 다른 나라 불교보다 법을 훨씬 깊이 본다.《달라이라마의 행복론》같은 책을 몇 페이지 읽어 보면, 출가하여 처음 강원에 다닐 때 배우는 인천교人天教* 수준이다. 인천교는 인과因果, 즉 '선인선과善因善果 악인악과惡因惡果'를 가르치는 공부다. 거기에서 아함, 반야 등 조금씩 공부 단계를 높여간다. 그분이 얘기한 것을 보면 공도리空道理나 다른 불교의 깊이를 몰라서 그런 것은 아니나 중생의 근기에 맞춰 말하는 내용이 인천교를 거의 벗어나지 않는다. 간혹 사람들이 달라이라마 이야기를 하면, 나는 이렇게 말해준다.

"법문에는 높은 법문도 있고 낮은 법문도 있다. 그런데 그 법문은 인과 법문이니, 우리는 그것을 최상승 법문으로 받아들여서는 안 된다."

선인선과 악인악과의 인천교에서 최상승으로 가려면, 선악을 초월한 그 자리에서 절대 선善으로 매일매일 선이 되는 그런 가르침을 배워야 한다.

오로지 금강반야바라밀경 한 권을 가지고 읽을지라도 곧 자성을 보아 반야삼매에 들어간다.

오조 홍인 스님 때부터 금강경을 굉장히 중요시 했다. 그런데 선종에서는 '불립문자'라 해서 경전을 그리 중요하게 말하지 않는데, 당시 이분들이 법을 보는 안목이 지금보다 못해서 이렇게 말하는 것이 아니다. 훨씬 깊이 보는데도 불구하고 금강경을 중시했다. 이 금강반야바라밀경도 마음의 금강반야바라밀경으로 봐도 좋다. 지금 우리가 듣고 보고 하는 것이 바로 마음의 금강경이다.

이런 사람의 공덕이 무량하다는 것을 마땅히 알아야 한다. 경에서 분명히 찬탄**하였으니 능히 다 설명하지 않겠다.

금강경 가운데 갠지스 강의 모래알 수와 비교해서 찬탄하는 그것을 말한다.

이것이 최상승법이니, 큰 지혜와 상근기의 사람을 위하여 설한 것이다. 만약 근기와 지혜가 작은 사람이 이 법을 들으면 마음에 믿음을 내지 않는다.

근기가 약한 분은 신심을 내지 않는다. "무엇 때문인가? 비유하면 마치 큰 용이 큰 비를 내리는 것과 같다"고 했다. 옛날에는 용이 비를 내린다고 믿었기 때문에 당시에는 이 말이 통했다.

염부제閻浮提***에 비가 내리면 풀잎이 떠다니는 것과 같고

사바세계에 비가 오면 풀잎이 힘이 없으니 둥둥 떠다닌다. 그래서 근기가 약한 사람은 이것을 받아들이지 못하니 믿지 않고 신심도 내지 않는다.

만약 큰 바다에 비가 내리면 더하는 것도 없고 줄어드는 것도 없다.

큰 바다가 비를 받아들이듯이 큰 지혜와 높은 근기의 사람도 그렇게 된다.

만약 대승의 사람이 금강경 설하는 것을 들으면 마음이 열려 깨치고

안다. 그러므로 본성이 스스로 반야의 지혜를 지니어 스스로 지혜로 비추어 보아 문자를 빌리지 않음을 알라.

금강경 설하는 것을 듣고 깨달은 사람은 우리가 지금 듣고 보고 하는 이 반야의 지혜가 본래 갖춰져 있다는 것을 안다. 본래 갖춰진 그 지혜로 보고 비추지 문자에 의지하지 않는다. 문자를 보고 이리저리 분별하는 것이 아니고 본성품에 있는 반야 지혜로 비추어 보아 알게 되는 것이다.

비유컨대 빗물이 하늘에 있는 것이 아님과 같다.

이것도 역시 현대 과학으로 보면 맞지 않는 말이다. 그러나 당시는 통했으니 그렇게 보면 된다.

원래 용왕이 강과 바다 가운데서 이 물을 몸으로 이끌어 모든 중생과 초목과 유정·무정을 다 윤택케 하고, 모든 물의 여러 흐름이 다시 큰 바다에 들어가 바다는 모든 물을 받아들여 한 몸으로 합쳐지는 것과 같다. 중생의 본래 성품인 반야의 지혜도 또한 이와 같은 것이다.

이것이 무슨 말이냐 하면, 능히 바다와 강의 물을 끌어 와서 모든 중생 초목에게 골고루 비를 내리게 해서 그 내린 비가 수천, 수만 갈래 개울이 되어 흘러가는데, 그 개울물이 바다로 들어가면 하나가 되는 것과 같다는 뜻이다.

지금 우리가 얼굴도 성격도 다르고 다양하게 형상 지어져 있지만 본성 그 자리에서 보면 조금도 다름이 없다. 그것을 알면 비교하지 않는다. 비교하지 않고 차별하지 않으면 갈등과 대립과 투쟁이 없어진다. 그러나 형상만 보고 비교하기 때문에 끝없이 갈등하고 대립하고 투쟁한다.

사람만 그런 게 아니다. 주의 주장도 그렇고 다른 것도 다 그렇다. 이 지구상에서 가장 심하게 갈등하는 것이 종교인데, 종교가 하루도 그칠 날 없이 싸우고 있다. 존재원리를 모르고 차별하기 때문에 그렇다. 그것이 하나인 줄 알면, 석가 부처 · 예수 부처 · 하나님 부처 · 힌두 부처 · 알라 부처 · 브라만 부처라고 알면 싸울 일이 없다.

그렇게 보지 않고 차별되게 따로 있다고 보기 때문에, 서로 우열을 가리고 시비해서 전쟁하고 갈등하는 것이다. 그것을 축소시켜 놓으면 사람도 똑같다. 내 생각이 옳고, 네 생각은 나쁘고, 남을 인정하지 않는다.

우리 교단 문제든, 이 세계 문제든, 부처님 법으로 풀면 풀리지 않는 것이 없다. 가정문제, 사회문제, 국가문제, 국제문제 등 무슨 문제든 다 그렇다. 그래서 가정주부를 만나면 가정 살림 바르게 잘해라, 기업하는 사람을 만나면 회사 운영 잘해라, 정치하는 사람을 만나면 정치 잘해라. 만나는 사람마다 그렇게 얘기해줄 수 있다.

차별이 없고 다 평등하다는 것을 알면 그런 갈등으로부터 벗어나 상대편 입장을 이해해주면서 바른 길을 제시해줄 수 있다.

근기가 약한 사람은 이 단박 깨치는 가르침을 들으면, 마치 근성이 약한 초목이 큰 비를 맞아 모두 스스로 넘어져 자라지 못하는 것과 같으니, 근기가 약한 사람도 이와 같다. 반야 지혜가 있는 점은 근기가 큰 사람과 차별이 없는데, 무슨 까닭에 법을 듣고도 바로 깨치지 못하는가? 삿된 견해의 장애가 두텁고 번뇌의 뿌리가 깊기 때문이다. 마치 큰 구름이 해를 가려, 바람이 불지 않으면 해가 나타나지 않는 것과 같다.

반야의 지혜 또한 크고 적음이 없으나, 모든 중생이 스스로 미혹한 마음이 있어 밖으로 닦아 부처를 찾으므로 자기의 성품을 깨닫지 못한다. 그러나 이 근기가 약한 사람이라도 단박에 깨치는 가르침을 듣고 밖으로 닦는 것을 믿지 않고, 오직 자기 마음에서 스스로 본성으로 하여금 항상 정견을 일으키면 번뇌 · 진로의 중생이 모두 다 깨치게 된다. 큰 바다가 여러 가지 흐르는 물을 받아들여 작은 물과 큰물이 하나 되어 한 몸으로 만드는 것과 같다.

곧 성품을 보면 밖에도 안에도 머물지 않으며, 또 오고 가는 데 자유로워 집착하는 마음을 능히 없애어 통달하여 걸림이 없나니, 마음으로 이 행을 닦으면 곧 반야바라밀경과 더불어 본래 차별이 없다.

小根之人 聞說此頓敎 猶如大地草木根性自小者 若被大雨一沃 悉皆自倒 不能
增長 小根之人 亦復如是 有般若之智 與大智之人 亦無差別 因何聞法即不悟
緣邪見障重 煩惱根深 猶如大雲 蓋覆於日 不得風吹 日無能現 般若之智 亦無
大小 爲一切衆生 自有迷心 外修覓佛 未悟自性 即是小根人 聞其頓敎 不信外
修 但於自心 令自本性 常起正見 煩惱塵勞衆生 當時盡悟 猶如大海納於衆流
小水大水合爲一體 即是見性 內外不住 來去自由 能除執心 通達無碍 心修此行
即與般若波羅蜜經 本無差別

근기가 약한 사람은 이 단박 깨치는 가르침頓敎을 들으면

이 돈교頓敎는 단박 깨치는 가르침이다. 성철 스님은 이것을 돈오돈수頓悟頓修라 했다. 그런데 이 돈교를 본래 성불, 본래 부처로 이해하고 설명하는 것도 한 방법이다. 우리가 본래 부처이다. 그 자리를 알면 우리가 서로 평등한 것을 알게 되니 상대편도 인정하고 차별하지 않게 된다. 그러면 마음이 평화로워지고 행복해진다.

우리는 본래 부처인데, 어째서 부처의 효능을 발하지 못하고 있는가? '내가 중생이다'는 착각 때문이다. 그 착각은 누구나 깰 수 있다. 간혹 깨쳤는데 다시 희미해졌다는 말을 듣는데 그것은 완전히 깨친 것이 아니다. 완전히 착각을 깨버리면 다시 착각할 것이 없다. 이것을 돈교법이라 한다.

마치 근성이 약한 초목이 큰 비를 맞아 모두 스스로 넘어져 자라지 못하는 것과 같으니, 근기가 약한 사람도 이와 같다. 반야 지혜가 있는 점은 근기가 큰 사람과 차별이 없는데, 무슨 까닭에 법을 듣고도 바로 깨치지 못하는가?

근기가 약한 사람이나 큰 사람이나, 반야 지혜가 있는 것은 똑같다. 여러 번 강조했지만 존재원리는 똑같다. 반야 지혜는 조금도 차별이 없는데 왜 법을 듣고도 깨닫지 못할까?

삿된 견해邪見의 장애가 두텁고 번뇌의 뿌리가 깊기 때문이다.

삿된 견해란 '있다-없다'에 집착하는 것이다. 거기에 집착하는 장애가 두터워 바로 깨치지 못한다. 또 이런저런 망상하는 번뇌의 뿌리도 삿된 견해다. 그렇다면 이 삿된 견해의 장애나 번뇌의 뿌리는 어디에서 오는가? '내가 있다'고 하는 데서 온다. 연기 현상이기 때문에 내가 공이라 보면 삿된 견해의 장애도 없어지고, 번뇌의 뿌리도 뽑힌다.

마치 큰 구름이 해를 가려, 바람이 불지 않으면 해가 나타나지 않는 것과 같다.

선사 스님들이 많이 쓰는 비유다. 구름에 가려 반야의 진공묘유가 나오지 못하는 것은 '나다-너다'에 집착하기 때문인데, 그 집착만 없애면 구름이 걷히면서 반야의 지혜가 나오고 모든 것이 다 나온다.

반야의 지혜도 또한 크고 적음이 없으나 모든 중생이 스스로 미혹한 마음이 있어

반야의 지혜는 부처님이나 우리나 같다. 다만 구름에 덮여 있다. 스스로 '내가 있다' 이렇게 집착하면, 그 다음부터 소설을 쓴다. 자기 안에서 '나다-너다'를 없애는 공부를 하지 않고 자꾸 밖으로 무엇을 닦고 구한다.

밖으로 닦아 부처를 찾으므로 자기의 성품을 깨닫지 못한다.

'내가 있다'고 생각하면 그 행복의 조건을 밖에서 찾는다. 행복의

조건은 시대마다 조금씩 다르겠지만, 자본주의 사회에선 우선 돈을 찾는다. '내가 있다'고 생각하면 이기심이 저절로 그렇게 만든다. 그렇게 수행하면 부처님을 밖에서 찾는다. 꿈에 헛것이 보이면 부처님이 감응했다고 야단이다.

이렇게 모든 걸 밖에서 구하기 때문에 자성을 깨닫지 못한다. 우리가 자성을 깨달으면 부처님도 찾고 행복해질 수 있는데 그것은 어디에서 찾아야 하는가?

본성, 이 자리는 '나-너'가 없다. 이 본성 자리를 '공空'이라 한다. 또 무아라 한다. 본성 자리를 깨닫게 되면 매일매일 좋은 날이다.

그러나 이 근기가 약한 사람이라도 단박에 깨치는 가르침을 듣고 밖으로 닦는 것을 믿지 않고 오직 자기 마음에서 스스로 본성으로 하여금 항상 정견을 일으키면 번뇌·진로의 중생이 모두 다 깨치게 된다.

밖으로 닦는 것은 헛닦는 것이다. 그게 잘못이라는 것을 모르니까 그렇게 한다. 우리가 공부하는 데 첫 번째 요건은 밖에서 찾으면 안 된다는 것이다. 본래 양변을 여읜 자리로 돌아갈 수 없으니 아무리 찾아도 행복해질 수 없다. 그래서 밖으로 닦는 것을 제일 경계해야 한다. 그 다음에 자기 마음에서 찾는데 거기서도 내가 연기 현상이고 공이라는 것을 아는 것이 본성을 아는 것이다. 그런 마음으로 모든 것을 보고 느끼고 생활해 갈 때, 그것이 정견이다.

큰 바다가 여러 가지 흐르는 물을 받아들여 작은 물과 큰 물이 하나
되어 한 몸으로 만드는 것과 같다.

그러면 우리 자성 자리를 보는 것은 작은 물 큰 물 다 합해서 한 몸
으로 만드는 것과 같은데, 그것을 법성이라 해도 되고 자성이라 해도
된다. 그 자리에서 보게 되면 모든 것이 평등하다.

곧 성품을 보면見性 밖에도 안에도 머물지 않으며, 또 오고 가는데 자
유로워 집착하는 마음을 능히 없애어 통달하여 걸림이 없나니, 이 행
을 닦으면 곧 반야바라밀경과 더불어 본래 차별이 없다.

밖으로 찾는 것, 이것은 아무리 찾아도 허망하다. 부처님이 증명한
다. 부처님 당시에 외적 조건은 부처님처럼 많이 가진 분도, 완벽하게
가진 분도 없었다. 그런데 부처님은 그것을 버리고 행복해질 수 있는
공부를 했고 또 그 길을 발견한 후에도 한평생 돌아가지 않고 스님으
로서 일생을 마쳤다. 이것은 밖에 있는 것은 행복의 조건이 아니라는
것을 확인해준다.

그럼 우리가 다 내버려야 하는가? 그건 아니다. 안에서 찾는 행복의
조건이 무엇인가? '나-너'가 없는 그 자리다. 그 자리를 찾게 되면 밖
에 있는 조건도 잘 쓸 수 있다. 그것을 내버리는 것이 아니다. 그런데
안에 있는 조건을 못 찾고 밖의 조건만 찾으면 절름발이가 된다. 그로
인해 나도 상처받을 수 있고, 남에게도 상처를 줄 수 있다. 또 영원히
행복해질 수 없다는 것도 알아야 한다.

안에 있는 조건, 자성 자리, '나-너'가 없는 자리, 그 자리를 보면 이 세상을 다 갖고 있어도 그 사람은 무소유다. 그런데 한 티끌도 못 가진 사람이 그 조그마한 티끌에 집착해 있으면 그 사람은 무소유가 아니다. 집착하는 사람이다. 그런 사람은 티끌 하나 갖고도 자기를 속상하게 만들고 또 남도 속상하게 만든다. 그래서 밖에 있는 조건 자체가 나쁜 게 아니라 그 조건을 사용하는 능력이 문제다.

그렇다면 능력을 어떻게 만들 것인가? 나와 남을 위하고, 남을 해치지 않는 그런 능력을 만들려면 안에 있는 조건을 봐야 한다.

안에 있는 조건은 바로 자성 자리, '나다-너다' 초월한 그 자리다. 그 자리를 봐야 그것을 적절하게 써서 더불어 잘 살 수 있는 사람이 되고 인격도 갖추고 남한테 존경도 받는 사람으로 살아갈 수 있게 된다.

• 인천교(人天敎)란 사람 및 천상의 신이 되기 위한 가르침을 말한다. 규봉종밀(圭峰宗密, 780~841)이 주장한 오교(五敎)의 첫 번째 단계이다. 삼세의 선악인과의 이치를 설하고 오계를 내려 삼도(三途)를 면하고, 인도(人道)에서 살게 해 점차 높은 단계로 닦아가게 하는 가르침이다.

•• 금강경에는 "선남자 선여인이 항하의 모래와 같이 많은 몸과 목숨을 보시하더라도 어떤 사람이 다른 사람에게 이 경의 사구게 등을 설하여준 복이 더욱 수승하다"는 등의 찬사가 여러 차례 나온다.

••• 염부제(閻浮提)는 본래 수미산의 남방에 있는 대륙으로 16의 대국(大國) · 500의 중국(中國) · 10만의 소국(小國)이 있다고 한다. 뒤에 이 개념은 변해서 인간이 살고 있는 이 사바세계를 뜻하게 되었다.

17
見性
견성

모든 경서 및 문자와 소승, 대승과 십이부경전이 다 사람으로 인하여 있게 되었으니, 지혜의 성품으로 인하여 능히 세운 것이다. 만약 내가 없으면, 지혜 있는 사람과 모든 만법이 본래 없을 것이다. 그러므로 만법이 본래 사람으로 말미암아 일어난 것이요, 모든 경서도 사람으로 말미암아 '있음'을 설한 것임을 알아야 한다.

사람 가운데에는 어리석은 이도 있고 지혜로운 이도 있다. 어리석으면 소인이 되고 지혜로우면 대인이 된다. 미혹한 사람은 지혜인에게 묻고, 지혜인은 또 어리석은 사람을 위해 법을 설하여 어리석은 사람으로 하여금 깨달아 알아 마음이 열리게 한다. 미혹한 사람이 만약 깨달아 마음이 열리면 큰 지혜인과 더불어 차별이 없다.

그러므로 알라, 깨닫지 못하면 부처가 곧 중생이고, 한 생각 깨치면 중생이 곧 부처가 된다. 그러므로 알라, 모든 만법이 다 자기 몸과 마음 가운데 있다. 그런데 어찌 스스로 마음을 좇아 진여본성을 단박에 깨닫지 못하는가.

보살계경에 말씀하기를 "나의 본원 자성이 청정하다"고 하였다. 마음을 알아 성품을 보면 스스로 불도를 이루나니 즉시 활연히 깨쳐 본래 마음에 돌아간다.

一切經書及文字 小大二乘 十二部經 皆因人置 因智惠性故 故能建立 我若無
智人 一切萬法 本無不有 故知萬法 本因人興 一切經書因人說有 緣在人中有
愚有智 愚爲小故 智爲大人 迷人問於智者 智人與愚人說法 令使愚者 悟解心
開 迷人若悟心開 與大智人無別 故知不悟 即佛是衆生 一念若悟 即衆生是佛
故知一切萬法 盡在自身心中 何不從於自心 頓現眞如本性 菩薩戒經云 我本
源自性淸淨 識心見性 自成佛道 即時豁然 還得本心

모든 경서 및 문자와 소승, 대승과 십이부경전이 다 사람으로 인하여 있게 되었으니

모든 문자 경전은 손가락이라는 뜻이다. 여기에서 '사람'은 미혹한 사람을 말한다. 미혹한 사람이기 때문에 부처님께서 모든 문자, 경전을 손가락 삼아 달을 보라한 것이다.

근세에 해인사 조실로 계시다 입적하신 금봉錦鳳 스님은 경전을 뜯어 벽지로 썼다. 그래서 강사 스님들이 "금봉 스님은 대단히 무식한 사람이다" 말하는 것을 자주 들었다. 그때는 금봉 스님이 무식한 노인이어서 경전을 뜯어 도배를 했다고 생각했는데, 언젠가 수덕사에 살 때 《보장록寶藏錄》이라는 책이 있어 보았더니, 금봉 스님이 지은 책이었다. 금봉 스님이 무식해서 그런 것이 아니라 '그까짓 거 손가락, 달 봤으면 됐지!' 하는 생각에서 경전을 뜯어 벽지로 쓴 것이다.

중국의 덕산德山 스님도 《금강경소초金剛經疏鈔》를 보배로 여기고 짊어지고 다니다가 용담 스님을 만나 깨치고 나서 '경전이 아무 소용없다. 달은 따로 있구나! 그래서 부처님과 조사 스님들이 달을 보라 얘기했구나!' 했다. 깨치고 나니 경전이 달 보는 손가락이라는 것을 알았다. 그래서 평소 짊어지고 다니던 금강경소초를 법당 앞에 쌓아 놓고 불을 질렀다는 유명한 얘기가 있다. 같은 이야기다.

지혜의 성품으로 인하여 능히 세운 것이다.

지혜의 성품은 우리 자성 자리를 말한다. 이것이 달이다. 이 달을

보여주기 위해 세운 것이 경서, 문자와 대승, 소승, 십이부경전이다.

만약 내가 없으면, 지혜 있는 사람과 모든 만법이 본래 없을 것이다.
'나'라는 상이 없으면 '지혜인이다-어리석은 사람이다' 하는 차별 대립이 없다. 다 부처고, 다 같으니, 누구는 있고 누구는 없는 것이 아니다.

그러므로 만법이 본래 사람으로 말미암아 일어난 것이요, 모든 경서도 사람으로 말미암아 '있음有'을 설한 것임을 알아야 한다.
사람으로 인해 부처님이 일체 만법을 일으켰고, 부처님의 모든 경서도 사람으로 인해 설한 것이라 함은 손가락이라는 뜻이다. 이 손가락은 달 보는 데 목적이 있는 것이니, 사실 허구다. 그래서 덕산 스님은 불을 질렀고, 금봉 스님은 경전을 뜯어 벽에 발랐던 것이다.

사람 가운데에는 어리석은 이도 있고 지혜로운 이도 있다. 어리석으면 소인이 되고 지혜로우면 대인이 된다. 미혹한 사람은 지혜인에게 묻고 지혜인은 또 어리석은 사람을 위해 법을 설하여 어리석은 사람으로 하여금 깨달아 알아 마음이 열리게 한다. 미혹한 사람이 만약 깨달아 마음이 열리면 큰 지혜인과 더불어 차별이 없다.
우리가 착각을 깨지 못했기 때문에 어리석은 사람과 지혜로운 사람으로 구별하지만, 깨치고 보면 같다. 지금 우리가 듣고 보고 하는 것이 부처님이 듣고 보고 했던 것과 조금도 다르지 않다.

앞에서도 정견正見 이야기를 했지만, 초기불교에서는 사성제, 팔정도, 십이연기 등을 이해하는 것이 정견이라 한다. 대승으로 와서는 정견을 단순화시켰다. 반야심경을 정견이라 보면 된다. 반야심경에서도 핵심은 '오온이 모두 공하다'이다. 이것이 정견이다. 이것을 항상 우리 생활에 적용하여 그렇게 보면서 노력하는 것이 수행이다. 그러면 우선 마음이 편해진다.

그러므로 알라, 깨닫지 못하면 부처가 곧 중생이고

'내가 있다' 하는 사람은 못 깨닫는 것이고, '내가 없다' 하는 사람은 깨닫는 것이다. 본래 '나'가 없는데 있다고 생각해서 부처가 중생으로 전락하는 것이다.

한 생각 깨치면 중생이 곧 부처가 된다.

내가 있는 줄 알았는데 오온이 모두 공하다는 것을 알아 '아, 내가 본래 없구나!'라고 깨달으면 중생이 바로 부처가 된다.

그러므로 알라, 모든 만법이 다 자기 몸과 마음 가운데 있다. 그런데 어찌 스스로 마음을 좇아 진여본성眞如本性을 단박에 깨닫지 못하는가.

진여본성이라 하니 거창하게 보이지만 사실은 '내가 없다'고 아는 것이다.

보살계경에 말씀하기를 "나의 본원 자성이 청정하다"고 하였다.

나의 본래 근원 자리에 있는 그 자성이 청정하다. '좋다–나쁘다'의 차별이 없으니까 청정한 것이다. 본원 자성 자리에 '내가 있다'고 생각하면 그 자리는 또 오염되는 것이다.

마음을 알아 성품을 보면 스스로 불도佛道를 이루나니 즉시 활연히 깨쳐 본래 마음에 돌아간다.

실제 여러 말로 표현하지만 '내가 없다'는 것을 아는 것, 이것 하나뿐이다. 우리가 한평생 선방에 앉아 화두 들고 씨름하는 것도 결국 이걸 알려고 하는 것이다. '내가 있다'는 그 생각의 뿌리가 얼마나 깊은지 이것이 잘 안 된다. 그래서 반야심경의 '오온이 모두 공이다'를 정견으로 세워 항상 문제가 생길 때마다 '모두 공이다' 하고 그 자리에서 해결하면서 끝없이 '나는 없다'는 자성 청정한 자리로 가야 한다. 이렇게 해 나가면 출가 수행자의 길에 자부심이 생기고 재가 불자의 삶도 지혜로워진다.

그것이 아니고 밖으로 구하면, 구하는 만큼 끝이 없다. 그러면 마음에 불만이 생기고, 이것저것 있다고 생각하기 때문에 서로 부딪치는 것도 많아져 마음 편할 날이 별로 없다. 그러다가 나이가 들어 병들고 늙어 가면 정말 몸뚱이 하나 처신하기도 힘들어진다.

우리 삶이 자성 청정 자리로 돌아가는 과정이라 생각하면, 이런 풍토 속에서는 혼자 공부하기가 참 어렵다. 그렇게 생각하지 않는 많은 사람 속에서 외롭기도 하고, 또 부딪히는 것도 많다. 그래서 도반과 함께 공부해야 한다. 목적이 같은 사람들이 도반을 이루어 함께 가는 풍토에서 수행하면 서로 힘도 되고 가기도 좋다. 그런 수행 풍토를 조금씩 만들어 가면서 공부해 나가야 한다. 이것이 불교의 생활화고 사회화다.

18

頓悟

돈오

선지식아, 나는 홍인 화상 회하에서 한 번 듣고 말끝에 크게 깨쳐 진여본성을 단박에 보았다. 그러므로 이 가르침의 법을 뒷세상에 유행시켜 도를 배우는 이로 하여금 지혜를 단박에 깨달아 각자 스스로 마음을 보아 자기 성품을 단박에 깨닫게 하련다. 만약 스스로 깨닫지 못한 이는 모름지기 대선지식을 찾아 지도를 받아 자기 성품을 보아라.

무엇을 이름하여 대선지식이라 하는가? 최상승법이 바른 길을 바로 보여주는 것임을 아는 분이 대선지식이며, 그것이 대인연이다. 이른바 교화하고 지도하여 부처를 보게 함이니 모든 착한 법이 대선지식으로 말미암아 일어난다. 그러므로 삼세의 모든 부처님과 십이부경전이 사람의 성품 가운데 본래 스스로 갖춰져 있다 말할지라도, 능히 자기 성품을 깨닫지 못하면, 모름지기 선지식의 지도를 받아 자기 성품을 보라.

만약 스스로 깨친 이라면 밖으로 선지식을 의지하지 않는다. 선지식을 밖으로 구하여 해탈 얻기를 바란다면 그릇된 것이다. 자기 마음 안에 선지식을 알면 곧 해탈을 얻는다. 만약 자기 마음이 삿되고 미혹하여 망념으로 전도되면, 밖의 선지식이 가르쳐주어도 스스로 깨치지 못한다. 마땅히 반야로 보고 비춤을 일으키라. 찰나 간에 망념이 다 없어질 것이니, 이것이 곧 자기의 참 선지식이다. 한 번 깨침에 곧 부처를 안다.

善知識 我於忍和尙處 一聞 言下大悟 頓見眞如本性 是故將此敎法 流行後代 令學道者 頓悟菩提 各自觀心 令自本性頓悟 若不能自悟者 須覓大善知識示 導見性 何名大善知識 解最上乘法 直示正路 是大善知識 是大因緣 所謂化導 令得見佛 一切善法 皆因大善知識能發起 故三世諸佛 十二部經 云在人性中 本自具有 不能自性悟 須得善知識示導 見性 若自悟者 不假外善知識 若取外 求善知識 望得解脫 無有是處 識自心內善知識 卽得解脫 若自心邪迷 妄念顚 倒 外善知識 卽有敎授 不得自悟 當起般若觀照 刹那間 妄念俱滅 卽是自眞 正善知識 一悟卽知佛也

선지식아, 나는 홍인 화상 회하에서 한 번 듣고 말끝言下에 크게 깨쳐 大悟 진여본성을 단박에 보았다.

'한 번 듣고 언하言下에 깨쳤다'고 하는데 실제 그런 것은 아니다. 육조 스님은 출가 전에 금강경을 듣고 지견知見이 났다. 그 전에는 어머님께 잘 해드리는 것이 효라 생각했는데, 금강경을 듣고 더 큰 효가 있다는 것을 발견했다. 그래서 출가한다.

저 멀리 오조 홍인 스님께 가서 "사람에게 남북이 있어도 불성에 남북이 있습니까?" 하는 소리도 했다. 또 육조 스님이 행자 생활을 할 때 방아를 찧는데 몸이 가벼워 돌을 짊어지고 하다가 병이 났다. 오조 스님이 걱정을 하니 "내가 없는데 무슨 병이 있습니까?"라는 말도 했다. 그리고 오조 스님이 금강경 설하는 것을 듣고 확철대오를 했다. 그 기간이 8개월이다.

여기에서는 말끝에 깨쳤다고 하는데 8개월이라는 기간도 소요되었고, 견처見處도 조금씩 더 깊어갔다는 것을 알 수 있다.

간화선을 제창한 대혜종고(大慧宗杲, 1089~1163) 스님도 크게 깨닫기를 여러 번 했고, 적게 깨닫기를 무수히 했다고 한다. 이때 말하는 깨달음은 완전한 깨달음은 아니다. 마지막 깨닫는 것이 완전한 깨달음이다. 선요를 지은 고봉 스님도 처음 깨달았을 때 다 된 줄 알았다. 나중에 꿈도 안 꾸고, 생각도 없고, 듣는 것도 없을 때 "너의 주인공이 어디 있느냐?" 하는 말에 막혀 6년이 지나서야 확철대오 했다.

완전히 깨치기 전 과정은 돈오가 아니다. 육조 스님도 그랬기 때문에 마지막 금강경 들은 것을 한 번 들었다고 표현한 것이지, 그 중간에 지견은 무수히 났다. 그렇지만 육조 스님은 그 지견을 돈오로 보지 않았다. 그래서 마지막 금강경을 한 번 듣고 말끝에 크게 깨달아 진여 본성을 보았다. 이것이 완전한 깨달음이고, 돈오고, 확철대오다. 부처님은 무상정등각無上正等覺, 아뇩다라삼먁삼보리라고 표현했다.

우리가 '내가 있다'는 착각 속에서 열심히 정진하여, 설사 지견이 났다 하더라도 손가락에서 닦았기 때문에 점수漸修라 할 수 없다. 깨달음만이 달이고, 사실이기 때문에 점수돈오라고 말하지 않고 돈오라고 말한다. 꿈을 깬 진리의 세계에서는 점수란 말이 성립될 수 없다.

그러므로 이 가르침의 법을 뒷세상에 유행시켜 도를 배우는 이로 하여금 지혜를 단박에 깨달아 각자 스스로 마음을 보아 자기 성품을 단박에 깨닫게頓悟 하련다.

돈오라는 것이 단박에 깨닫는 것이다. 대주 선사는 단박이라는 것이 단박에 망념을 없앰이요 깨달음이란 얻을 바 없음을 깨닫는 것이라 했다. 도를 배우는 이들로 하여금 단박에 지혜를 깨달아 '내가 없다'는 그 자리에 구름이 걷혀 해가 나오게 하는 것이 스스로 깨끗한 마음을 보게 하는 것이다.

만약 스스로 깨닫지 못한 이는 모름지기 대선지식을 찾아 지도를 받아 자기 성품을 보아라.

스스로 깨닫지 못하는 사람은 선지식을 찾아 가르침을 받아 견성하라는 말이다.

무엇을 이름하여 대선지식이라 하는가? 최상승법最上乘法이 바른 길을 바로 보여주는 것임을 아는 분이 대선지식이며

단박 깨치는 법, 돈법, 돈오이다. 단박 깨침이란 '내가 없다'는 것을 깨닫는 것이다. 이걸 깨닫는 것이 최상승법이다. 빙 둘러서 얘기하는 것이 아니라 바로 보여주는 것이다. 이 자성 자리는 누구에게나 있다. 우리는 그것을 보지 못하고 '내가 있다'는 착각에 빠져 '나다-너다' 이렇게 나누어 사고한다. 이것을 사량분별思量分別이라 한다.

분별하는 마음으로, 둘로 나눠 사고하는 이것을 깨버리면 진여자성에 돌아가 바로 볼 수 있는 능력이 나온다. 그런 능력을 발휘하려면 둘로 나누는 의식의 틀을 깨야 한다.

이런 이분법적 사고의 틀을 깨려면 어떻게 해야 하는가? 주관과 객관이 초월되어야 하고, 말의 길과 생각의 길이 끊어져야 한다. 그런 상태를 금강경의 '어디에도 머무는 바 없는', 나에도 머물지 않고 너에도 머물지 않는 그 자리가 주관·객관이 초월된 자리고, 사량분별이 끊긴 자리다. 우리가 논리적으로 말의 길을 따라 자꾸 작용하면 사량분별이 끊어지지 않는다. 그 논리도 초월하고 알음알이도 끊어버리는 방법으로 공부를 가르쳐주는 분이 선지식이다.

그것이 대인연大因緣이다. 이른바 교화하고 지도하여 부처를 보게 함이니 모든 착한 법이 대선지식으로 말미암아 일어난다.

이러한 큰 인연이 일대사一大事 인연이다. 착한 법은 선악을 초월한 절대 선이다. 선지식이 있기 때문에 '선-악'을 초월한 절대 선이 거기에서 나온다. 여기에서도 바로 보여줄 수 있는 분이 대선지식이니 이 선지식으로 인해 선악을 초월한 일체 선법이 거기에서 나온다고 말한 것이다.

그러므로 삼세의 모든 부처님과 십이부경전이 사람의 성품 가운데 본래 스스로 갖춰져 있다 말할지라도

삼세의 모든 부처님과 십이부경전이 본래 사람의 성품 가운데 다 있다.

능히 자기 성품을 깨닫지 못하면

말로 어떤 소리를 하더라도 자기 성품을 깨달아 보지 못하면 생사심生死心이 없어지지 않는다. 말로는 아무리 이해할지라도 그 자성 자리를 봐야 생사심이 끊어진다. 생사심이 끊기지 않는 한 계속 비교하고 갈등하면서 살아야 한다.

모름지기 선지식의 지도를 받아 자기 성품을 보라.

본래 갖춰진 자기 성품을 보지 못하는 사람은 선지식을 찾아가서

지도를 받아 자성을 보라는 말이다.

만약 스스로 깨친 이라면 밖으로 선지식을 의지하지 않는다.

깨달으면 선지식이나 부처님이나 우리나 다 같으니 밖으로 선지식을 더 찾을 필요가 없다.

선지식을 밖으로 구하여 해탈 얻기를 바란다면 그릇된 것이다.

선지식은 안에도 있고, 밖에도 있다. 밖으로만 선지식을 찾아 해탈하기를 바라는 것은 옳지 않다. 자기 안의 선지식을 알아야 한다. 밖에 있는 선지식은 주관과 객관이 끊어진 자리, 나도 없고 너도 없는, 옳은 것도 없고 그른 것도 없는 그 자리를 가르쳐주는 분이다.

안에 있는 선지식은 진여자성 자리다. 그 자리도 역시 너도 없고 나도 없고, 좋은 것도 없고 나쁜 것도 없다. 밖에 있는 선지식은 내 안에 있는 선지식이 이런 것이다 하고 가르쳐주는 분이다. 안에 있는 선지식이나 밖에서 일러준 선지식이나 똑같다. 안의 선지식을 보면 밖의 선지식은 필요 없어진다.

만약 자기 마음이 삿되고 미혹하여 망념으로 전도되면

'내가 있고 너가 있다'라고 보는 사람은 삿되고 미혹한 사람이다. 깨끗한 본래 마음이 '내가 있다'는 착각으로 인하여 망념으로 변한 것이다. 이런 사람은 '나도 없고 너도 없다'라고 아무리 가르쳐주더라도 안의 선지식을 절대 볼 수 없고 그것을 깨닫지도 못한다.

마땅히 반야로 보고 비춤觀照을 일으키라.

　반야가 무엇인가? 너도 나도 없는 그 구름이 걷힌 자리에서 나오는 진공묘유, 그 묘유가 반야이다. 이것으로 보면서 비춤을 일으킨다는 것은 안의 선지식이 작동하는 것이다. 밖의 선지식이 가르쳐줘서 안의 반야관조라는 선지식이 작용하는 것을 말한다.

찰나 간에 망념이 다 없어질 것이니, 이것이 곧 자기의 참 선지식이다.

　망념은 '나다-너다' 하는 그 생각이다. 망념을 단박에 없애는 사람이 진정한 선지식이다.

한 번 깨침에 곧 부처를 안다.

　착각의 꿈을 깨면 현실의 부처가 된다. 부처는 양변을 여읜 사람이다. 그것을 아는 것은 전부 나에게 달려 있다. 이것을 이해하는 것은 쉽지만 경험하기가 어렵다.

　내 안의 선지식을 이해하면 정견이 바로 선다. 정견이 서면 일상생활에서 어떤 어려움을 당하더라도 그 정견으로 비춰 보면 해결되지 않는 것이 없다. 나라 간의 문제는 물론이고 정치가들이 싸우고 노사가 싸우고 가정이 파탄이 나서 이혼하는 것도 해결된다. 만병통치약이다. 그래서 나는 도깨비 방망이라 부른다. 부처님 법이 이렇게 위대하다는 것인데, 그 말은 결국 내 존재가 그렇게 위대하다는 것이다. 이런 위대한 존재를 깊이 알아 자기를 사랑하고 아끼고 다른 사람의 존재도 그렇게 존중하여, 그들도 나와 같은 삶을 살도록 생활화하고 사회화하는 데 힘쓰는 것이 원력願力이다.

수행자는 원력이 없으면 삿됨에 빠진다. 원력을 갖고 자기 능력에 따라 맞춰 살아가면 된다. 그러면 죽을 때 확철대오, 견성은 못 했더라도 한은 남지 않는다. 이처럼 각자 위치에서 능력껏 열심히 하면 된다. 공부한다고 다 버리고 산으로 가는 것만이 공부가 아니다. 뒤에 "세간에 있어도 출세간이 되어야 진정한 출가다"라는 말이 나온다. 문제는 공간이나 시간이 아니고 우리 마음가짐이 수행하느냐 안 하느냐이다.

자성의 마음자리가 지혜로써 관조하여 내외가 명철하면, 스스로 본마음을 알고, 만약 본마음을 알면 이것이 곧 해탈이다. 이미 해탈을 얻으면 이것이 곧 반야삼매며, 반야삼매를 깨달으면 곧 무념이다. 무념이란 무엇인가. 무념법이란 모든 법을 보되 그 모든 법에 집착하지 않으며, 모든 곳에 두루하되 모든 곳에 집착하지 않고, 항상 자성은 청정해서 여섯 도적으로 하여금 여섯 문으로 좇아 나가 육진 중에 있더라도 여의지도 않고 물들지도 않아 오고 가는 데 자유로운 것이다. 이는 곧 반야삼매며 자재해탈이니 무념행이라 한다. 온갖 사물을 생각하지 않음으로써 항상 생각이 끊어지게 하지 말라. 이것은 곧 법에 묶임이니 바로 변견이라 한다. 무념법을 깨친 이는 모든 법을 다 통하며, 무념법을 깨친 이는 모든 부처의 경계를 보며, 무념 돈법을 깨친 이는 부처의 지위에 이른다.

自性心地 以智惠觀照 內外明徹 識自本心 若識本心 即是解脫 旣得解脫 即是般若三昧 悟般若三昧 即是無念 何名無念 無念法者 見一切法 不著一切法 遍一切處 不著一切處 常淨自性 使六賊 從六門走出 於六塵中 不離不染 來去自由 即是般若三昧 自在解脫 名無念行 莫百物不思 常令念絶 即是法縛 即名邊見 悟無念法者 萬法盡通 悟無念法者 見諸佛境界 悟無念頓法者 至佛位地

자성의 마음자리가 지혜로써 관조하여 내외가 명철하면

　우리가 듣고 보고 하는 이 자성의 마음자리가 밖의 것도 실체가 없고 안의 것도 실체가 없고 공인 것을 사무치게 알면,

스스로 본마음을 알고, 만약 본마음을 알면 이것이 곧 해탈이다.

　본마음은 '나다-너다'를 초월한 그 자리다. 그 자리를 알면 해탈이다.

이미 해탈을 얻으면 이것이 곧 반야삼매며, 반야삼매를 깨달으면 곧 무념이다.

　우리가 공부해 가는 과정도 삼매라 하지만 공부를 완성해서 확철대오한 경계도 삼매라 한다. 공부를 완성해서 평상심으로 배고프면 밥먹고 고단하면 잠자는 그 자체가 삼매다. 흔히 공부 과정만을 삼매라 알고 계신 분이 있는데 그것은 미완성 삼매고, 완성 삼매는 깨달은 후의 생활 자체다. 이것이 반야삼매이다.

무념법이란 모든 법을 보되 그 모든 법에 집착하지 않으며

　앞에서 편견에 사로잡히면 안 된다고 했다. 선법善法을 보든 악법惡法을 보든, 부처님 법을 보든 예수님 법을 보든, 그 법에 집착하지 않는 것이 무념이다.

　그런데 그 이름에 집착해서 오직 자기가 믿는 신만이 진리고 다른 것은 악마, 외도로 여기니 죽이고 살리는 전쟁을 하게 된다.

모든 곳에 두루하되 모든 곳에 집착하지 않고 항상 자성은 청정해서

모든 곳에 두루 있으나 집착하지 않는다. 자성 그 자리는 항상 청정하다. 청정한 것은 '나다-너다'가 없는 것이다.

여섯 도적六賊으로 하여금 여섯 문六門으로 좇아 나가 육진六塵 중에 있더라도 여의지도 않고 물들지도 않아

여섯 도적은 안眼 · 이耳 · 비鼻 · 설舌 · 신身 · 의意를 말한다. 이 육근이 번뇌를 일으키기 때문에 여섯 도적이라 한 것이다. 자성이 항상 깨끗하여 '나다-너다'가 없으면 안 · 이 · 비 · 설 · 신 · 의로 하여금 그 문을 좇아 밖으로 나간다. 나가서 육진 중에 있더라도 그것을 배제하고 있는 것이 아니다. 여기에서 여의지도 않는다고 하니 '그 자리에 물들어 집착하는 것 아니냐?' 오해할 수도 있다. 그것이 아니라 그 자리에서 작용하되 물들지 않는 것을 말한다.

오고 가는 데 자유로운 것이다. 이는 곧 반야삼매며 자재해탈이니 무념행이라 한다.

당나라 때 앙산仰山 스님이 정읍井邑 스님에게 물었다.

"어떤 것이 불교입니까?"

그러자 정읍 스님이 굉장히 쉽게 가르쳐주겠다 하면서 대답했다.

"육각의 집이 있는데 그 육면마다 창문이 하나씩 있다. 그 집에 원숭이 한 마리가 들어가 있었는데, 남쪽 문에서 '원숭아' 하고 부르면

원숭이가 남쪽 문을 열고 대답하고, 북쪽 문에 가서 부르면 그 문을 열고 대답한다. 여섯 문마다 그렇게 답한다."

여기서 육각집이란 바로 안·이·비·설·신·의를 말한다. 그리고 원숭이란 우리 마음이다. 그놈이 부르는 대로 문을 열고 대답한다는 것이다. 정읍 스님은 이것이 불교라고 말한다.

그러자 앙산 스님이 또 물었다.

"그러면 원숭이가 잠잘 때는 어떻게 됩니까?"

이 질문은 "양변을 여의었을 때는 어떻게 합니까?" 하는 것과 같은 말이다. 그러니까 정읍 스님이 법상에 앉았다가 내려와서 앙산 스님의 손을 잡고 이렇게 말했다.

"우리가 이렇게 만나고 있지 않느냐."

이건 또 무슨 이야기인가. 우리가 여섯 문을 통해 나가서 육진 경계에 섞여 있더라도 그것을 싹 없애버리고 도를 구하는 것이 아니다. 같이 어울리고 섞여 있더라도 물들지 않는다. 물들지 않으니 오고 가는데 자유자재하다. 가고 싶으면 가고, 오고 싶으면 오는 것이 반야삼매이다. 또 이것이 자재해탈이고 무념행이다.

온갖 사물百物을 생각하지 않음으로써 항상 생각이 끊어지게 하지 말라.

온갖 사물도 생각하지 않고 어떤 생각도 끊어버리는 것을 도라 하지 말라. 이것은 단견에 떨어지는 것이지 도가 아니다.

이것은 곧 법에 묶임法縛이니 바로 변견邊見이라 한다.

아무것도 생각하지 않는 단견이 되면 곧 '없다'는 법에 묶여버린다는 말이다. '없다'는 법에 구속된 것이요, 한쪽에 치우친 견해다. 이렇게 중도가 되지 않고 무無에 치우치지 않으면 유有에 치우치고, 유에 치우치지 않으면 무에 치우치는 것을 변견이라 한다. 중도에서 벗어나 한쪽에 치우쳤다는 것이다.

무념법無念法을 깨친 이는 모든 법을 다 통하며, 무념법을 깨친 이는 모든 부처의 경계를 보며, 무념 돈법을 깨친 이는 부처의 지위에 이른다.

무념은 그 경계에 가 있어도 거기에 물들지 않고 자유자재한 사람의 생각이다.

19

滅罪

죄를 없앰

선지식아, 후대에 나의 법을 얻은 사람은 항상 나의 법신이 너의 좌우를 떠나지 않음을 볼 것이다.

선지식아, 이 돈교 법문을 가지고 함께 보고 함께 행하여 원력을 세워 부처님 받들듯이 함으로써, 몸을 마칠 때까지 받아 지니어 물러나지 않는 사람은 성인의 지위에 들어간다. 그러나 전하고 받을 때 예부터 지금까지 말없이 저 법을 부촉해 대서원을 세워 보리에서 물러나지 않으면, 곧 모름지기 분부한 것이다.

만약 견해가 같지 않거나 뜻과 원력이 없으면 가는 곳마다 망령되이 선전하여 저 앞 사람을 손상하지 말라. 마침내 이익이 없다. 만약 만나는 사람이 알지 못하여 이 법문을 업신여긴다면 백겁만겁 천생에 부처 종자를 끊을 것이다.

善知識 後代得吾法者 常見吾法身 不離汝左右 善知識 將此頓敎法門 同見同行 發願受持 如事佛故 終身受持而不退者 欲入聖位 然須傳受時 從上已來 嘿然而付於法 發大誓願 不退菩提 卽須分付 若不同見解 無有志願 在在處處 勿妄宣傳 損彼前人 究竟無益 若遇人不解 謗此法門 百劫萬劫千生 斷佛種性

참회 기도를 한다, 업장 소멸 기도를 한다는 말들을 많이 한다. 그런데 참회나 업장 소멸하는 방법 가운데 제일 빠르고 좋은 것이 '내가 없다'를 아는 일이다. '나'라는 게 본래 없는데 무슨 죄가 있을까. 불법에는 본래 죄가 없다. 있다는 것은 착각이다. 우리의 본래 그 자리에 죄는 없다. 업장業障도 본래 없다.

죄는 착각이다. '내가 있다'는 착각에 빠져 그 착각에서 저질러진 게 죄지, 내가 없는 줄 알아 그 착각을 깨면 죄도 같이 없어진다. 이것이 죄를 멸하는 방법 중에 가장 빠르고, 참회하는 방법 중에 가장 빠르고, 업장을 녹이는 방법 중에 가장 빠르다.

그런데 죄가 본래 없다고 하니 깨치지 못한 사람이 '그럼 죄를 지어도 괜찮겠네!' 하고 착각할 수도 있는데, 그것은 절대 아니다. '내가 없다'는 걸 모르는 사람은 죄를 지으면 지을수록 착각의 세계에 더 깊이 빠져 들어가 더욱 심한 고통을 받는다.

착각을 깬 사람은 지옥에 가 있어도 괴롭지 않다. 데바닷다가 지옥에 있는데 "언제 나올래?" 하고 물으니 "부처님이 여기에 와서 앉으면 내가 나가겠다"고 대답했다. 지옥에 가 있어도 괴롭지 않다는 것이다. 데바닷다는 그것을 깨달은 것이다.

선지식아, 후대에 나의 법을 얻은 사람은 항상 나의 법신이 너의 좌우를 떠나지 않음을 볼 것이다.

지금 우리도 후대인데 육조 스님 법신뿐 아니라 우리 법신도 좌우에 있다. 우리 법신이나 육조 스님 법신이나 둘이 아니다.

선지식아, 이 돈교頓敎 법문을 가지고 함께 보고 함께 행하여 원력을 세워 부처님 받들듯이 함으로써, 몸을 마칠 때까지 받아 지니어 물러나지 않는 사람은 성인聖人의 지위에 들어간다.

　돈교의 법문이란 공이다. 무아다 하는 이 법을 말한다. 이 법을 가지고 육조 스님과 같이 실천하며 원력을 세우는 것이다. 이 원력은 자기 생활화하고 사회화하는 것이다. 생활화하는 것은 상구보리고 사회화하는 것은 하화중생이다. 이와 같이 원력을 세워 돈교법, 즉 '내가 없다, 연기다, 공이다' 하는 정견을 받아 가지되, 원력을 세워 몸이 다 하도록 부처님 받들듯이 그렇게 물러나지 않으면 성인의 지위에 들어간다.

그러나 전하고 받을 때 예부터 지금까지 말없이 저 법을 부촉해 대서 원을 세워 보리에서 물러나지 않으면, 곧 모름지기 분부한 것이다. 만약 견해가 같지 않거나 뜻과 원력이 없으면 가는 곳마다 망령되이 선전하여 저 앞 사람을 손상하지 말라.

　견해가 같지 않다는 말은 정견이 서지 않은 사람, '내가 있다'에 집착하는 사람을 말한다. 또한 자신이 부처님처럼 되어 보겠다는 의지와 원력이 없다는 것을 말한다. '있다-없다'에 집착한 사람, 공부해 보겠다는 의지와 원력도 없는 사람, 정견도 서지 않은 사람이 어디 가서 불교를 얘기하는 것은 앞의 도인이나 부처님을 욕되게 하는 것이다.

마침내 이익이 없다. 만약 만나는 사람이 알지 못하여 이 법문을 업신여긴다면 백겁만겁 천생에 부처 종자를 끊을 것이다.

　어떤 사람을 만났는데 그 사람이 정견이 서 있지 않고, 또 불교도 모르고 이 법문을 업신여기면 백겁만겁 모든 생애에 부처의 씨앗을 끊는 것이다.

대사가 말하였다.

"선지식아, 나의 '모양 없는 게송'을 들어라. 너희 미혹한 사람의
죄를 없앨 것이니. 이를 '죄를 없애는 게송'이라 한다."
게송에 말하되,

　　어리석은 사람은 복을 닦되 도를 닦지 않고
　　복 닦는 것이 도라 말한다
　　보시하고 공양하는 복이 끝이 없으나
　　마음속 삼업이 그대로 남아 있다
　　만약 복을 닦아 죄를 없애고자 하여도
　　후세에 복은 얻더라도 죄가 따른다
　　만약 마음에서 죄의 인연을 없앨 줄 안다면
　　저마다 자기 성품 속의 참된 참회다
　　만약 대승의 참된 참회를 깨달으면
　　삿된 것을 없애고 바른 것을 행하여 죄가 없어진다
　　도를 배우는 사람이 능히 스스로 보면
　　곧 깨달은 사람과 더불어 하나가 된다

오조께서 이 단박 깨치는 가르침을 전하심은

배우는 사람이 같은 한 몸 되기를 바라서다

만약 미래에 본래 몸을 찾고자 한다면

삼독의 악연을 마음속에서 씻어라

노력해서 도를 닦되 유유히 지내지 말라

순식간에 헛되이 한 생이 끝나니

만약 대승의 단박 깨치는 법을 만났거든

정성 들여 합장하고 지극한 마음으로 구하라

대사께서 법을 설하여 마치니, 위사군과 관료와 스님들, 도교인과 재가자들이 찬탄하는 말이 끊이지 않고 "옛날에 듣지 못한 것이다" 하였다.

大師言 善知識 聽吾說無相頌 令汝迷者罪滅 亦名滅罪頌 頌曰
愚人修福不修道　　謂言修福而是道
布施供養福無邊　　心中三業元來在
若將修福欲滅罪　　後世得福罪無造
若解向心除罪緣　　各自性中眞懺悔
若悟大乘眞懺悔　　除邪行正造無罪
學道之人能自觀　　即與悟人同一例
大師令傳此頓教　　願學之人同一體

若欲當來覓本身　　三毒惡緣心中洗

努力修道莫悠悠　　忽然虛度一世休

若遇大乘頓教法　　虔誠合掌志心求

大師說法了 韋使君官僚 僧衆道俗　讚言無盡 昔所未聞

대사가 말하였다. "선지식아, 나의 '모양 없는 게송'을 들어라. 너희 미혹한 사람의 죄를 없앨 것이니, 이를 '죄를 없애는 게송'이라 한다." 게송에 말하되,

어리석은 사람은 복福을 닦되 도道를 닦지 않고
복 닦는 것이 도라 말한다

요즘 기복을 많이 한다. 그런데 한번 생각해 볼 필요가 있다. 어리석은 사람이 그렇게 한다. 왜 그런가? 복은 '내가 있다'고 생각하는 데서 닦는다. 그건 어리석은 사람이다. 내가 무아라고 아는 사람이 진짜 복을 닦는 것이다. 그래서 부처님은 복혜福慧 양족존이다. 복과 지혜를 둘 다 갖춘 분이라는 뜻이다. 내가 무아라는 것을 알고 닦는 복은 괜찮다. 우리가 그 복에 대해 어떤 마음으로 하느냐에 따라 진짜 복이 있고 가짜 복이 있다.

보시하고 공양하는 복이 끝이 없으나
마음속 삼업三業이 그대로 남아 있다

보시하고 공양해서 지은 복이 헤아릴 수 없더라도 '내가 있다'는 생각으로 하면, 신身·구口·의意의 삼업三業이 그대로 있다. 그러니까 공이고, 무아라는 것을 알면 삼업도 같이 없어진다. 없다는 것을 알고 복을 닦으면 그 자체가 업도 녹이고 죄도 멸하는 것이다. '내가 있다'고 생각해서 복을 지으면 욕심貪心과 화瞋心, 그리고 어리석음癡心이 없어지지 않으니 진정한 복이 되지 못한다.

만약 복을 닦아 죄를 없애고자 하여도

후세에 복은 얻더라도 죄가 따른다

　복 짓는 것으로 죄를 없애고자 하더라도 후세에 아무리 복을 많이 얻더라도 죄가 항상 따라다닌다. 그 복은 소용이 없다. 무아로 닦는 복이라야 진짜 복이다. 양 무제가 "절 짓고 보시했는데 복이 되느냐?" 하고 물으니 달마 스님이 "공덕도 없고 복도 없다"고 대답했다는 이야기도 있다. 양 무제는 유아有我로 보시했기 때문에 복이 없다는 것이다. 만약 양 무제가 무아를 알고 복을 닦았다면 그 공덕이 한량없는 것이다. 우리가 복을 어떻게 닦느냐에 따라 향방이 달라진다.

만약 마음에서 죄의 인연을 없앨 줄 안다면

저마다 자기 성품 속의 참된 참회다

　마음에서 죄의 모든 인연을 없앨 줄 알면, 이런 사람은 '나다-너다'를 여읜, 무아를 아는 사람이다. 내가 없는데 무슨 죄가 있겠는가. 이것이 진짜 참회다.

만약 대승의 참된 참회를 깨달으면

삿된 것을 없애고 바른 것을 행하여 죄가 없어진다

　여기서 '대승의 참된 참회'란 연기, 무아를 아는 것이다. 이것을 알면 자연히 바른 것을 행하여 죄가 없어진다.

도를 배우는 사람이 능히 스스로 보면

곧 깨달은 사람과 더불어 하나가 된다

　깨달은 사람과 둘이 아니라 하나가 된다.

오조께서 이 단박 깨치는 가르침을 전하심은

배우는 사람이 같은 한 몸 되기를 바라서다

만약 미래에 본래 몸을 찾고자 한다면

삼독三毒의 악연惡緣을 마음속에서 씻어라

　우리가 미래에 죄도 멸하고 업장도 녹이려고 한다면 욕심, 화, 어리석음의 삼독으로 맺어진 모든 인연들을 마음에서 씻어버릴 때 본래 몸을 찾게 된다. 그러면 삼독 악연이 무엇인가? '내가 있다'고 생각하는 것이다. 내가 없는 줄 알면 삼독 악연도 없다.

　육조 스님은 깨달은 분이기 때문에 말씀이 시원시원하다. 뭘 어떻게 참회하라 하지 않고 삼독 악연을 마음에서 씻으라고만 했다. 이것이 가장 빠르고 구체적인 방법이다.

　예를 들어 이 육조단경도 공이고, 이 책을 보는 나도 공이고, 이 책을 보면서 육조단경이다 하는 생각도 연기 현상이고 공이다. 그러니까 죄도 공이고, 죄가 '있다'고 생각하는 나도 공이고, 죄라는 생각을 일으킨 그 생각도 공이다. 이걸 아는 것이 참된 참회다.

노력해서 도를 닦되 유유히 지내지 말라

순식간에 헛되이 한 생이 끝나니

만약 대승의 단박 깨치는 법을 만났거든

정성 들여 합장하고 지극한 마음으로 구하라

대사께서 법을 설하여 마치니, 위사군과 관료와 스님들, 도교인과 재가자들이 찬탄하는 말이 끊이지 않고 "옛날에 듣지 못한 것이다" 하였다.

　도 닦은 사람이 헛된 세월을 보내지는 않겠지만, 그런 사람이 대승의 단박 깨닫는 돈교법을 만나거든 아주 정성스럽게 합장해서 지극한 마음으로 구하라는 말이다.

20

功德

공덕

위사군이 예배하고 말하였다.

"큰스님의 설법은 실로 불가사의합니다. 제자가 일찍이 조그마한 의심이 있어 큰스님께 묻고자 하오니 바라건대 대자대비로 제자를 위해 말씀해주소서."

육조 스님이 말하였다.

"의심이 있거든 물어라. 어찌 두 번, 세 번 할 것인가?"

위사군이 여쭈었다.

"큰스님께서 설하신 법은 서쪽 나라에서 오신 제1조 달마 조사의 종지가 아닙니까?"

육조 스님이 말하였다.

"그렇다."

위사군이 말하였다.

"제자가 듣자오니, 달마 대사께서 양 무제를 교화하실 때 양 무제가 '짐이 한평생 절을 짓고 보시하며 공양을 올렸는데 공덕이 있습니까?' 하고 묻자, 달마 대사께서 '전혀 없습니다' 하시니, 무제는 불쾌하게 여겨 마침내 달마를 나라 밖으로 나가게 하였다 하니, 이 말을 알지 못하겠습니다. 청컨대 큰스님께서는 말씀해주십시오."

육조 스님이 말하였다.

"실로 공덕이 없으니, 사군은 달마 대사의 말을 의심하지 말라. 무제가 사도에 집착해서 정법을 알지 못한 것이다."

使君禮拜自言 和尚說法 實不思議 弟子當有少疑 欲問和尚 望和尚 大慈大悲 爲弟子說 大師言 有疑即問 何須再三 使君問 法 可不是西國第一祖達磨祖師 宗旨 大師言是 弟子見說 達磨大師化梁武帝 問達磨 朕 一生已來 造寺布施 供養 有功德否 達磨答言 並無功德 武帝惆悵 遂遣達磨 出境 未審此言 請和 尚說 六祖言 實無功德 使君 勿疑達磨大師言 武帝著邪道 不識正法

달마 스님이 중국에 왔을 때 양 무제가 "나는 평생 절을 짓고 보시하고 공양을 했는데 공덕이 있습니까?" 하고 묻자, 달마 스님이 "공덕이 없다"고 하셨다. 위사군이 이것이 무슨 소리인지 모르겠으니 의심을 풀어 달라고 한 것이다.

육조 스님이 말하였다. "실로 공덕이 없으니, 사군은 달마 대사의 말을 의심하지 말라. 무제가 사도邪道에 집착해서 정법을 알지 못한 것이다."

삿된 도가 무엇인가. '내가 있다'는 생각으로 보시하고 절 짓고 공양하는 것은 공덕이 아니라는 말이다. '내가 있다'고 생각하는 사람은 공덕도 복도 더 바란다. 그런데 '복이 없다'고 하니 얼마나 실망했을까.

내가 무아임을 알고 보시하고 공양할 때 진정한 복이 된다. 이것이 청복이다. 금강경에 아상, 인상, 중생상, 수자상 없이 하는 것이 지혜인 동시에 복이라 했다. 이것이 둘이 아니다. 그런 분이 부처님이다. 유아有我로 하는 것은 아무리 복을 지어도 공덕과 복을 바라고 있기 때문에 할수록 자기 위안은 될지언정 오히려 고통으로 돌아온다.

사군이 여쭈었다.

"어째서 공덕이 없습니까?"

육조 스님이 말하였다.

"절을 짓고 보시하며 공양을 올리는 것은 다만 복을 짓는 것이다. 복을 공덕이라 할 수는 없다. 공덕은 법신에 있지, 복밭에 있지 않다. 자기의 법성에 공덕이 있으니, 성품을 보는 것이 공이고, 평등하고 곧은 것이 덕이다. 안으로 불성을 보고 밖으로 공경하라. 만약 모든 사람을 가볍게 여겨 아상을 끊지 못하면 곧 스스로 공덕이 없고, 자성은 허망하여 법신에 공덕이 없다. 생각마다 덕을 행하고, 마음이 평등하여 곧으면 공덕이 곧 가볍지 않다. 항상 공경하고 스스로 몸을 닦는 것이 공이 되고, 스스로 마음을 닦는 것이 곧 덕이다. 공덕은 자기 마음으로 짓는 것이다. 복과 공덕이 다르니, 무제가 바른 이치를 알지 못한 것이지, 조사에게 허물이 있는 것은 아니다."

使君問 何以無功德 和尙言 造寺布施供養 只是修福 不可將福 以爲功德 功德在法身 非在於福田 自法性 有功德 見性是功 平直是德 內見佛性 外行恭敬 若輕一切人 吾我不斷 即自無功德 自性虛妄 法身無功德 念念德行 平等

直心 德即不輕 常行於敬 自修身即功 自修心即德 功德自心作 福與功德別
武帝不識正理 非祖大師有過

사군이 여쭈었다. "어째서 공덕이 없습니까?"

육조 스님이 말하였다. "절을 짓고 보시하며 공양을 올리는 것은 다만 복을 짓는 것이다. 복을 공덕이라 할 수는 없다. 공덕은 법신法身에 있지, 복밭福田에 있지 않다."

복밭은 어디고, 법신은 어딘가? 같은 자리인데 이 법신은 '나다–너다'를 여읜 자리를 말하고, 복전은 유위有爲 복전이라 '내가 있다'고 생각하는 자리를 말한다. 우리 마음에 복전이 따로 있고 법신이 따로 있는 건 아니다. 같은 자리인데 이름이 다르다. 무아는 법신이고, 유아는 복전이다.

자기의 법성에 공덕이 있으니, 성품을 보는 것이 공功이고, 평등하고 곧은 것이 덕德이다. 안으로 불성을 보고 밖으로 공경하라. 만약 모든 사람을 가볍게 여겨 아상我相을 끊지 못하면 곧 스스로 공덕이 없고, 자성은 허망하여 법신에 공덕이 없다.

아상을 끊지 못하면 아무리 복을 지어도 공덕이 없다. 아상을 없앤 자리에서 하는 것이 진정한 복이다. 법신도 세탁이 된 것과 안 된 것, 둘로 나뉜다. 이것이 좀 문제가 될 수 있는데 "자기의 법성에 공덕이 있으니"에서 법성은 세탁이 된, 내가 없는 자리에서 본 것이기 때문에 공덕이 있다. 뒤에 아상을 끊지 못해 지혜가 없는 그 자리에서 보면, 공덕이라는 것도 다 허망하니 법신에 공덕이 없다는 것이다.

생각마다 덕을 행하고, 마음이 평등하여 곧으면 공덕이 곧 가볍지 않다. 항상 공경하고 스스로 몸을 닦는 것이 공功이 되고, 스스로 마음을 닦는 것이 곧 덕德이다. 공덕은 자기 마음으로 짓는 것이다. 복과 공덕이 다르니, 무제가 바른 이치를 알지 못한 것이지, 조사에게 허물이 있는 것은 아니다.

공덕은 자신이 짓는 것이다. 복과 공덕이 다르다는 말은 복은 유아에서 하는 복이고, 공덕은 무아에서 하는 공덕을 말한다. 그런데 무아에서 하는 복이라면 이렇게 얘기하면 안 된다. 이 단락이 조금 혼란스러운데 큰 문제는 아니다. 그래서 '복과 공덕이 다르다' 할 때 그 복이 무아에서 짓는 복이라면 그것은 공덕이다.

21

西方

서방

위사군이 예배하고 또 물었다.

"제자가 보니, 스님이나 도교인과 일반인이 항상 아미타불을 생각해 서방에 가서 나기를 원하니, 청컨대 큰스님께서는 말해주십시오. 저곳에 날 수 있습니까? 의심을 풀어주십시오."

대사가 말하였다.

"사군은 들어라. 세존께서 사위국에 계시면서 서방정토로 인도하여 교화하는 설법을 하셨다. 경에 분명히 말씀하기를 '여기에서 멀지 않다'고 하셨다. 다만 근기가 낮은 사람을 위하여 멀다 하고, 지혜가 높은 사람을 위하여 가깝다고 한 것이다. 사람에 두 종류가 있으나, 법은 그렇지 않다. 미혹함과 깨달음이 달라 견해에 더디고 빠름이 있을 뿐이다. 미혹한 사람은 염불해서 저곳에 나려고 하지만 깨친 사람은 스스로 그 마음을 깨끗이 한다. 그러므로 부처님께서 '그 마음이 청정함을 따라 부처의 땅도 깨끗하다'고 말씀하셨다.

사군아, 동방 사람이라도 마음이 깨끗하면 죄가 없고, 서방 사람이라도 마음이 깨끗하지 못하면 허물이 있다. 미혹한 사람은 가서 나기를 원하나 동방과 서방은 사람이 있는 곳으로는 다 한가지다. 다만 마음에 부정함이 없으면 서방정토가 여기서 멀지 않고, 마음에 부정한 생각이 일어나면 염불하여 왕생코자 하여도 이르기 어렵다. 십악을 없애면 십만 리를 가고, 여덟 가지 삿된 것이 없으면 곧 팔천 리를 지나간다. 다만 곧은 마음을 행하면, 도달하는 것이 손가락 튕기는 것과 같다.

사군아, 단지 십선을 행하면 어찌 다시 왕생하기를 바랄 것이며, 십악의 마음을 끊지 못하면 어느 부처님이 와서 맞이하겠는가. 만약 남이 없는 돈법을 깨달으면 서방을 찰나에 볼 것이고, 돈교의 큰 가르침을 깨치지 못하면 염불하여도 왕생할 길이 머니 어찌 도달하겠는가."

使君禮拜又問 弟子見僧道俗 常念阿彌陀佛 願往生西方 請和尙說 得生彼否 望爲破疑 大師言 使君聽 惠能與說 世尊 在舍衛國 說西方引化 經文分明去 此不遠 只爲下根 說遠 說近 只緣上智 人自兩種 法無不同 迷悟有殊 見有遲疾 迷人念佛生彼 悟者自淨其心 所以佛言 隨其心淨 則佛土淨 使君 東方但淨心 無罪 西方心不淨 有愆 迷人願生 東方西方 所在處並皆一種 心但無不淨 西方去此不遠 心起不淨之心 念佛往生難到 除十惡 即行十萬 無八邪 即過八千 但行直心 到如彈指 使君 但行十善 何須更願往生 不斷十惡之心 何佛 即來迎請 若悟無生頓法 見西方只在刹那 不悟頓敎大乘 念佛往生路遙 如何得達

지금 우리 주변에 '나무아미타불' 염불하면서 극락세계에 날 것을 발원하고 공부하는 분들이 많다. 육조 스님은 이런 것을 어떻게 보았을까.

위사군이 예배하고 또 물었다. "제자가 보니, 스님이나 도교인과 일반인이 항상 아미타불을 생각해 서방에 가서 나기를 원하니, 청컨대 큰스님께서는 말해주십시오. 저곳에 날 수 있습니까? 의심을 풀어주십시오."

"염불하면 진짜 극락세계에 가서 날 수 있습니까?"하고 물은 것이다.

사군은 들어라. 세존께서 사위국에 계시면서 서방정토로 인도하여 교화하는 설법을 하셨다. 경에 분명히 말씀하기를 '여기에서 멀지 않다'고 하셨다.

부처님이 사위국에서 《아미타경阿彌陀經》을 설했는데 그것에 따르면 분명히 서방에 가서 나며 서방정토가 멀지 않다고 하셨다는 것이다.

다만 근기가 낮은 사람을 위하여 멀다 하고, 지혜가 높은 사람을 위하여 가깝다고 한 것이다.

'가깝다'고 말한 것은 상근기를 위한 것이고, '멀다'고 한 것은 하근기를 위한 것이다.

사람에 두 종류가 있으나, 법은 그렇지 않다. 미혹함과 깨달음이 달라 견해에 더디고 빠름이 있을 뿐이다. 미혹한 사람은 염불해서 저곳에 나려고 하지만 깨친 사람은 스스로 그 마음을 깨끗이 한다.

법에는 종류가 없고 하나라는 뜻이다. 또한 자기 마음을 깨끗이 하면 그 자리가 정토라는 말이다.

그러므로 부처님께서 "그 마음이 청정함을 따라 부처의 땅도 깨끗하다"고 말씀하셨다. 사군아, 동방 사람이라도 마음이 깨끗하면 죄가 없고, 서방 사람이라도 마음이 깨끗하지 못하면 허물이 있다.

여기에서 깨끗하다고 하는 것은 내가 없는 그 자리가 깨끗하다는 것이다. 동방 사람이라도 양변을 초월하면 죄가 없고, 서방 사람이라도 '나다-너다'에 집착하면 허물이 된다.

미혹한 사람은 가서 나기를 원하나 동방과 서방은 사람이 있는 곳으로는 다 한가지다. 다만 마음에 부정함이 없으면 서방정토가 여기서 멀지 않고, 마음에 부정한 생각이 일어나면 염불하여 왕생코자 하여도 이르기 어렵다.

마음에 부정함이 없으면 깨끗한 사람이다. 마음이 깨끗한 사람은 서방이 멀지 않고, 마음이 깨끗하지 못한 사람은 염불하더라도 서방에 이르기 어렵다.

십악十惡을 없애면 십만 리를 가고, 여덟 가지 삿된 것八邪*이 없으면 곧 팔천 리를 지나간다.

십악은 신身·구口·의意가 짓는 열 가지 악한 행위를 말한다. 즉 몸이 짓는 살생·도둑질·삿된 음행, 입으로 짓는 거짓말·이간질·나쁜 말·꾸미는 말, 뜻으로 짓는 탐욕·화·어리석음의 열 가지이다. 마음 가운데 내가 무아고 공이라는 것을 알아 열 가지 악한 것을 없애면, 마음이 십만 리나 넓어진다.

흔히 서방까지의 거리를 십만팔천 리라고 한다. 깨끗한 마음을 십만팔천 리라고 한 것이다. 혹자는 육근, 육식, 육경 등 주관과 객관의 모든 세계를 십만팔천 리라고도 한다. 깨달은 깨끗한 마음, 그 자성 자리를 십만이라 하고 팔천이라고도 한다.

다만 곧은 마음을 행하면 도달하는 것이 손가락 튕기는 것과 같다.

곧은 마음도 양변을 여읜 자리다. '나다-너다' 양변을 여읜 자리에서 행하면 거기가 바로 서방이다.

사군아, 단지 십선十善을 행하면 어찌 다시 왕생하기를 바랄 것이며, 십악의 마음을 끊지 못하면 어느 부처님이 와서 맞이하겠는가.

십악을 행하지 않는 것이 십선이다. 십악의 원인은 '내가 있다'는 데서 나오는 것이니, 그런 사람은 부처님을 만나지 못할 것이다.

만약 남이 없는 돈법無生頓法을 깨달으면 서방을 찰나에 볼 것이고, 돈교의 큰 가르침을 깨치지 못하면 염불하여도 왕생할 길이 머니 어찌 도달하겠는가.

돈교頓敎의 큰 가르침大乘은 결국 무아를 깨닫는 가르침이다.

육조 스님이 말하였다.

"혜능이 사군을 위하여 서방정토를 찰나 사이에 옮겨 눈앞에 바로 보게 할 것이니, 사군은 보기를 원하는가?"

위사군이 예배하고 말하였다.

"만약 여기서 볼 수 있다면 어찌 가서 나려고 하겠습니까? 원컨대 스님께서 자비로 서방을 보여주시면 대단히 좋겠습니다."

육조 스님이 말하였다.

"문득 서방을 봐라. 의심이 없으면 대중은 다 흩어져라."

대중이 깜짝 놀라 무슨 얘기인지 알지 못했다.

"대중아, 정신 차리고 들으라. 세상 사람이 스스로 색신은 성이고 눈·귀·코·혀·몸은 곧 성문이니, 밖으로 다섯 문이 있고 안으로는 뜻의 문이 있다. 마음은 곧 땅이요 성품은 곧 왕이니, 성품이 있으면 왕이 있고 성품이 가면 왕도 없다. 성품이 있으면 몸과 마음이 있고, 성품이 가면 몸과 마음이 무너진다. 부처는 자기 성품이 지은 것이니, 몸 밖에서 구하지 말라. 자기 성품이 미혹하면 부처가 곧 중생이고 자성을 깨달으면 중생이 곧 부처다.

자비는 곧 관음이고, 희사는 세지라 하며, 스스로 청정함이 바로 석가고, 평등하고 곧음은 미륵이다. 인아상은 수미산이고, 삿된 마음은 큰 바다며 번뇌는 파도고, 독한 마음은 악한 용이며, 진로는 고기와 자라요, 허망함은 곧 귀신이며, 삼독은 곧 지옥이고, 어리석음은 곧 짐승이며, 십선은 천당이다. 인아상이 없으면 수미산이 저절로 무너지고, 삿된 마음을 없애면 바닷물이 마르며, 번뇌가 없으면 파도가 사라지고, 독한 마음을 없애면 물고기와 용이 없어진다."

六祖言 惠能 與使君 移西方刹那間 目前便見 使君願見否 使君 禮拜 若此得見 何須往生 願和尚 慈悲 爲現西方 大善 大師言 唐見西方無疑 即散 大衆 愕然 莫知何事 大師曰 大衆 大衆 作意聽 世人自色身 是城 眼耳鼻舌身 即是城門 外有五門 內有意門 心即是地 性即是王 性在王在 性去王無 性在身 心存 性去身心壞 佛是自性作 莫向身外求 自性迷佛即衆生 自性 悟衆生即是 佛 慈悲即是觀音 喜捨名爲勢至 能淨是釋迦 平直是彌勒 人我是須彌 邪心是 大海 煩惱是波浪 毒心是惡龍 塵勞是魚鱉 虛妄即是神鬼 三毒即是地獄 愚癡 即是畜生 十善 是天堂 無人我須彌自倒 除邪心海水竭 煩惱無波浪滅 毒害除 魚龍絶

육조 스님이 말하였다. "혜능이 사군을 위하여 서방정토를 찰나 사이에 옮겨 눈앞에 바로 보게 할 것이니, 사군은 보기를 원하는가?"

위사군이 예배하고 말하였다. "만약 여기서 볼 수 있다면 어찌 가서 나려고 하겠습니까? 원컨대 스님께서 자비로 서방을 보여주시면 대단히 좋겠습니다."

육조 스님이 말하였다. "문득 서방을 봐라. 의심이 없으면 대중은 다 흩어져라."

　서방정토를 보겠느냐 묻고 문득 서방정토를 보라고 한다. 서방 세계를 봤다면, 더 공부할 것이 없다. 서방 세계를 여기에 옮겨 놓는다고 하니, 굉장한 세계를 옮겨 놓는 걸로 생각했는데, 바로 있는 그대로 현상과 본질을 보라는 것이다. 보고 의심이 없으면 서방정토를 보아 견성한 것이니, 대중은 흩어지라고 한다.

대중이 깜짝 놀라 무슨 얘기인지 알지 못했다.

　조사 스님들이 이런 법문을 많이 한다. 다른 예를 하나 들면, 마조 스님의 제자 유관唯寬 스님에게 어느 스님이 찾아와 물었다.

"도道가 어디에 있습니까?"

"네 눈앞에 있지 않느냐."

"그럼 나는 왜 보지 못합니까?"

"너는 '나'라는 생각에 집착해 있기 때문에 못 본다."

"그러면 나는 내가 있어서 못 보는데 스님은 봅니까?"

"'나다-너다' 나눠 놓으면 더 못 보지."

"'나다-너다'가 없으면 어떻게 봅니까?"

"너도 나도 없는데 뭘 보려고 하느냐?"

유관 스님은 일관되게 무아로 대답하시고 그 스님은 유아의 관점에서 질문하고 있다. 조금 전에 육조 스님이 "서방정토를 눈앞에 옮겨 놓겠다"고 하시고 '봐라' 했는데 위사군도 못 보고 대중도 못 본다. 유관 스님의 말씀대로 '나'라는 것이 있기 때문에 못 보는 것이다.

덕이본 단경에는 이 중요한 것이 아예 빠져 있는데 다행히 돈황본에는 이 대목이 그대로 남아 있다.

육조 스님이 "대중은 서방정토를 봤으면 모두 흩어져라" 하니 대중이 무슨 일인지 몰라 놀란다. 대사가 이것을 차근차근 설명한다.

대중아, 정신 차리고 들으라. 세상 사람이 스스로 색신은 성이고, 눈·귀·코·혀·몸은 곧 성문이니, 밖으로 다섯 문이 있고 안으로는 뜻의 문이 있다. 마음은 곧 땅이요 성품은 곧 왕이니, 성품이 있으면 왕이 있고 성품이 가면 왕도 없다. 성품이 있으면 몸과 마음이 있고, 성품이 가면 몸과 마음이 무너진다. 부처는 자기 성품이 지은 것이니, 몸 밖에서 구하지 말라. 자기 성품이 미혹하면 부처가 곧 중생이고 자성을 깨달으면 중생이 곧 부처다.
자비는 곧 관음이고 희사는 세지라 하며**
중생에 즐거움이 있는 것을 기뻐하는 것과 원한 같은 차별상을 버리고 평등한 마음을 갖는 것이 희사이다. 자비와 희사는 네 가지 무한한 마음이라 해서 사무량심(四無量心)이라고 한다. 자비는 관세음보살이고, 희사(喜捨)는 세지(勢至), 즉 대세지보살이다. 대세지보살은 지혜 또는 정진이라 해석한다.

스스로 청정함이 바로 석가고, 평등하고 곧음은 미륵이다. 인아(人我)상은 수미산이고, 삿된 마음은 큰 바다며 번뇌는 파도고, 독한 마음은 악한 용이며, 진로는 고기와 자라요

　양변에 집착하는 삿된 마음은 큰 바다며, 그 삿된 마음에 의해 일어나는 번뇌는 파도고, 거기에서 삼독심이 일어나는 것은 악룡(惡龍)과 같고, 그런 티끌 세계 속에서 기진맥진 수고롭게 사는 것은 고기와 자라라고 표현했다.

허망함은 곧 귀신이며, 삼독은 곧 지옥이고, 어리석음은 곧 짐승이며, 십선은 천당이다.

　허망한 것은 곧 귀신이며, 삼독은 지옥이요, 유무 견해에 떨어진 어리석은 것이 축생이고, 십선(十善)은 천당과 같다는 말이다.

인아상이 없으면 수미산이 저절로 무너지고, 삿된 마음을 없애면 바닷물이 마르며, 번뇌가 없으면 파도가 사라지고, 독한 마음(毒害)을 없애면 물고기와 용이 없어진다.

삿된 마음을 없애면 바닷물이 마른다고 했는데, 이것도 양변 여의는 것으로 보면 된다.

• 팔정도에 반대되는 여덟 가지 부정한 것으로 사견(邪見), 사사유(邪思惟), 사어(邪語), 사업(邪業), 사명(邪命), 사정진(邪精進), 사념(邪念), 사정(邪正)을 말한다.

•• 아미타부처님의 좌우보처 보살이 관세음보살과 대세지보살인데 각각 자비와 지혜를 상징한다.

"자기 마음의 땅 위에 깨달은 성품의 부처가 큰 지혜를 낳아 그 빛이 밝게 비추어 여섯 문이 청정하게 되고, 욕계의 여섯 하늘을 비추어 부수고 아래로 비추어 삼독을 없애면, 지옥이 일시에 사라지고 안팎이 명철해서 서방과 다르지 않다. 그러니 이 수행을 닦지 않고 어찌 저 언덕에 이르겠는가!"

법좌 아래에서 설법을 듣고 찬탄하는 소리가 하늘에 사무쳤으니, 응당 미혹한 사람도 문득 밝게 알았다. 사군이 예배하고 찬탄하여 말하였다.

"훌륭하고 훌륭합니다. 널리 원하오니 법계의 중생으로 이 법을 들은 사람은 일시에 깨달아 알지어다."

自心地上覺性如來 放大智惠 光明照耀 六門淸淨 照破六欲諸天 下照 三毒若除 地獄 一時消滅 內外明徹 不異西方 不作此修 如何到彼 座下聞說 讚聲徹天 應是迷人 了然便見 使君 禮拜 讚言 善哉善哉 普願法界衆生 聞者一時悟解

자기 마음의 땅 위에 깨달은 성품覺性의 부처가 큰 지혜를 낳아 그 빛이 밝게 비추어 여섯 문六門이 청정하게 되고, 욕계의 여섯 하늘을 비추어 부수고 아래로 비추어 삼독을 없애면, 지옥이 일시에 사라지고 안팎이 명철해서 서방과 다르지 않다.

깨달은 성품의 부처란 자성 자리다. "그 자성 자리가 큰 지혜를 낳는다"는 것은 양변의 먹구름이 걷히면 큰 지혜의 빛이 밝게 비춤을 말한다. 지혜의 빛으로 안·이·비·설·신·의 여섯 문이 깨끗해지면 욕계의 여섯 하늘을 비추어 없애고, 또 아래로 비추어 삼독을 없애면, 지옥이 일시에 소멸하고 내외가 사무치게 밝아 서방과 같다는 것이다. 이런 사람은 서방세계에 가서 난 것이나 다름없다.

그러니 이 수행을 닦지 않고 어찌 저 언덕彼岸에 이르겠는가!

법좌 아래에서 설법을 듣고 찬탄하는 소리가 하늘에 사무쳤으니, 응당 미혹한 사람도 문득 밝게 알았다. 사군이 예배하고 찬탄하여 말하였다.

"훌륭하고 훌륭합니다. 널리 원하오니 법계의 중생으로 이 법을 들은 사람은 일시에 깨달아 알지어다."

우리가 공부하지 않으면 저 서방정토에 가서 날 수 없다. 그 서방정토라는 것이 내외명철한 바로 그 자리다. 결국 '유심정토唯心淨土 자성미타自性彌陀' 즉 오직 마음이 정토이고, 자기 성품이 미타라는 말이다. 이것이 선의 입장이다.

22

修行

수행

대사가 말하였다.

"선지식아, 만약 수행하려면 재가에서도 가능하니, 절에서만 하는 것이 아니다. 절에 있더라도 닦지 않으면 서방에 있는 마음 나쁜 사람과 같고, 재가에서라도 수행하면 동방 사람이 착함을 닦는 것과 같다. 오직 원하건대 자기 스스로 청정함을 닦아라. 이것이 바로 서방 극락이다."

大師言 善知識 若欲修行 在家亦得 不由在寺 在寺不修 如西方心惡之人 在家若修行 如東方人修善 但願自家修淸淨 卽是西方

육조 스님은 '재가-출가'도 철저하게 정신에 있다는 것을 강조한다. 어찌 보면 출가한 사람이 마음을 닦지 않고 밖으로 가치를 추구한다면 더 나쁠 수도 있다. 우리가 출가할 때 행복을 내면에서 찾겠다고 부처님과 약속하고 계를 받는다. 출가 후에 수행하지 않고 밖으로 세속적인 행복의 조건을 추구하게 되면, 재가에서 하는 것보다 더 위선이고 잘못이다. 육조 스님께서 이 문제를 강조하는 뜻이 여기에 있다. 수행은 출가자에게 생명과도 같다.

부처님도 인행因行* 당시에 나찰羅刹**을 만나 "모든 행이 무상하니 이것이 생멸법이다諸行無常 是生滅法"라는 소리만 듣고, 그 다음 게송을 읊어주면 자기 몸을 바치겠다고 했다. 혜가 스님은 달마 스님 앞에서 팔도 끊었다. '매일매일 좋은 날'이라 한 운문 스님도 목주 스님의 토굴에 찾아가 한 발 들여 놓았는데 문이 닫혀 다리가 부러져 평생 다리를 절고 살았다.

옛 선사들처럼 그렇게까지는 못 하더라도, 참선을 하거나 봉사·염불·간경 중 하나라도 자기 능력에 맞게 열심히 하면 된다. 수행이란 자기를 비워 가는 것이다.

우리가 부처님 말씀대로 살아가면 마음이 편하고 자유로울 뿐만 아니라 행복과 보람도 느낄 수 있다. 수행은 괴로움을 여의고 행복으로 가는 길이다.

오직 원하건대 자기 스스로 청정함을 닦아라. 이것이 바로 서방 극락이다.

이 청정은 '깨끗하다-더럽다'처럼 상대적인 깨끗함이 아니라 양변을 초월한 것이다. 금강경에서 말하는 상相 없이 보시와 봉사를 하거나 화두를 들어 일념이 되면 '나다-너다'를 초월하기 때문에 청정하다. 상대되는 청정은 청정이라는 말에 집착한 것이다. '깨끗하다-더럽다'를 초월한 청정, 이것이 서방정토이다. 서방정토 극락세계가 따로 있는 게 아니라 양변 여읜 그 자리를 말하는 것이다.

위사군이 물었다.

"화상이시여, 재가에서 어떻게 수행해야 합니까? 가르쳐주십시오."

대사가 말하였다.

"선지식아, 혜능이 수행자와 속인을 위하여 '모양 없는 게송'을 지어줄 것이니 다들 외워 가져라. 이것을 의지하여 수행하면 항상 혜능과 같이 한곳에 있는 것이다."

使君 問 和尙在家如何修 願爲指授 大師言 善知識 惠能與道俗作無相頌 盡誦取 依此修行 常與惠能 一處無別

앞에서 출가했더라도 닦지 않으면 서방정토 극락세계에 있으면서 마음이 나쁜 사람과 같고, 재가에서도 수행하면 동방 사람이 선함을 닦는 것과 같다고 했다. 그러니까 위사군이 "큰스님, 어떻게 하면 재가에서 닦는 겁니까?" 하고 다시 묻는다. 대사는 모양 없는 게송無相頌을 하나 지어줄 테니 그것을 의지하여 닦으면 견성할 수 있다고 한다.

게송으로 말하되

> 설법도 통달하고 마음도 통달함이여!
>
> 해가 허공에 떠오름과 같다
>
> 오직 돈교법만을 전하여
>
> 세상에 나와 삿된 종을 깨뜨린다
>
> 가르침에는 돈과 점이 없으나
>
> 미혹함과 깨침에 더디고 빠름이 있으니
>
> 만약 돈교법을 배우면
>
> 어리석은 사람이라도 미혹하지 않으리

頌曰

說通及心通　　如日至虛空

惟傳頓教法　　出世破邪宗

教即無頓漸　　迷悟有遲疾

若學頓教法　　愚人不可迷

설법도 통달하고 마음도 통달함이여!

이 설법도 통달하였다는 '설통說通'보다 '종통宗通'이라는 말이 있다. 선종의 종지, 본분 그 자리를 통하여 자유자재한 분을 '종통했다' 하고, 그렇게 종통한 분은 말이 어디에도 걸리지 않고 자유자재하기 때문에 설통이라 한다. 말 잘하는 것을 설통이라 하는 것이 아니고, 양변을 여의어 종지에 어긋나지 않고 자유자재한 것을 말한다. 그래서 설통과 종통은 하나다.

해가 허공에 떠오름과 같다

양변을 여의면 바로 구름이 흩어져 해가 저절로 나온다. 그 상태를 종통이라 한다. 우리 마음에 비유하면 '나다-너다'를 여의면 해가 나듯이 지혜가 나온다. 이것을 '진공묘유', '견성성불'이라 한다. 여기에서 설법도 통달하고 마음도 통달한 사람은 '해가 허공에 떠오름과 같다'고 한 것이다.

오직 돈교법만을 전하여

돈교법은 단박 깨치는 법이다. 다른 말로 '순간 깨침', '몰록 깨침'이라 하는데, 이 '몰록 깨닫는다'는 말이 참 이해하기가 어렵다.

예를 들어 십 년, 이십 년 화두를 들거나 봉사하는 수행을 했다고 가정한다면 설은 것이 익어 간다. 익어서 종통, 설통이 되는데 그럼 그 익어 가는 과정은 점차 닦아 가는 점수漸修가 아니고 무엇인가. 언하대오言下大悟 하는 사람이야 닦는 것이 없지만, 육조 스님만 해도 8개월이 걸렸다. 육조 스님이 8개월 수행한 것은 점점 닦는 수행이 아니고 무엇인가 하는 문제이다.

자주 말씀드렸듯이 '손가락과 달'의 비유로 말하면, 달만이 오직 사실이고 손가락은 사실이 아니다. 손가락은 방편이고 허구이고 착각의 세계다. 선禪에서는 깨닫는 순간부터 현실이고, 진실이고, 사실이다. 그 달에 가기 위해 닦는 것이나 과정은 착각이고, 꿈속이라는 것이다. 꿈 깨는 바로 그 순간부터 깨달음의 세계고, 그게 진실 세계다. 이것이 선의 입장이다.

그래서 꿈 깨려고 발버둥 치다가 꿈 깨는 것을 '찰나', '단박', '몰록'이라 하거나 돈오, 돈법이라 한다. 꿈 깬 순간이 찰나이기에, 몰록 깨닫는 것이다. 그래서 깨닫기까지 노력했던 것은 꿈속에서 노력한 것이니 인정하지 않는다.

육조 스님이 8개월 동안 닦은 것은 꿈속의 일이기에, 선에서는 그것을 인정하지 않고 그냥 몰록 깨쳤다고만 한다. 육조 스님 스스로도 몰록 깨친 사람이 꿈 깨는 것과 같다고 한다. 꿈 깬, 즉 깨달은 후에 다시 무엇을 닦는다 하는 '점수'는 육조단경에서는 인정하지 않는다. 선에서도 마찬가지다.

공부 방법을 두고 다투는 것은 불교와 전혀 맞지 않다. 우리나라에서 돈·점 논쟁을 하는 분들은 모두 한결같이 육조 스님을 조상으로 인정한다. 중국에서는 오조 홍인 스님 이후에 신수 스님과 육조 스님이 돈·점으로 나눠졌다. 좀 범위를 넓혀 불교에서는 각자 근기에 맞게 선禪이 아니더라도 위빠사나, 염불, 간경, 봉사 다 방편으로 인정한다. 이 방편을 통해 깨닫게 되면 손가락이 달이 되고 달이 손가락이 되어, 둘이 하나가 되고 하나가 둘이 된다.

외도外道가 와서 욕하더라도 연민으로 보고 감싸는 것이 부처님 가르침이다. 같은 불교를 하면서 법에 대하여 서로 감정적으로 대립한다는 것은 잘못된 것이다. 서로 연민해야 한다.

다만 이 육조단경도 그렇고, 조사선-간화선의 선문에서는 점수를 인정하지 않는다. 그런데 비슷한 말은 한다. '불행수행佛行修行한다', '부처님 행을 닦는다'라고 표현한다. 그럼 "부처님 행을 닦는 건 보임保任*** 아니고 무엇이냐?" 하고 얘기하는 분도 있는데, 이것은 그런 말이 아니다. '부처님 행을 수행한다'는 것은 일상생활에서 부처님께 향 꽂고 마당이 지저분하면 빗자루 들고 마당 쓰는 평상심을 말한다. 무엇이 부족해서 부처님 행을 닦는다는 그런 뜻이 아니다.

세상에 나와 삿된 종을 깨뜨린다

여러 가지로 말할 수 있지만, '나다-너다' 갈라놓는 것이 삿된 종邪宗이다.

가르침에는 돈頓과 점漸이 없으나

'돈도 없고 점도 없다'고 하는데, 왜 돈오돈수라 주장하느냐. 돈오돈수 입장에서는 돈오돈수라는 말 자체가 돈·점이 없다는 말이라고 설명한다.

미혹함과 깨침에 더디고 빠름이 있으니

　깨달음에 더디고 빠름이 있는 것이지 본래 돈법에는 돈점이 없다.

만약 돈교법을 배우면

어리석은 사람이라도 미혹하지 않으리

　어리석은 사람도 돈교법을 배우면 미혹하지 않는다. 왜 미혹하지 않는가. 돈교법에서 보면 돈점이 없다. 그뿐만 아니라 '중생이다-부처다', '깨달았다-못 깨달았다' 하는 것도 없다. 이것을 돈오돈수법이라 한다.

설명하자면 비록 만 가지가 되나

여러 가지를 합하면 다시 하나로 돌아가나니

번뇌의 어두운 집 가운데에

항상 지혜의 해를 떠오르게 하라

삿됨이 오면 번뇌로 인함이고

바름이 오면 번뇌가 없어진다

삿됨과 바름을 다 버리면

청정하여 남음이 없는 데 이른다

보리는 본래 청정한데

마음 일으키니 곧 망상이라

청정한 것이 망념 가운데 있으니

오로지 바르면 세 가지 장애를 없앤다

說即雖萬般	合離還歸一
煩惱暗宅中	常須生慧日
邪來因煩惱	正來煩惱除
邪正俱不用	清淨至無餘
菩提本清淨	起心即是妄

淨性在妄中　　但正除三障

설명하자면 비록 만 가지가 되나

여러 가지를 합하면 다시 하나로 돌아가나니

　말하자면 돈오돈수-돈오점수도 있고, 부처-중생도 있고, 번뇌-지혜도 있는 등 여러 가지가 있지만, 그 흩어진 것을 돈교법에 통합해 놓으면 하나로 돌아간다. 전부 다 하나다. 거기에는 중생-부처도 없다.

번뇌의 어두운 집 가운데에

항상 지혜의 해를 떠오르게 하라

　번뇌의 어두운 집이란 미혹한 마음을 말한다. 어떻게 마음 가운데 항상 지혜를 내는가? '나다-너다'를 초월하면 지혜가 저절로 나온다. '나'라는 것을 없애버리면 항상 지혜롭게 된다.

삿됨이 오면 번뇌로 인함이고

바름이 오면 번뇌가 없어진다

　'나다-너다' 하는 번뇌가 오기 때문에 삿된 것이 오고, '나다-너다'가 없는 상태가 되면 번뇌도 없어진다. 여기에서 '바름'이라는 것도 결국 '나다-너다'가 없어진 그 자리가 바름이다.

　결국 우리가 천 가지, 만 가지를 얘기하더라도 '나다-너다' 하는 이 양변이 문제다. '나눠 놓고' 생각하는 것, 또 '내가 있다'고 생각하는 것, 이것을 없애는 것이 공부다. 또 '본래 없다'는 것을 깨닫지는 못하더라도 그렇게 보고 이해하는 것이 정견이다.

불교는 천 가지 만 가지 수행을 할지라도 전부 이것으로 통일되어야 한다. 기도·간경·봉사·참선은 모두 '내가 없다'는 것을 알아 가는 공부다. 우리가 육조단경을 계속 공부하지만 결국 '나'라는 실체가 없다는 것이 정답이고, 육조단경도 이 얘기를 요약해 놓은 것이다.

초기불교에서 정견은 사성제·팔정도·십이연기를 이해하는 것인데, 대승불교의 정견은 반야심경의 '오온개공'이다. 이것이 불교다. 이것을 아는 사람이 돈교법을 아는 사람이고, 이것을 아는 사람이 부처님이고, 이것을 체험한 사람이 도인이고, 이것이 정견이다. 이것을 항상 염두에 두고 '있다'는 생각이 들 때마다 '오온이 모두 공하다'라는 것을 자꾸 상기해야 한다.

삿됨과 바름을 다 버리면
청정하여 남음이 없는 데 이른다

삿됨과 바름에서 바름에 집착하니, 그것은 법상法相에 집착하는 것이라 둘 다 없애야 한다. 그래서 사와 정을 같이 쓰지 않고 그것이 없으면 청정하다. '남음이 없는 데 이른다'는 것은 조금도 미진한 게 없다는 말이다.

보리는 본래 청정한데
마음 일으키니 곧 망상이라
청정한 것이 망념 가운데 있으니

우리는 '내가 있다'고 생각해서 망상 가운데 있는데, 그 망상에 청정한 것이 없는 것이 아니다. 청정한 것이 있다. 《대승기신론大乘起信論》에 파도와 물의 비유가 나온다. "파도를 망상이라고 보면, 물은 그 성품이기 때문에 청정하다"는 말도 그런 비유에 해당한다. 그러나 방편으로 그런 말을 쓰지, 달의 입장에서 보면 파도나 물이 둘이 아니기 때문에 파도는 하나의 작용이고 물은 비작용이다. 그래서 물과 파도를 '진眞-망妄'으로 보는 것은 손가락의 입장에서 하는 얘기고, 그것을 작용과 비작용, 살殺과 활活로 보는 것이 달의 입장이다.

'바름'도 양변을 여읜 바름, '깨끗하다-더럽다'를 여읜 깨끗함으로 봐야 한다. '나다-너다'를 여의면 탐·진·치 세 가지 장애三障도 없다.

만약 세간에서 도를 닦으면
일체가 다 방해롭지 않으니
항상 자기 허물을 드러내면
도와 더불어 서로 합하도다
형상에는 스스로 도가 있거늘
도를 여의고 따로 도를 찾는구나
도를 찾아도 도를 보지 못하니
마침내 오히려 스스로 고뇌하는구나
만약 애써 도를 찾고자 할진대
바름을 행하는 것이 도다
스스로 바른 마음이 없으면
어둠 속을 감이라 도를 보지 못한다
만약 참으로 도 닦는 사람이라면
세간의 어리석음을 보지 않으니
만약 세간의 잘못을 보면
도리어 자기의 잘못이라 허물이 됨이다
남의 잘못은 나의 죄요

나의 죄는 스스로 죄 있음이니
오직 스스로 잘못된 마음을 보내고
번뇌를 타파하도다
만약 어리석은 사람을 교화하려면
모름지기 방편이 있어야 하니
그의 의심을 깨뜨리지 마라
곧 보리가 나타나리라
법은 원래 세간에 있어서
세간에서 세간을 벗어나는 것이다
세간을 떠나지 말며
밖으로 출세간의 법을 구하지 말라
삿된 견해가 세간이고
바른 견해가 세간 벗어남이다
삿됨과 바름을 다 쳐 없애면
보리의 성품이 완연하다
이것이 단박 깨치는 가르침이며
또한 대승이라 한다
미혹하면 수많은 세월을 지나나
깨치면 곧 찰나 간이다

世間若修道　一切盡不妨
常現在己過　與道即相當
色類自有道　離道別覓道
覓道不見道　到頭還自懊
若欲貪覓道　行正即是道
自若無正心　暗行不見道
若眞修道人　不見世間愚
若見世間非　自非却是左
他非我有罪　我非自有罪
但自去非心　打破煩惱碎
若欲化愚人　是須有方便
勿令破彼疑　即是菩提見
法元在世間　於世出世間
勿離世間上　外求出世間
邪見是世間　正見出世間
邪正悉打却　菩提性宛然
此但是頓敎　亦名爲大乘
迷來經累劫　悟則刹那間

만약 세간에서 도를 닦으면

일체가 다 방해롭지 않으니

　세간에서 도를 닦아도 방해될 것이 없다. 꼭 산중에서만 도 닦는 건 아니다. 달 입장에서 보면 산에 있거나 재가에 있거나 도 닦는 데 전혀 문제될 것이 없다. 재가에 있는 그대로가 진리다. 우리가 나눠 놓고 보니까 '망이다 - 진이다' 하지, 달의 입장에서 보면 재가에서 밥 먹고 일하고 잠자는 모든 행위가 그대로 진리다. 생활 그대로 진리가 되려면 '진이다 - 망이다', '재가다 - 출가다'를 여의면 된다.

　그런데 둘로 나눠 놓고 차별하니 재가가 나를 괴롭히고 부자연스럽게 만드는 것이다. 이것이 둘이 아닌 것을 알면 전혀 방해될 것이 없다.

항상 자기 허물을 드러내면

도와 더불어 서로 합하도다

　자기의 허물은 '나다 - 너다' 양변을 나누는 것이다. 이것이 근본 허물이고, 여기에서 파생되어 누구를 미워하거나 욕하는 것은 지엽적인 것이다. 이 허물을 항상 드러내면 고치는 것이니 도와 더불어 서로 계합한다는 것이다.

　이런 사람은 형상에 꺼들리거나 매이지 않고 자유자재한다. 그렇지 않은 사람이 형상에 매달려서 이것은 불교고 저것은 비불교, 이것은 더럽고 저것은 깨끗하다, 이렇게 꺼들리며 속박되어 산다.

　항상 자기 허물을 드러내는 사람은 형상에 매달리지 않아 자유자재하게 살 수 있다.

형상色類에는 스스로 도가 있거늘
도를 여의고 따로 도를 찾는구나

'색류色類'란 형상形相을 말한다. 형상은 스스로 도가 있다. 양변을
여의면 그 형상 자체가 바로 도다.

비유를 들어 보자. 금과 똥은 색이 같다. 우리는 금은 좋고 똥은 나
쁘다고 본다. 그런데 양변을 여읜 자리에서 보면 똥이나 금이나 평등
하다. 물론 평등하다고 똥을 장롱 속에 갖다 놓는다든지, 금덩어리를
밭에 거름으로 쓰지는 않는다. 똑같이 보면서 용도를 정확히 알아 그
에 맞게 쓸 뿐이다. 똥은 거름으로 쓰고, 금은 그릇 만드는 데 쓴다.
그릇은 좋고 거름은 나쁘다는 생각은 절대 없다. "형상에는 스스로
도가 있다"는 말은 똥 속에도 도가 있다는 말이다.

똥뿐만 아니라 일체 만물이 다 그렇다. 그 형상 속에 도가 있는데,
그 도를 여의고 다른 데서 도를 찾고 있다는 말이다.

도를 찾아도 도를 보지 못하니
마침내 오히려 스스로 고뇌하는구나

이것은 좋다, 저것은 나쁘다, 이렇게 양변에서 형상에 매달리다 보
면 스스로 고뇌하게 된다. 우리 일상생활에 그런 것이 참 많다. '몸
짱', '얼짱'이라는 말도 이런 문제다. 세상 사람들이 쓸모없는 데 에너

지를 소모하고 시시비비하며 비생산적으로 살고 있다. 그래서 우리는 육조 스님의 법문을 통해 자신의 에너지를 생산적이고 유용한 것에 쓸 수 있도록 해야 한다.

우리는 이런 문제를 어떻게든 사람들에게 알려 비교하고 갈등하고 투쟁하는 것을 해소해 나가야 한다. 이것을 해소하려면 여러 가지 공부를 할 수도 있지만, 가장 효과적인 공부는 근본을 고쳐 나가는 양변을 여의는 공부다.

이 세상에 나쁘다고 하는 것, 더럽다고 하는 것 속에도 다 도가 있다. 흔히 더럽고 나쁜 세계에는 도가 없다고 보고 그것을 없애는 것이 도라고 보는데, 그것은 낮은 차원이다. '오온개공'이라는 대승 입장에서 보면 도가 더럽고 나쁜 속에 다 들어 있다. 그리고 절대 나쁜 사람은 없다. 죄라는 것도 없다.

그럼 왜 '죄가 있다', '나쁜 것이 있다'고 하느냐? '내가 있다'고 착각하기 때문이다. 그것은 착각의 세계다. 앞에서 "도 닦는 것도 착각의 세계에서 닦는 것은 사실이 아니다"라고 했듯이 착각의 세계에서 나쁜 짓 하는 것도 사실이 아니다. 그래서 우리는 착각을 깨는 근원적인 것이 아니면 아무리 좋은 일을 하더라도 근본적으로 치유가 되지 않는다. 부처님처럼 근본적으로 치유해야 영원하다.

대승불교는 그 악하고 나쁘고 더러운 속에도 도가 있다, 그것을 내버리는 것은 도가 아니라고 말한다. '나쁘다-더럽다'고 하는 것은 사람들이 분별하고 있는 것이지, 그 본질을 보면 더럽고 나쁜 것이 깨끗하고 착한 것으로 바뀌어버린다. 이것이 선이다.

만약 애써 도를 찾고자 할진대
바름을 행하는 것이 도다

　바름을 행한다는 의미의 '정正'자는 '옳다-그르다'를 초월한 바른 것이다. '중中'이라 할 때도 있고 '정'이라 할 때도 있다. 사실 팔정도 八正道의 '정'도 양변을 여읜 것을 바름이라 한다.

　'바른 것을 행하는 것이 도다. 양변을 여읜 자리에서 모든 행을 하라'는 것이 불교다. 만약 나쁜 사람, 좋은 사람이 있어 시시비비를 가린다면 그것은 불교가 아니다.

　양변을 여의면 좋은 사람, 나쁜 사람이 다 승복한다. 그렇지 않고 좋은 사람과 나쁜 사람을 나누면 어떤 문제가 생기느냐. 예를 들면, 어떤 사람이 백만 원을 훔쳐 교도소에 갔다고 하자. 교도소에서 생각해 보니 '세상에 차떼기 해먹은 놈도 있는데 나는 고작 백만 원 때문에 이렇게 억울하게 감옥살이 하는구나!' 싶어 다음에 나와 또 죄를 범한다. 교도소 간 사람들이 다시 죄를 저지르는 이유가 여기에 있다.

　그래서 나는 법조인들에게 이런 이야기를 해준다. "판결할 때 사람들이 정말 인간적으로 승복하는 판결을 해야 명판사이다. '다른 사람은 차떼기 해먹는데 나는 백만 원 때문에 벌을 받으니 억울하다' 이런 생각이 들게 판결하면 그 사람은 다시 죄를 저지를 가능성이 많다."

　또 선문에 남전(南泉. 748~834) 스님이 고양이 때문에 동당, 서당이 싸우자 고양이 목을 친 일화가 있다. 동당, 서당이 고양이를 서로 자기 것이라고 싸우니까 고양이 목을 쥐고 "한마디 일러라. 못 이르면 고양이 목을 쳐버리겠다" 했는데 답이 없자, 목을 쳤다. 그 일이 있고 난 후에 조주(趙州, 778~897) 스님이 오니 "낮에 이런 일이 있었는데 너 같으면 어떻게 하겠느냐?" 하고 남전 스님이 물었다. 조주 스님은 짚신을 벗어 머리 위에 이고 나가버렸다.

고양이를 죽인 것은 살생인데도 바른 것을 행한 것이다. 어떻게 바른 것을 했다고 할 수 있느냐? 남전 스님이 고양이 목을 친 것이 양변 여읜 것임을 알게 되면 조주 스님이 짚신을 머리 위에 이고 나간 소식도 저절로 알 수 있다.

스스로 바른 마음이 없으면
어둠 속을 감이라 도를 보지 못한다

바른 마음이 없다는 것은 무엇인가. 양변에서 보는 마음이다. 바른 마음이 없으면, 즉 양변에 빠지면, 어둠 속을 가기 때문에 갈팡질팡해서 도를 보지 못한다.

만약 참으로 도 닦는 사람이라면
세간의 어리석음을 보지 않으니

부처님 당시에 외도가 찾아와 막 욕을 해도 부처님은 화를 내지 않았다. 상대편이 아무리 잘못해도 양변의 착각에 빠져 한 것이지 우리 본질은 그게 아니라는 말이다.

만약 세간의 잘못을 보면
도리어 자기의 잘못이라 허물이 됨이다

　세간의 본질을 못 보고 현상만 보는 것을 말한다. 우리가 만일 세상 사람들이 잘못하는 모습만 보고 본래 부처라는 본질을 보지 못하면 그것은 스스로 잘못이라는 것이다.

남의 잘못은 나의 죄요
나의 죄는 스스로 죄 있음이니
오직 스스로 잘못된 마음을 보내고
번뇌를 타파하도다

　우리가 그 본질만 보면 잘못된 마음도 보낼 것이다. 그 자리에서 변해버린다. 번뇌를 타파하는 것이 아니라 지혜로 변하는 것이다.

만약 어리석은 사람을 교화하려면
모름지기 방편이 있어야 하니
그의 의심을 깨뜨리지 마라
곧 보리가 나타나리라

　이 의심이라는 말은 앞에 "세간에서 어떻게 수행합니까?"하고 물은 것이다. "의심할 필요 없다. 세간이 바로 도다." 그러니 의심을 깨뜨리지 말라.

법은 원래 세간에 있어서
세간에서 세간을 벗어나는 것이다

우리가 세간을 없애 출세간으로 가는 것이 아니고 세간이 그대로
출세간으로 바뀌는 것이다. 양변을 여의면 바뀐다.

세간을 떠나지 말며
밖으로 출세간의 법을 구하지 말라

세간, 즉 시장을 떠나 산중에 가서 밖으로 출세간을 구하지 말라는
말이다. 세간과 도가 둘이 아니다. 그리고 세간에서 공부할 수 있느냐
없느냐 하는 의심 따위는 하지 말라는 것이다.

삿된 견해가 세간이고
바른 견해가 세간 벗어남이다

삿된 견해-바른 견해라고 할 때 이 삿된 견해가 무엇인가? 양변에
서 보는 견해다. 신통묘용神通妙用을 추구하는 것도 삿된 견해라 할 수
있지만, 그것은 지엽이고 근본 사견은 '있다-없다'의 양변이다.

우리가 다른 종교를 외도外道다 사교邪教다 하는데, 그것도 지엽적
인 이야기다. '우리 종교-너희 종교' 갈라놓는 불자라면, 그 사람은
불교의 근본을 모르는 것이다.

부처님이 형상이 있거나 없거나 모든 존재는 연기로 존재한다고 하셨다. 그러니 하나님도 연기다. 연기가 무엇인가? 실체가 없이 서로서로 의지하여 존재하는 것이다.

이렇게 보지 않고 저것은 불교가 아니니 다른 종교라 양변으로 나눠 보면 사교에 빠져버린다. 그럼 거기에서 대립과 갈등, 전쟁이 나온다. 우리 종교만 바른 것이고, 너희는 사교라 하니 총칼 들고 싸울 수밖에 없다.

여기에서도 "삿된 견해면 세간이고, 정견이면 세간 벗어남이다"라고 하고 끝에 가서 삿됨과 바름을 다 부정한다. 왜냐면 이 바름이 양변을 여읜 자리이기 때문에 나쁜 것은 아니지만, 바르다는 것에 집착하면 법상에 떨어지기 때문에 그것마저도 초월하라고 한다.

삿됨과 바름을 다 쳐 없애면
보리의 성품이 완연하다
이것이 단박 깨치는 가르침이며
또한 대승이라 한다
미혹하면 수많은 세월을 지나나
깨치면 곧 찰나 간이다

무엇을 없애는 것이 아니라 그것을 변화시키는 것이 대승이다. 거듭 강조했지만, 우리가 닦는 것은 아직 착각 세계의 일이고 꿈속의 닦음이라 그것은 현실로 인정하지 않기 때문에 단박 가르침頓敎이라 한다는 것을 기억하면 좋겠다.

• 부처님께서 전생에 부처가 되기 위해 수행하던 때이다.

•• 악귀들을 일컬어 나찰(羅刹)이라고 한다.

••• 보호임지(保護任地)의 줄임말로 대부분의 경우 '보림'이라고 읽는다. 돈오점수의 주장에서 깨달음 이후에 닦아나가는 것을 말한다. 자신의 것으로 해 잃어버리지 않는다는 뜻이다.

23

行化

교화를 행하심

대사가 말하였다.

"선지식아, 너희들은 모두 이 게송을 외워 가져라. 이 게송을 의지해 수행하면 혜능과 천 리를 떨어져 있더라도 항상 곁에 있는 것이요, 만약 수행하지 않으면 얼굴을 마주하고 있더라도 천 리나 떨어져 있는 것이다. 각각 스스로 수행하면 법을 서로 가진 것이 아니겠느냐.

대중은 흩어져라. 혜능은 조계산으로 돌아가리라. 만약 대중 가운데 큰 의심이 있거든 저 산으로 오너라. 너희를 위하여 의심을 깨어 함께 부처의 성품을 보게 하리라."

함께 자리한 관료, 출가자와 재가자들이 육조 대사에 예배하며 찬탄하지 않은 이가 없었다.

"훌륭하십니다. 큰 깨달음이시여! 예전에 듣지 못한 말씀이로다. 영남에 복이 있어 생불이 여기에 계심을 누가 능히 알았으리오"라고 한 다음 일시에 모두 흩어졌다.

大師言 善知識 汝等盡誦取此偈 依偈修行 去惠能千里 常在能邊 此不修 對面千里 各各自修 法不相持 衆人且散 惠能歸曹溪山 衆人若有大疑 來彼山間 爲汝破疑 同見佛性 合座官僚道俗 禮拜和尙 無不嗟嘆 善哉 大悟 昔所未聞

嶺南有福 生佛在此 誰能得知 一時盡散

선지식아, 너희들은 모두 이 게송을 외워 가져라. 이 게송을 의지해 수행하면 혜능과 천 리를 떨어져 있더라도 항상 곁에 있는 것이요, 만약 수행하지 않으면 얼굴을 마주하고 있더라도 천 리나 떨어져 있는 것이다. 각각 스스로 수행하면 법을 서로 가진 것이 아니겠느냐.

앞의 게송을 의지해 수행하고 교화하면 육조 스님과 거리가 천리만리 떨어져 있고, 시간적으로 오래 지나더라도 항상 같이 있다는 것이다. 양변을 여읜 자리에서 교화하고 수행하면 시간과 공간을 초월해 항상 육조 스님과 같이 있다. 양변에 집착해서 수행하면 육조 스님과 얼굴 맞대고 있더라도 천리만리 떨어져 있다.

대중은 흩어져라. 혜능은 조계산으로 돌아가리라.

이 말로 보아 지금까지 법문한 곳이 대범사임을 알 수 있다.

만약 대중 가운데 큰 의심이 있거든 저 산으로 오너라. 너희를 위하여 의심을 깨어 함께 부처의 성품을 보게 하리라.

함께 자리한 관료, 출가자와 재가자들이 육조 대사께 예배하며 찬탄하지 않은 이가 없었다.

조계산으로 돌아가니 의심이 있는 사람은 와서 물어라 하신다. 의심을 부수어 함께 불성을 보게 하겠다. 양변을 여읜 자리가 불성 자리다.

"훌륭하십니다. 큰 깨달음이시여! 예전에 듣지 못한 말씀이로다. 영남에 복이 있어 생불이 여기에 계심을 누가 능히 알았으리오"라고 한 다음 일시에 모두 흩어졌다.

사람들은 육조 스님을 생불生佛이라 찬탄하고 다 흩어졌다.

대사가 조계산으로 가시어 소주·광주에서 행화하기를 사십여 년
이었다.

문인을 말한다면 스님과 속인이 삼오천 명이라 이루 다 말할 수 없
었다. 종지를 말한다면 단경을 전해주어 이로써 의지하여 믿음을
삼게 하셨다. 만약 단경을 얻지 못하면 곧 법을 이어받지 못한 것
이다. 모름지기 간 곳과 연월일, 성명을 알아 서로 부촉하되 단경을
이어받지 못하였으면 남종의 제자가 아니다. 단경을 이어받지 못
한 사람은 비록 돈교법을 설하더라도 근본을 알지 못하니, 마침내
다툼을 면치 못한 것이다. 다만 오로지 법을 얻은 사람에게만 수행
함을 권하라. 다투는 것은 승부의 마음이니 도와 어긋나는 것이다.

大師往曹溪山 韶廣二州 行化四十餘年 若論門人 僧之與俗 三五千人 說不盡
若論宗旨 傳授壇經 以此爲依約 若不得壇經 即無稟受 須知去處年月日姓名
遞相付囑 無壇經稟承 非南宗弟子也 未得稟承者 雖說頓教法 未知根本 終不
免諍 但得法者 只勸修行 諍是勝負之心 與道違背

대사가 조계산으로 가시어 소주·광주에서 행화하기를 사십여 년이었다.

단경을 설한 대범사에서 조계산으로 가셨다. 소주는 대범사가 있는 지역이고 광주는 그 남쪽이다. 소주의 조계산 남화사·광주의 광효사·국은사 등이 육조 스님의 행화 도량이라 할 수 있는데, 서로 멀지 않은 곳에 있다.

문인을 말한다면 스님과 속인이 삼오천三五千 명이라 이루 다 말할 수 없었다. 종지宗旨를 말한다면 단경을 전해주어 이로써 의지하여 믿음을 삼게 하셨다.

문인이 굉장히 많았다는 것을 강조하고 있다. 육조 스님 이후에는 가사와 발우를 전하지 않았다. 대신 육조단경을 전한다는 말이다. 이 기록으로 보면, 의발 전수는 육조 스님 대에 끝났다.

만약 단경을 얻지 못하면 곧 법을 이어받지 못한 것이다. 모름지기 간 곳과 연월일, 성명을 알아 서로 부촉하되 단경을 이어받지 못하였으면 남종南宗의 제자가 아니다.

단경을 이어받지 못하면 남종의 제자가 아니라는 것이다. 그만큼 단경의 가치가 크다는 의미다. 당시에는 인쇄술이 발달되지 않아 전부 필사를 했다.

단경을 이어받지 못한 사람은 비록 돈교법을 설하더라도 근본을 알지 못하니, 마침내 다툼을 면치 못한 것이다.

도를 아는 사람이라면 승부심으로 다투지 않는다. 돈오돈수·돈오점수·위빠사나·보살행·간경 등 여러 수행 방법이 있는데, 빠르고 늦다는 것뿐이지 다 불교이다. 너무 자기 수행에 집착하다 보면 감정적으로 다툰다. 그런 분은 자기가 믿는 불법도 제대로 모르는 사람이다. 부처님은 외도가 와서 침 뱉고 욕하더라도 포용하셨다. 하물며 여기에서 '근본을 알지 못한다'는 말은 양변 여의는 것을 모른다는 말이다. 양변을 여의어 자유자재할 때 근본을 아는 것이다.

다만 오로지 법을 얻은 사람에게만 수행함을 권하라.

여기에서 법이라는 것도 양변을 여읜 법이다. 양변을 여의는 이치를 모르는 사람이 수행을 하면 할수록 법에 집착하기가 쉽다.

24

頓修

돈수

세상 사람이 다 전하기를 '남쪽은 혜능이요, 북쪽은 신수'라고 하나, 아직 근본 사유를 모르는 말이다. 신수 스님은 형남부 당양현 옥천사에 주지하며 수행하고, 혜능대사는 소주성 동쪽 삼십오 리 떨어진 조계산에 머무시니, 법은 한 종이나 사람에게 남과 북이 있어 이로 인하여 남북이 서게 되었다.

점과 돈이란 무엇인가. 법은 한가지이나 견해에 더디고 빠름이 있다. 견해가 더디면 '점'이고, 견해가 빠르면 '돈'이다. 법에는 '점'과 '돈'이 없으나 사람에게는 영리함과 우둔함이 있는 까닭으로 '점'과 '돈'이라 이름한다.

世人 盡傳 南能北秀 未知根本事由 且秀禪師 於荊南府當陽縣玉泉寺 住持修行 惠能大師 於韶州城東 三十五里曹溪山 住 法即一宗 人有南北 因此便立南北 何名漸頓 法即一種 見有遲疾 見遲即漸 見疾即頓 法無漸頓 人有利鈍故 名漸頓

세상 사람이 다 전하기를 '남쪽은 혜능이요, 북쪽은 신수'라고 하나, 아직 근본 사유를 모르는 말이다. 신수 스님은 형남부 당양현 옥천사에 주지하며 수행하고

형남부는 지금 호북성 강릉현이다. 여기에 신수 스님이 살았던 옥천사가 있다.

혜능대사는 소주성 동쪽 삼십오 리 떨어진 조계산에 머무시니, 법은 한 종宗이나 사람에게 남과 북이 있어 이로 인하여 남북이 서게 되었다.

법은 하나다. 법이 둘이라면 불교가 두 개가 된다. 사람이 남쪽·북쪽 사람이 있는 것이지 '남능북수'라고 해서 법이 다른 것은 아니다.

법은 한가지이나 견해에 더디고 빠름이 있다.

돈오돈수이건 돈오점수이건 법은 하나다. 견해가 빠르고 더딘 것이 있을 뿐 법은 하나이다.

견해가 더디면 '점漸'이고, 견해가 빠르면 '돈頓'이다.

이것도 사실 손가락의 입장에서 얘기한 것이다. 법에서 보면 이 말도 맞지 않다.

법에는 '점'과 '돈'이 없으나 사람에게는 영리함과 우둔함이 있는 까닭으로 '점'과 '돈'이라 이름한다.

견해가 더딘 사람을 '점수漸修'라 하고, 견해가 빠른 사람을 '돈수頓修'라고 하나 법에는 돈·점이 없다.

불성佛性, 즉 양변을 여읜 자리에는 돈·점이 없다. 다만 사람이 영리하고 우둔함이 있어서 돈·점이 갈린다. 그런데 본래 성불 자리에 영리하고 우둔한 것이 없다. 부처님 법을 믿는 사람이 상근기고, 부처님 법을 믿지 않는 사람은 하근기다. 상·하근기가 따로 있는 것이 아니다.

법에도 돈·점이 없고 하나다. 손가락의 입장에서 봤을 때 영리하고 둔한 것이 있을지라도, 달 입장에서 보면 영리한 사람이나 둔한 사람이나 자성 자리는 똑같다. 또 빠르고 더딘 것도 없다. 빠르다 느리다 하는 것은 전부 방편에서 하는 말이다. 그러므로 법의 근본 자리에서 보면 돈·점을 나눈 자체가 잘못된 것이다.

일찍이 신수 스님은 사람들이 혜능 스님의 법이 빠르고 곧게 길을 가르친다고 말하는 것을 들었다. 신수 스님은 제자 지성을 불러 말하였다.

"네가 총명하고 지혜가 많으니, 나를 위해 조계산에 가서 혜능 스님의 처소에 이르러 예배하고 다만 듣기만 하되, 내가 보내서 왔다는 말은 하지 마라. 들은 대로 뜻을 기억하고 돌아와 나에게 말하여, 혜능 스님과 나의 견해 중에 누가 빠르고 더딘지를 알게 하라. 반드시 빨리 돌아와 내가 괴이하게 여기지 않게 하여라."

지성이 기쁜 마음으로 분부를 받들어 보름 만에 조계에 이르러 혜능 스님을 뵙고 예배하여 법문을 들었으나 온 곳을 말하지 않았다. 지성은 법을 듣고 그 말끝에 크게 깨달아 바로 본래 마음에 계합하였다. 그는 스스로 일어나 예배하고 말하였다.

"큰스님이시여, 제자는 옥천사에서 왔습니다. 신수 스님 밑에서는 깨치지 못하다가 큰스님의 법문을 듣고 바로 본래 마음에 계합하오니, 큰스님께서는 자비로써 가르쳐 주시기 바랍니다."

혜능대사가 말하였다.

"네가 거기에서 왔다면 마땅히 염탐꾼이로구나!"

지성이 말하였다.

"말하지 않을 때는 그러하나, 말씀드렸으니 이미 아닙니다."

육조 스님이 말하였다.

"번뇌가 곧 보리라는 것도 이와 같다."

神秀師嘗見人 說惠能法 疾直指路 秀師遂喚門人僧志誠曰 汝聰明多智 汝與吾至曹溪山 到惠能所 禮拜但聽 莫言吾使汝來 所聽得意旨記取 却來與吾說看惠能見解與吾誰疾遲 汝第一早來 勿令吾怪 志誠奉使歡喜 遂半月中間 即至曹溪山 見惠能和尙 禮拜即聽 不言來處 志誠聞法 言下便悟 即契本心 起立即禮拜 自言 和尙 弟子從玉泉寺來 秀師處 不得契悟 聞和尙說 便契本心和尙慈悲願當敎示 惠能大師曰 汝從彼來 應是細作 志誠曰 未說時即是 說了不是 六祖言 煩惱即是菩提 亦復如是

일찍이 신수 스님은 사람들이 혜능 스님의 법이 빠르고 곧게 길을 가르친다고 말하는 것을 들었다.

신수 스님은 육조 스님이 법을 가르치는데 굉장히 빠르고 곧아 바로 확철대오한다는 말을 들었다.

신수 스님은 제자 지성을 불러 말하였다. "네가 총명하고 지혜가 많으니, 나를 위해 조계산에 가서 혜능 스님의 처소에 이르러 예배하고 다만 듣기만 하되, 내가 보내서 왔다는 말은 하지 마라. 들은 대로 뜻을 기억하고 돌아와 나에게 말하여, 혜능 스님과 나의 견해 중에 누가 빠르고 더딘지를 알게 하라. 반드시 빨리 돌아와 내가 괴이하게 여기지 않게 하여라."

신수 스님이 제자 중에 지성이라는 스님을 불러 조계산에 보내 육조 스님의 법문을 듣고 와서 당신에게 일러 달라고 부탁한다. 육조 스님과 당신이 법 쓰는 것 중에 누가 더 빠른지 한번 비교해 보려는 것이다. 스님을 보내면서 늦으면 나를 배신할지도 모르니 빨리 오라 한다.

지성이 기쁜 마음으로 분부를 받들어 보름 만에 조계에 이르러 혜능 스님을 뵙고 예배하여 법문을 들었으나 온 곳을 말하지 않았다. 지성은 법을 듣고 그 말끝에 크게 깨달아 바로 본래 마음에 계합하였다.

이것을 보면 육조 스님 법이 빨랐다는 것을 알 수 있다. 신수 스님 밑에서는 여러 해 동안 있어도 깨치지 못했는데 여기에서는 한 말씀

들고 바로 깨쳤다. 이것이 '언하대오言下大悟'다. 선문에서 자주 하는 말이다.

"말끝에 깨달아 본래 마음에 계합하였다"고 할 때 이 본래 마음은 본래 있는 우리 존재원리다. 선에서 '닦는다' 할 때는 무언가 나쁜 것을 닦아 부처 되는 것이 아니라, 본래 부처 자리에 계합하는 것이다. 그래서 '계합契合'이라 하거나 '상응相應한다'는 말도 쓴다. 여기에서 이 말을 한 것은 육조 스님이 본래 성불을 철저히 믿고 있기 때문이다.

선종은 '본래 부처'를 강조한다. 손가락은 허구고 착각이다. 오직 달만 현실이고 진실이다. 손가락의 입장에서 닦는 것은 닦는 것이 아니라 꿈속에서 꿈 깨려고 노력하는 것이다. 꿈속에서 꿈을 탁 깨는 그 순간은 '몰록'이다. 십 년, 이십 년을 닦아도 백 년을 닦아도 꿈 깨는 순간은 몰록이고 찰나일 뿐이다.

그는 스스로 일어나 예배하고 말하였다. "큰스님이시여, 제자는 옥천사에서 왔습니다. 신수 스님 밑에서는 깨치지 못하다가 큰스님의 법문을 듣고 바로 본래 마음에 계합하오니, 큰스님께서는 자비로써 가르쳐주시기 바랍니다."

깨닫지 못했다면 이 말을 하지 않았을 것이다. 깨닫고 보니까 염탐하러 온 것을 숨기고 말고 할 게 없었다.

혜능대사가 말하였다. "네가 거기에서 왔다면 마땅히 염탐꾼이로구나!"

지성이 말하였다. "말하지 않을 때는 그러하나, 말씀드렸으니 이미 아닙니다."

육조 스님이 말하였다. "번뇌가 곧 보리라는 것도 이와 같다."

우리가 모르니까 '번뇌-보리' 하는 것이고, 깨닫고 보면 보리 아닌 것이 없다. 실토하지 않았을 때에는 염탐꾼이다 아니다 하지만, 실토했으니 염탐꾼이 따로 없다. 마찬가지로 '번뇌-보리' 하는 것도 똑같다.

부처 자리에서 일으키는 생각이 다 보리다. 깨달은 뒤에 생각 생각을 일으키는 것이 전부 지혜이다.

대사가 지성에게 말하였다.

"내가 들으니 너의 스님이 사람을 가르치되 오직 계·정·혜를 전한다고 하는데, 너의 스님이 사람에게 가르치는 계·정·혜는 어떤 것인가? 나를 위해 말해 보라."

지성이 말하였다.

"신수 스님이 말하는 계·정·혜는 '모든 악을 짓지 않음을 계라 하고, 온갖 선을 받들어 행함을 혜라 하며, 스스로 그 뜻을 깨끗이 함이 정이다. 이것이 곧 계·정·혜다'라고 하십니다. 신수 스님의 말씀은 그렇습니다만, 큰스님의 견해는 어떠한지요."

혜능 스님이 대답하였다.

"그 설법은 불가사의하나 혜능이 보는 것은 또 다르다."

지성이 여쭈었다.

"어떻게 다릅니까?"

혜능 스님이 대답하였다.

"견해에 늦고 빠름이 있다."

지성이 계·정·혜에 대한 큰스님의 견해를 청하자 대사가 말하였다.

"너는 나의 말을 듣고 나의 견해를 보아라. 마음자리에 그릇됨이 없는 것이 자성의 계고, 마음자리에 어지러움이 없는 것이 자성의 정이고, 마음자리에 어리석음이 없는 것이 자성의 혜다.

너의 계·정·혜는 작은 근기의 사람에게 권하는 것이고, 나의 계·정·혜는 높은 근기의 사람에게 권하는 것이다. 자기 성품을 깨치면, 또한 계·정·혜도 세우지 않는다."

지성이 여쭈었다.

"큰스님께서 세우지 않는다고 하신 것은 무슨 뜻입니까?"

대사가 말하였다.

"자기 성품은 그릇됨도 없고, 어지러움도 없으며, 어리석음도 없다. 생각 생각마다 지혜로 관조하여 항상 법의 모양을 여의는데, 무엇을 세우겠는가. 자성을 단박에 닦으라. 세우면 점차가 있으니, 그러므로 세우지 않는다."

지성은 예배하고 조계산을 떠나지 않고 바로 문인이 되어 대사의 좌우를 여의지 않았다.

大師謂志誠曰 吾聞汝禪師教人 唯傳戒定惠 汝和尙 教人戒定惠如何 當爲吾說 志誠曰 秀和尙言戒定惠 諸惡不作名爲戒 諸善奉行名爲惠 自淨其意名爲定 此即名爲戒定惠 彼作如是說 不知和尙所見如何 惠能和尙答曰 此說不可思議 惠能所見又別 志誠問何以別 惠能答曰 見有遲疾 志誠請和尙說所見戒定惠 大師

言 汝聽吾說 看吾所見處 心地無非自性戒 心地無亂 是自性定 心地無癡 自性惠 能大師言 汝戒定惠 勸小根諸人 吾戒定惠 勸上根人 得悟自性 亦不立戒定惠 志誠言請大師說不立如何 大師言 自性無非無亂無癡 念念般若觀照 常離法相 有何可立 自性頓修 立有漸 此所以不立 志誠禮拜 便不離曹溪山 即爲門人不離大師左右

대사가 지성에게 말하였다. "내가 들으니 너의 스님이 사람을 가르치
되 오직 계·정·혜를 전한다고 하는데, 너의 스님이 사람에게 가르
치는 계·정·혜는 어떤 것인가? 나를 위해 말해 보라."

지성이 말하였다. "신수 스님이 말하는 계·정·혜는 '모든 악을 짓
지 않음諸惡不作을 계라 하고, 온갖 선을 받들어 행함諸善奉行을 혜라
하며, 스스로 그 뜻을 깨끗이함自淨其意이 정이다. 이것이 곧 계·정·
혜다'라고 하십니다."

  여기에서 보면 제악막작도 있고, 중선봉행도 있고, 또 자정기의가
있어 계·정·혜가 다 분리되어 있다. 신수 스님은 이렇게 가르쳤다.

  이것은 육조 스님의 양변을 여의어 가르치는 것과 다르다. 신수 스
님의 악한 것을 하지 말고 선한 것을 하라는 가르침은 어찌 보면 달라
이라마의 '선인선과善因善果 악인악과惡因惡果'의 인과법문과 같은데,
거기에서 조금 더 나은 것이 자정기의다.

"신수 스님의 말씀은 그렇습니다만, 큰스님의 견해는 어떠한지요."

혜능 스님이 대답하였다. "그 설법은 불가사의하나 혜능이 보는 것은
또 다르다."

지성이 여쭈었다. "어떻게 다릅니까?"

혜능 스님이 대답하였다. "견해에 늦고 빠름이 있다."

  신수 스님의 견해는 늦고, 당신의 견해는 빠르다는 말이다. 지성이
계·정·혜에 대한 큰스님의 견해를 청하자 대사께서 말하셨다.

너는 나의 말을 듣고 나의 견해를 보아라. 마음자리에 그릇됨이 없는 것이 자성의 계고, 마음자리에 어지러움이 없는 것이 자성의 정이고, 마음자리에 어리석음이 없는 것이 자성의 혜다.

마음자리心地란 자성 자리, 불성 자리, 양변 여읜 자리다. 그릇됨은 양변으로 보는 것이다. 우리 마음에 그릇됨이 없다는 말은 양변을 여의었기 때문에 그릇됨이 없다.

만약 우리가 '나다-너다'를 초월하여 양변을 여의었으니 어지럽지 않아 정이고, 또 양변을 여읜 자리가 어리석지 않으니 혜다.

신수 스님은 세 가지로 나눴지만, 육조 스님은 양변만 여의면 그 자리가 정이고, 거기에서 작용을 일으키는 것은 혜고, 또 그 작용이 삿되지 않기 때문에 계라는 것이다.

육조 스님은 양변을 여의면 계·정·혜 삼학이 저절로 다 이뤄진다고 한다. 그러나 신수 스님은 악한 것을 안 하려 노력하고, 좋은 일을 하려 노력하고, 자정기의하려고 노력하니까 그 자체가 느리다. 또 세 개가 분리되어 따로따로 수행해야 한다는 것이다. 반면에 육조 스님은 양변만 여의면 그 자체가 계·정·혜 삼학이니 훨씬 빠르고 단박에 이뤄진다.

너의 계·정·혜는 작은 근기의 사람에게 권하는 것이고, 나의 계·정·혜는 높은 근기의 사람에게 권하는 것이다.

근기가 약한 사람에게는 "나쁜 것을 없애고 착한 것을 하라. 또 더러운 것을 없애고 깨끗하고 좋은 것을 찾아라"하고 법문을 한다. 반면 대승의 상근기에게는 "양변만 여의면, 그 보기 싫고 나쁜 것도 전부 그대로 변해서 깨끗하고 좋은 것이 되어버린다"고 한다. 하나를 배제하고 하나를 만드는 것이 아니고, 양변만 여의면 그 자체를 바로 변화시켜버린다. 그래서 빠르다.

자기 성품을 깨치면, 또한 계·정·혜도 세우지 않는다.

　양변을 여의면 계·정·혜를 세우지 않아도 저절로 계·정·혜가 되어버려 따로 세울 필요가 없다. 그러니 계·정·혜라는 이름을 붙일 필요도 없다.

지성이 여쭈었다. "큰스님께서 세우지 않는다고 하신 것은 무슨 뜻입니까?"
대사가 말하였다. "자기 성품은 그릇됨도 없고, 어지러움도 없으며, 어리석음도 없다. 생각 생각마다 지혜로 관조하여 항상 법의 모양法相을 여의는데, 무엇을 세우겠는가."

　이 자성 자리에 지혜다, 열반이다, 견성이다, 성불이다, 계·정·혜다, 중생이다, 부처다 하는 것은 다 이름이다. 이런 것을 세우지 않는 자리니까, 그 자리에서 일어나는 모든 생각 생각이 지혜다. 그 지혜로 비추어 보는 것이다. 계·정·혜라는 이름을 붙이면 그것도 법상法相이 된다.

자성을 단박에 닦으라. 세우면 점차가 있으니, 그러므로 세우지 않는다.

우리가 자성의 양변을 여의면 닦을 것도 없다. 단박에 닦는 돈수頓修다. 실제 닦을 것도 없다. 여기서 '닦는다'는 말은 작용한다는 말로 보면 된다. 작용하는 그대로 지혜인데, 뭘 세우고 닦고 할 것이 있느냐는 것이다.

여기에 돈수라 했다고 뭘 닦는다고 볼지도 모르는데, 이것을 선문에서는 '평상심'이라 한다. 부처님 앞에 향 꽂고, 빗자루 들고 마당 청소하는 평상심, 그리고 앞에 양변을 여읜다는 말은 '무심'이라 한다. 그래서 선요 마지막에 "무심이 도입니까? 평상심이 도입니까?"라고 질문하는 대목이 나온다. 여기 돈수는 평상심이지 닦는 것이 아니다. 부처님께 향 꽂고 마당에 풀 뽑는 것도 전부 돈수라 보면 된다.

육조 스님은 점수漸修에 대해서는 이야기하지 않았다. 그러나 빠르고 늦은 차이니까, 사람의 근기에 따라 자기 취향에 맞게 수행하면 된다. 불교니 아니니 시비하는 것은 맞지 않다.

지성은 예배하고 조계산을 떠나지 않고 바로 문인이 되어 대사의 좌우를 여의지 않았다.

신수 스님이 빨리 돌아오라 당부했는데, 돌아가지 않았다. 세상 사람들이 볼 때는 의리 없다고 할 수도 있는데, 의리도 법에 입각한 의리여야지 법에 맞지 않는 의리는 어리석은 사람들이나 하는 짓이다.

또 못 깨친 사람이 법의 의리를 흉내 낸다고 의리 없이 행동하는 것도 나쁜 짓이다.

25

佛行

부처님 행

또 한 스님이 있었는데 법달이라 하였다. 항상 법화경을 외운 지 7년이 되었으나 마음이 미혹하여 정법의 당처를 알지 못하더니, 와서 물었다.

"경에 대한 의심이 있습니다. 큰스님의 지혜가 넓고 크시니 의심을 풀어주시기 바랍니다."

대사가 말하였다.

"법달아, 법은 깊이 통달하였으나 너의 마음은 통달하지 못하였구나. 경 자체에는 의심이 없거늘 너의 마음이 스스로 의심하고 있다. 너의 마음이 스스로 삿되면서 정법을 구하는구나. 나의 마음 바른 정이 곧 경전을 지니고 읽는 것이다. 나는 한평생 문자를 모른다. 너는 법화경을 가지고 와서 나를 마주하여 한 편을 읽으라. 내가 들으면 곧 알 것이다."

又有一僧 名法達 常誦法華經七年 心迷不知正法之處 來問曰 經上 有疑 大師 智惠廣大 願爲決疑 大師言 法達 法即甚達 汝心不達 經上無疑 汝心自疑 汝心自邪 而求正法 吾心正定 即是持經 吾一生已來 不識文字 汝將法華經來 對吾讀一遍 吾聞即知

법달이라는 스님이 7년 동안이나 법화경을 외웠는데 부처님이 전하신 뜻을 알지 못했다. 그래서 육조 스님께 찾아와, 경을 보다가 생긴 의심을 해결해 달라고 한다. 그러자 육조 스님이 말한다.

법달아, 법은 깊이 통달하였으나 너의 마음은 통달하지 못하였구나. 경 자체에는 의심이 없거늘 너의 마음이 스스로 의심하고 있다.

　법이란 것은 그 자체가 깊이 통달해 있다.

　경전에 무슨 의심이 있는가. 우리 존재원리는 본래 부처로 되어 있으니 거기에 의심하고 말고 할 게 없다. '법달法達'이라 할 때 그 법도 본래 스스로 통달해 있는데, 다만 마음이 통달해 있지 못한 것이다. 경에 의심이 있다는 것도, 마음이 스스로 의심하는 것이지 경에는 의심하고 말고 할 것이 없다는 말이다.

너의 마음이 스스로 삿되면서 정법을 구하는구나. 나의 마음 바른 정正이 곧 경전을 지니고 읽는 것이다. 나는 한평생 문자를 모른다. 너는 법화경을 가지고 와서 나를 마주하여 한 편을 읽으라. 내가 들으면 곧 알 것이다.

　네 마음의 경을 보면 '정법이다-사법이다'를 초월하는데, 그것을 보지 못하고 종이에 쓰인 경을 보면서 의심이 있다, 없다 하는구나. 마음의 경에는 의심이 없는데, 거기에 있다고 보는 네가 잘못되었다. 스스로 마음이 삿되어 밖으로 정법을 구한다는 말이다.

법달이 경을 가지고 와서 대사와 마주하여 한 편을 읽었다. 육조 스님께서 듣고 곧 부처님의 뜻을 아셨고, 바로 법달을 위하여 법화경을 설명하셨다.

"법달아, 법화경에는 많은 말이 없다. 일곱 권이 모두 비유한 인연이니라. 부처님께서 널리 삼승을 말한 것은 다만 세상의 근기가 둔한 사람을 위함이다. 경 가운데에 분명히 '다른 승이 있지 않고 오로지 일불승뿐이다'라고 하셨다."

대사가 말하였다.

"법달아, 너는 일불승을 듣고 이불승을 구하여 너의 자성을 미혹하게 하지 말라. 경 중에 어느 곳이 일불승인지 너에게 말하리라.

경에 말씀하기를 '모든 부처님 · 세존께서는 오직 일대사인연 때문에 세상에 나타나셨다'고 하셨다. (이상의 열여섯 자는 바른 법이다.) 이 법은 어떻게 알며, 이 법을 어떻게 닦을 것인가. 너는 나의 말을 들으라.

사람의 마음이 생각하지 않으면 본래의 근원이 비고 고요하여 사견을 떠난다. 이것이 곧 일대사인연이다. 안팎이 미혹하지 않으면 곧 양변을 떠난다. 밖으로 미혹하면 상에 집착하고 안으로 미혹하면 공에 집착한다. 상에서 상을 여의고 공에서 공을 여의는 것이 곧 미혹하지 않는 것이다. 그러므로 이 법을 깨달아 한 생각에 마음이 열리면 세상에 나타나는 것이다.

마음에 무엇을 여는가. 부처님 지견을 여는 것이다. 부처님은 깨달음인데, 네 문으로 나뉘니, 깨달음의 지견을 여는 것과 깨달음의 지견을 보이는 것과 깨달음의 지견을 깨치는 것과 깨달음의 지견에 들어가는 것이다. 열고 보이고 깨닫고 들어감은 한 곳으로부터 들어가는 것이다. 곧 깨달음의 지견으로 스스로 본래 성품을 보는 것이 바로 세상에 나오는 것이다."

法達 取經到 對大師讀一遍 六祖聞已 即識佛意 便與法達說法華經 六祖言 法達 法華經 無多語 七卷 盡是譬喩因緣 如來廣說三乘 只爲世人根鈍 經文 分明 無有餘乘 唯一佛乘 大師言 法達 汝聽一佛乘 莫求二佛乘 迷却汝性 經 中何處是一佛乘 與汝說 經云 諸佛世尊 唯以一大事因緣故 出現於世 (已上 十六字是正法) 此法如何解 此法如何修 汝聽吾說 人心不思 本源空寂 離却 邪見 即一大事因緣 內外不迷 即離兩邊 外迷著相 內迷著空 於相離相 於空 離空 即是不迷 悟此法 一念 心開 出現於世 心開何物 開佛知見 佛猶如覺也 分爲四門 開覺知見 示覺知見 悟覺知見 入覺知見 開示悟入 從一處入 即覺 知見 見自本性 即得出世

법달아, 법화경에는 많은 말이 없다. 일곱 권이 모두 비유한 인연이니라.

법화경은 일곱 권으로 분량이 많다. 그러나 육조 스님께서 듣기에는 내용이 한 가지, 전부 우리 존재원리를 비유해서 이야기한 것이라는 말이다.

부처님께서 널리 삼승三乘을 말한 것은 다만 세상의 근기가 둔한 사람을 위함이다.

법화경에서 말하는 삼승, 즉 성문聲聞 · 연각緣覺 · 보살菩薩은 근기가 둔한 사람을 위한 방편이지 본래 법 자체는 그런 것이 아니다.

경 가운데에 분명히 '다른 승乘이 있지 않고 오로지 일불승一佛乘뿐이다'라고 하셨다.

손가락에서 볼 때는 성문 · 연각 · 보살의 삼승을 나눌지라도, 달 입장에서 보면 오직 일승밖에 없다. 다만 둔한 사람을 위하여 삼승을 설해 점진적으로 끌어올려 깨닫게 하려는 것이지 실제 내용은 일승밖에 없다.

법달아, 너는 일불승을 듣고 이불승을 구하여 너의 자성을 미혹하게 하지 말라. 경 중에 어느 곳이 일불승인지 너에게 말하리라.

경에 말씀하기를 '모든 부처님 · 세존께서는 오직 일대사인연一大事因

緣 때문에 세상에 나타나셨다'고 하셨다. (이상의 열여섯 자는 바른 법이다.)*

이 일대사인연이 무엇이냐? 부처님께서 일대사인연으로 오신 것이지, 다른 것 때문에 이 세상에 나오신 것이 아니다. 법문을 설하신 것도 일대사인연 때문이다.

이 법은 어떻게 알며, 이 법을 어떻게 닦을 것인가. 너는 나의 말을 들으라.

이 법은 바로 일대사인연을 말한다.

사람의 마음이 생각하지 않으면 본래의 근원이 비고 고요하여 사견을 떠난다. 이것이 곧 일대사인연이다.

"생각하지 않으면"이라 했는데 '양변을 여의면'과 같은 말이다. 우리는 양변으로 보기 때문에 사량분별한다. 양변을 여의면 사량분별하지 않고 있는 그대로 본다.

사견邪見은 '있다-없다'로 보는 것이다. 양변을 초월하면 사견을 떠나는데, 이 삿된 견해를 여읜 것을 바로 일대사인연이라 한다.

일대사인연은 자성, 법성, 불성으로 이름만 다르지 다 '양변을 여의라'는 말이다. 그래서 육조 스님께서 법화경 일곱 권이 분량은 많지만 양변을 여의란 말뿐이라 한 것이다. 여기에서는 일대사인연을 자성자리에서 양변을 여의어 무심無心된 상태라고 설명했는데, 또 다르게는 평상심이라 한다.

안팎이 미혹하지 않으면 곧 양변을 떠난다.

내외가 미혹하지 않으면 안으로는 양변을 여의고, 밖으로는 어떤 것도 공이라 본다. 또 그렇게 보는 것이 내외가 청정한 것이다. 앞에서 생각 생각이 반야로 관조한다는 말과 같다.

밖으로 미혹하면 상相에 집착하고 안으로 미혹하면 공空에 집착한다. 상에서 상을 여의고 공에서 공을 여의는 것이 곧 미혹하지 않는 것이다.

상을 없애서 상을 여의는 것이 아니고 상에서 그냥 상을 여의는 것이다. 또 공에서 공을 없애어 공을 여의는 것이 아니고 공에서 그냥 공을 여의는 것이다.

그러므로 이 법을 깨달아 한 생각에 마음이 열리면 세상에 나타나는 것이다.

우리가 이 양변이 안팎으로 공하다는 것을 깨닫는 순간 그 한순간에 마음이 열린다. 한 생각에 마음이 열리면 그것이 세상에 출현한 것이다. 객관적으로 볼 때 부처님이 태어나야 세상에 출현한 것인데 개인적으로 보더라도 바로 마음에 부처님이 출현한 것이다.

꼭 석가모니부처님만 2,600여 년 전에 출현한 것이 아니고 지금도 출현하고 있다. 실제 우리가 양변을 여의든 여의지 않든 항상 부처님이 출현하고 있다.

마음에 무엇을 여는가. 부처님 지견知見을 여는 것이다.

양변 여읜 자리에서 나오는 작용이 다 부처님 지견이다. 양변만 여의면 생각 생각 일어나는 자체가 모두 부처님 지견이 나오는 것이다. 꼭 부처님이 오셔서 지견을 여는 것이 아니다.

부처님은 깨달음覺인데, 네 문四門으로 나뉘니, 깨달음의 지견을 여는 것開과 깨달음의 지견을 보이는 것示과 깨달음의 지견을 깨치는 것悟과 깨달음의 지견에 들어가는 것入이다. 열고 보이고 깨닫고 들어감은 한곳으로부터 들어가는 것이다.

이것이 개시오입開示悟入이다. 여기에서는 한 사람이 하는 것으로 되어 있다. 다른 곳에는 깨달은 사람이 열어 보이면開示 깨닫지 못한 사람이 깨달아 들어간다悟入고 풀이한 것도 있다. 돈황본에서는 한 사람이 개시오입한다고 본다.

우리가 양변을 여읜 데서 생각을 일으키면 그것이 깨달음의 지견을 여는 것이고, 또 그것이 보이는 것이고, 또 그것이 깨달은 것이고, 또 그것이 들어가는 것이다. 여기 들어간다는 그곳이 바로 양변을 여읜 자리다.

곧 깨달음의 지견으로 스스로 본래 성품을 보는 것이 바로 세상에 나오는 것이다.

깨달음의 지견으로 본성, 즉 양변 여읜 자리를 보는 것이다.

대사가 말하였다.

"법달아, 나는 모든 세상 사람들이 스스로 언제나 마음자리에 부처님의 지견을 열고 중생의 지견을 내지 않기를 바란다. 세상 사람의 마음이 삿되면 어리석고 미혹하여 악을 지어 스스로 중생의 지견을 열고, 세상 사람의 마음이 발라 지혜를 일으켜 관조하면 스스로 부처님 지견을 여니, 중생의 지견을 열지 말고 부처님의 지견을 열면 곧 세속에서 나오는 것이다."

대사가 말하였다.

"법달아, 이것이 법화경의 일승법이다. 아래를 향해 삼승을 나눔은 미혹한 사람을 위한 것이니, 너는 오직 일불승만을 의지하라."

대사가 말하였다.

"법달아, 마음으로 행하면 법화경을 굴리는 것이고 마음으로 행하지 않으면 법화경에 굴려지게 되니, 마음이 바르면 법화경을 굴리고 마음이 삿되면 법화경에 굴려지는 것이다. 부처님의 지견을 열면 법화경을 굴리고 중생의 지견을 열면 법화경에 굴려지게 된다."

대사가 말하였다.

"힘써 법을 의지하여 수행하면 이것이 바로 경을 굴리는 것이다."

법달은 한 번 듣고 그 말끝에 크게 깨달아 눈물을 흘리고 슬피 울며 말하였다.

"큰스님이시여, 실로 지금까지 법화경을 굴리지 못하고, 7년을 법화경에 굴려져 왔습니다. 지금부터는 법화경을 굴려 생각 생각마다 부처님의 행을 수행하겠습니다."

대사가 말하였다.

"부처님 행이 곧 부처님이다."

그때 듣는 사람이 깨치지 못한 이가 없었다.

大師言 法達 吾常願一切世人 心地 常自開佛知見 莫開衆生知見 世人 心邪 愚迷造惡 自開衆生知見 世人心正 起智惠觀照 自開佛知見 莫開衆生知見 開佛知見 卽出世 大師言 法達 此是法華經一乘法 向下分三 爲迷人故 汝但依一佛乘 大師言 法達 心行轉法華 不行法華轉 心正轉法華 心邪法華轉 開佛知見轉法華 開衆生知見被法華轉 大師言 努力依法修行 卽是轉經 法達 一聞 言下大悟 涕淚悲泣 自言 和尙實未曾轉法華 七年被法華轉 已後轉法華 念念修行佛行 大師言 卽佛行 是佛 其時聽人 無不悟者

법달아, 나는 모든 세상 사람들이 스스로 언제나 마음자리에 부처님의 지견을 열고 중생의 지견을 내지 않기를 바란다.

육조 스님께서 바라는 것처럼 모든 사람이 항상 부처님 지견을 열려면 양변을 여의어야 한다. 반대로 양변에서 사고하면 중생 지견을 여는 것이다.

처음부터 지금까지 계속해서 '양변을 여의라'고 하지만, 이것이 쉬운 일이 아니다. 그래서 더욱 지겹게 반복한다. 이 양변을 여의기 위해 참선하고 봉사, 간경, 염불하는 것이다. 우리가 염불, 봉사, 간경, 참선한다고 다 양변을 여의는 것이 아니다. 어떻게 하면 양변 여의는 데 조금이라도 빠르게 들어갈 수 있느냐? 정견을 세워야 한다. 내가 무아라는 정견을 세우지 않고 '내가 있다'라는 생각으로 봉사, 간경, 염불, 참선하면 절대 양변을 여읠 수 없다. 이것을 명심해야 한다.

'내가 있다'는 생각으로 수행을 하면 어떤 폐단이 생기겠는가? '내가 있다'고 보면 자꾸 비교하게 되면서 수행보다 내 밖의 조건이 더 좋아 보인다. 물질, 명예 같은 조건에 자꾸 신경이 간다. 또 수행을 하다가 장애를 만나면 쉽게 물러선다. 열심히 하더라도 하심하고 지혜로워지는 것이 아니라 아만이 더 두터워진다.

'내가 있다'는 생각으로 수행하니 '나는 남보다 더 잘한다, 열심히 한다'는 교만심이 붙게 된다. 이렇게 공부하는 사람은 수행을 아무리 열심히 지속적으로 하더라도 아상이 강해지고 화를 잘 내며, 명예욕이 없어지지 않는다.

내가 연기로 존재하니 실체가 없다. 무아다. 이런 정견이 확고히 선 사람이라야 양변을 여의는 가치를 알고 바르게 열심히 수행한다. 내가 무아라는 것을 알고 거기에 믿음을 내어 그것을 깨닫고자 발심하여 열심히 하면 할수록 밖의 가치보다 내 안에 양변을 여읜 자리의 가치가 정말 굉장하다는 것을 알게 된다. 그 자리 가치는 갠지스 강의 모래알 수만큼 많은 금은보화와도 비교가 안 된다는 생각이 확고해야 한다. 이런 가치관을 철저히 세우고 참선, 간경, 염불, 봉사할 때 그것이 양변을 여의는 바르고 빠른 방법이다.

육조 스님께서도 항상 모든 인류가 중생의 지견을 열어 매일 갈등하고 대립, 투쟁, 전쟁하는 그런 세상을 원치 않았다. 그런데 지금 세상은 중생 지견을 연 사람들이 주도하는 것 같다. 세상이 어지럽고 혼탁한 근본 원인이 여기에 있다. 지식인들이 세상 문제에 대하여 말하는 것을 보면 대부분 근본을 보지 못하고 있다. 우리는 공부를 바르게 하여 근본 문제를 말해야 한다.

세상 사람의 마음이 삿되면 어리석고 미혹하여 악을 지어 스스로 중생의 지견을 열고, 세상 사람의 마음이 발라 지혜를 일으켜 관조하면 스스로 부처님 지견을 여니

마음이 '너다-나다'에 집착하여 어리석고 악을 지으면 스스로 중생의 지견을 여는 것이다. 양변을 여의고 지혜를 일으켜 비춰 보면 스스로 부처님의 지견을 여는 것이다.

중생의 지견을 열지 말고 부처님의 지견을 열면 곧 세속에서 나오는 것이다.

여기서 출세를 '세상에 나오는 것', '세속에서 나오는 것'으로 보지 말고 '출가'로 보는 것이 좋다. 양변을 여의어 부처님의 지견을 여는 것이 출가고, 중생의 지견에 머물러 시시비비나 하고 사는 것은 출가가 아니다.

법달아, 이것이 법화경의 일승법이다. 아래를 향해 삼승을 나눔은 미혹한 사람을 위한 것이니 너는 오직 일불승만을 의지하라.

법화경의 핵심은 바로 여기에 있다. 미혹한 사람을 위해 성문·연각·보살의 세 가지 길을 나누었는데, 이것은 방편이다. 일불승一佛乘이나 일승법一乘法은 같다. 일불승이 무엇인가? 양변 여의는 것이다.

법달아, 마음으로 행하면 법화경을 굴리는 것이고 마음으로 행하지 않으면 법화경에 굴려지게 되니

내가 일불승이 되어 양변 여읜 마음으로 행하면 오히려 법화경을 굴린다. 법화경에 굴려지는 것은 자기가 경전에 갇히는 것이다.

마음이 바르면 법화경을 굴리고 마음이 삿되면 법화경에 굴려지는 것이다.

법화경 굴리는 통 속에 들어가 굴러가는 대로 가면 거꾸로도 가고

옆으로도 가고 굉장히 괴롭다.

부처님의 지견을 열면 법화경을 굴리고 중생의 지견을 열면 법화경에
굴려지게 된다.

앞에 "일불승으로 마음을 행한다"는 것이나 "바르게 한다"는 것이
나 "부처님의 지견을 연다"는 말이 다 같다. 우리도 부처님 법을 내가
굴려야지 부처님 법에 굴려지면 안 된다. 왜냐 그건 내가 본래 부처이
기 때문이다. 내가 양변을 여의면 부처가 되어 주인으로 모든 것을 굴
린다. 그럼 부처와 미륵보살도 부릴 수 있다.

선요에 "석가와 미륵이 그를 위해서 병과 발우를 들어주더라도 분
에 넘치지 않는다"라는 말이나, 성문·연각한테 공양하는 것보다 보
살한테 공양하는 복이 더 많고, 보살한테 공양하는 것보다 불조한테
공양하는 복이 더 많고, 또 불조한테 공양하는 것보다는 무심도인한
테 공양하는 복이 더 많다는 말이 바로 이 뜻이다.

우리는 어떤 것이든 부처님이 아니라 부처님보다 더한 분이 오더라
도 거기에 굴림을 받아서는 안 된다. 내가 굴려야 주인이다.

힘써 법을 의지하여 수행하면 이것이 바로 경을 굴리는 것이다.

"법을 의지하여 수행하라"는 말을 닦는 것이라 생각할 수 있다. 하
지만 이것은 닦는 것이 아니다. 앞서 이야기한 대로 깨친 도인이 부처
님께 향 꽂고 마당에 비질하는 것이다.

법달은 한 번 듣고 그 말끝에 크게 깨달아 눈물을 흘리고 슬피 울며 말하였다.

"큰스님이시여, 실로 지금까지 법화경을 굴리지 못하고, 7년을 법화경에 굴려져 왔습니다. 지금부터는 법화경을 굴려 생각 생각마다 부처님의 행을 수행하겠습니다."

깨닫고 난 뒤에 "부처님 행을 수행한다"고 하니, 이것이 돈오점수 아닌가 하고 생각할 수도 있는데 그 말이 아니다. 깨달은 도인의 평상심을 말한다.

• 법화경의 근본 뜻은 "모든 부처님·세존께서는 오직 일대사인연 때문에 세상에 나타나셨다(諸佛世尊 唯以一大事因緣故 出現於世)"라는 말로 요약되는데, 돈황본에서는 이것을 정법이라 했다.

26

參請

예배하고 법을 물음

그 무렵 지상이라는 한 스님이 조계산에 와서 큰스님께 예배하고 사승법의 뜻을 물었다.

"부처님께서는 삼승을 말씀하시고 또한 최상승을 말씀하셨습니다. 제자는 알지 못하겠으니 가르쳐주시기 바랍니다."

혜능대사가 말하였다.

"너는 자신의 마음을 보고 밖으로 법의 모양에 집착하지 말라. 원래 사승법이란 없다. 사람의 마음이 스스로 네 가지로 나누어 법에 사승이 있을 뿐이다. 보고 듣고 읽고 외움은 소승이요, 법을 깨달아 뜻을 앎은 중승이며, 법에 의지하여 수행함은 대승이요, 모든 법을 다 통해 모든 행을 갖추어 일체를 떠나지 않되 오직 법의 모양을 여의고 지어도 얻은 바가 없는 것을 짓는 것이 최상승이다. 승은 행한다는 뜻이지 입으로 다투는 것에 있지 않다. 너는 오직 스스로 닦고 나에게 묻지 말라."

時有一僧名智常 來曹溪山 禮拜和尙 問四乘法義 智常問和尙曰 佛說三乘 又言最上乘 弟子不解 望爲敎示 惠能大師曰 汝自身心見 莫著外法相 元無四乘法 人心自有四等 法有四乘 見聞讀誦 是小乘 悟法解義是中乘 依法修行 是大乘 萬法 盡通 萬行俱備 一切無離 但離法相 作無所得 是最上乘 乘是行義

不在口諍 汝須自修 莫問吾也

지상이라는 한 스님이 조계산에 와서 큰스님께 예배하고 사승법四乘法의 뜻을 물었다.

"부처님께서는 삼승三乘을 말씀하시고 또한 최상승最上乘을 말씀하셨습니다. 제자는 알지 못하겠으니 가르쳐주시기 바랍니다."

　삼승이니 최상승이니 하는 것은 단지 이름이다. 이름을 가지고 '있다' 생각하고 물으니 대사가 말한다.

너는 자신의 마음을 보고 밖으로 법의 모양에 집착하지 말라.

　대사는 '네가 법상法相에 집착해 있다. 삼승을 보려면 네 마음을 보라. 그러면 보일 것이다. 법상에 집착하지 말라. 그 이름에 집착하지 말라'고 하신 것이다.

원래 사승법이란 없다. 사람의 마음이 스스로 네 가지로 나누어 법에 사승이 있을 뿐이다.

　우리 마음에는 사승법이 없다. 다만 중생을 교화하기 위한 방편으로 나눈 것이다.

보고 듣고 읽고 외움은 소승이요

　우리가 경전을 독송할 때 아무 의미도 모르고 하는 것이 소승이다.

법을 깨달아 뜻을 앎은 중승이며

법을 깨달아 뜻을 아는 것이 중승이라 했는데, 여기에서 말하는 '깨닫는다悟'는 깨침이 아니고 뜻을 아는 것이다.

법에 의지하여 수행함은 대승이요, 모든 법을 다 통해 모든 행을 갖추어 일체를 떠나지 않되 오직 법의 모양을 여의고 지어도 얻은 바가 없는 것을 짓는 것이 최상승이다.

사승을 다 이야기했다. 단순히 견문 독송하는 것은 소승이고, 법의 뜻을 이해하는 것은 중승이요, 법을 의지하여 수행하는 것이 대승이다. 최상승은 '모든 법을 다 통했다'고 했는데, 모든 법이 '실체가 없고 공이기 때문에 평등하다'고 아는 것을 말한다. 똥이나 금이 평등한 것을 아는 것이다. 높은 사람이나 낮은 사람, 부자나 가난한 사람, 장애인이나 비장애인 모든 것이 평등함을 아는 것이 만법萬法을 통하는 것이다.

우리는 그 자성 자리는 보지 못하고 껍데기만 보고 '높다-낮다', '부자다-가난하다'로 나누어 갈등하고 대립한다. 또 많이 가진 사람은 우쭐거리고 못 가진 사람은 열등감에 빠져 살아간다.

만법이 통하여 평등한 것을 알면 모든 행을 갖춰 일체를 여읨 없이 그대로 한다. 법상도 여의어 얻을 바가 없는 것을 행한다. 그 자리는 본래 차별 없이 평등하다. 본래 다 갖추어져 있다. 그래서 부처님이 깨닫고 나서 하신 말씀이 깨닫기 전에는 깨닫고 얻을 것이 있는 줄 알았는데 깨닫고 보니 깨달을 것도 얻을 것도 없다고 하셨다.

승乘은 행한다는 뜻이지 입으로 다투는 것에 있지 않다.

'승'은 탄다, 행한다는 뜻이다. 입으로만 하는 것이 아니고 실제 그렇게 행한다는 것이다.

너는 오직 스스로 닦고 나에게 묻지 말라.

스스로 졸렬하면 소승도 될 수 있고, 조금 나으면 중승·대승도 될 수 있지만, 실제 각자 존재원리는 최상승 그대로 되어 있다. 그래서 각자 스스로에게 달려 있는 것이지 법에 그런 것은 없다.

또 한 스님이 있었으니 이름이 신회로 남양 사람이다. 조계산에 와서 예배하고 물었다.

"큰스님께서는 좌선하면서 보십니까? 보지 않습니까?"

대사가 일어나 신회를 세 차례 때리시고 다시 신회에게 물었다.

"내가 너를 때렸다. 아프냐? 아프지 않으냐?"

신회가 대답하였다.

"아프기도 하고 아프지 않기도 합니다."

육조 스님이 말하였다.

"나는 보기도 하고 보지 않기도 한다."

신회가 또 여쭈었다.

"큰스님께서는 어째서 보기도 하고 보지 않기도 하십니까?"

대사가 말하였다.

"내가 본다는 것은 항상 나의 허물을 보는 것이다. 그러므로 본다고 말한다. 보지 않는다고 하는 것은 하늘과 땅과 사람의 허물과 죄를 보지 않는 것이다. 그래서 보기도 하고 보지 않기도 한다. 네가 아프기도 하고 아프지 않기도 한다는 것은 어째서 그러느냐?"

신회가 대답하였다.

"만약 아프지 않다고 하면 곧 무정인 나무와 돌과 같고, 아프다 하면 곧 범부와 같아 바로 원한을 일으킬 것입니다."

대사가 말하였다.

"신회야, 앞에서 본다고 한 것과 보지 않는다고 한 것은 양변이고, 아프기도 하고 아프지 않기도 하다 함은 생멸이다. 너는 자성을 보지도 못하면서 감히 와서 사람을 희롱하려 드는가?"

신회가 예배하고 다시 말하지 않으니, 대사가 말하였다.

"너의 마음이 미혹하여 보지 못하면 선지식에게 물어 길을 찾아라. 마음을 깨달아 스스로 보아 법을 의지하여 수행하라. 네가 스스로 미혹해서 자기 마음을 보지 못하고 오히려 와서 혜능의 보고 보지 않음을 묻느냐. 내가 보아 스스로 아는 것은 너의 미혹함을 대신할 수 없다. 만약 네가 스스로 본다면 나의 미혹함을 대신할 수 있겠느냐. 어찌 스스로 닦지 않고 나에게 보는지 안 보는지를 묻느냐."

신회가 예를 표하고 바로 문인이 되어 조계산을 떠나지 않고 항상 가까이 모시었다.

又有一僧名神會 南陽人也 至曹溪山 禮拜問言 和尙坐禪 見 亦不見 大師起打
神會三下 却問神會 吾打汝 痛 不痛 神會答言 亦痛亦不痛 六祖言曰 吾亦見亦
不見 神會又問 大師 何以亦見亦不見 大師言吾亦見 常見自過患 故云亦見 亦
不見者 不見天地人過罪 所以亦見亦不見 汝亦痛亦不痛如何 神會答曰 若不痛

即同無情木石 若痛即同凡夫 即起於恨 大師言 神會 向前 見不見是兩邊 痛不
痛是生滅 汝自性且不見 敢來弄人 神會禮拜 更不言 大師言 汝心迷不見 問善
知識覓路 以心悟自見 依法修行 汝自迷 不見自心 却來問惠能見否 吾見自知
代汝迷不得 汝若自見 代得吾迷 何不自修 問吾見否 神會作禮 便爲門人 不離
曹溪山中 常在左右

또 한 스님이 있었으니 이름이 신회로 남양 사람이다.

이 스님이 그 유명한 하택신회荷澤神會이다. 이분이 처음에 육조 스님의 돈오 사상을 선양하기 위해 신수 스님의 점수를 비판했는데 나중에 돈오점수를 주창한 규봉 스님과 맥이 이어진다. 후스라는 현대 중국학자가 그런 주장을 했는데, 또 어떤 학자는 그에 대한 반론을 제기한다는 말도 들었다. 법으로는 맞지 않다.

조계산에 와서 예배하고 물었다. "큰스님께서는 좌선하면서 보십니까? 보지 않습니까?"

마음을 보는지 안 보는지 묻는 것이다.

대사가 일어나 신회를 세 차례 때리고 다시 신회에게 물었다.
"내가 너를 때렸다. 아프냐? 아프지 않으냐?"
신회가 대답하였다. "아프기도 하고 아프지 않기도 합니다."
육조 스님이 말하였다. "나는 보기도 하고 보지 않기도 한다."
신회가 또 여쭈었다. "큰스님께서는 어째서 보기도 하고 보지 않기도 하십니까?"
대사가 말하였다. "내가 본다는 것은 항상 나의 허물을 보는 것이다. 그러므로 본다고 말한다. 보지 않는다고 하는 것은 하늘과 땅과 사람의 허물과 죄를 보지 않는 것이다. 그래서 보기도 하고 보지 않기도 한다."

의미가 깊은 대목이다. 육조 스님께서 신회를 만난 이때는 이미 도인이 되어 교화할 때이다. 도인이 안 되었을 땐 "내가 항상 나의 허물을 본다" 하면 이해가 되는데, 도인이 된 분이 이런 말을 하셨다. 또 "하늘과 땅과 사람의 허물이나 죄를 보지 않는다"고 하셨다.

도인은 허물이 없는데 어째서 허물을 본다고 하셨을까? 또 중생은 허물투성이인데도 "허물을 보지 않는다"고 하셨다. 중생의 허물을 보지 않는다는 것은 중생도 본래 부처니까 허물이 없다고 이해가 되지만 도인이 왜 자기 허물을 본다고 했을까?

이것은 굉장히 어려운 이야기다. 도인이 허물이 있어 그런 것이 아니고 삼라만상 유정·무정이 다 성불해 있는데, 육조 스님께서 본래 부처에게 늘 하시는 말씀이 '양변을 여의라', '부처님의 지견을 열어라'하는 것을 말한다.

선요에도 비슷한 게송이 나온다. "울어 피눈물을 흘리더라도 아무 소용이 없다啼得血流無用處. 입 다물고 남은 해를 보내는 것과 같지 못하다不如緘口過殘冬節." 이 말은 도인이 중생을 위해 정말로 안타깝고 애달파서 피눈물을 흘린다는 것이다. 육조 스님도 중생을 위해서 눈만 뜨면 고구정녕하게 '부처님의 지견을 열어라', '일불승을 행해라', '양변을 여의어라' 하신다. 그렇게 하기를 피눈물 나게 하는데 왜 소용이 없는가? 이것은 손가락의 입장에서는 도저히 이해가 안 되고, 달 입장에서 봐야 한다.

조계종에서 간화선 수행 지침서로 펴낸《간화선看話禪》을 보면, '살

인도殺人刀, 활인검活人劍'이야기가 나오고 다음에 도인이 중생을 위해 법을 설했는데, 그것을 듣고 깨달았다 하더라도 맨살을 긁어 상처낸 것과 같다는 말이 나온다. 이것이 전부 통하는 말이다. 실제 우리가 다 부처인데 부처 앞에서 부처 되어라 이야기하는 것은 멀쩡한 맨살을 긁어 상처 내는 것과 같다. 도인은 이것을 허물로 본다.

옛날에 도인을 출세하는 도인·출세 안 하는 도인·역행逆行하는 도인 세 부류로 나눴다. 요즘 출세하는 도인은 방장, 조실 하는 분을 말한다. 그런데 교화하고 출세하는 도인보다도 출세 안 하는 도인을 더 높이 보았다. 그분들은 허물을 짓지 않기 때문이다.

벽암록에 나오는 일화를 하나 소개하겠다. 옛날 나찬 스님이라는 분이 계셨다. 혜충 국사의 도반인데 국사가 입적하면서 후임으로 나찬 스님을 추천했다. 당시 사람들은 나찬 스님이 누구인지 몰랐다. 황제가 사신을 보내어 나찬 스님을 초빙코자 하는데 세 번이나 모시러 가도 나오지 않았다. 마지막 세 번째 사신이 왔을 때 나찬 스님께서 감자를 불에 구워 먹고 있는 중이라 입은 시커멓고 콧물이 턱밑으로 흐르고 있었다. 선을 모르는 사신이 볼 때는 정말 국사감이 아니라 생각했다. 그런데 황제가 세 번이나 보냈으므로 할 수 없이 높은 산까지 올라가 모시고 가려는데, 막상 이런 분을 국사로 모셔야 하나 한심한 생각도 들었을 것이다. 그래서 스님을 놀리려고 "스님! 코나 닦고 감자 드시지요"하니까 스님이 "너 보기 좋으라고?"하며 대꾸했다. 자신은 아무 상관없다는 것이다.

이렇듯 세상에 나오지 않는 도인을 높이 보았다. 우리가 출세해서 교화하는 것도 도인들은 허물로 본다. 그분들을 욕하기 위해 허물을 보는 게 아니고 우리 본분 자리를 드러내기 위해서 그 말을 쓴다. 거기에도 깊은 자비심이 있다.

이것은 달 입장에서 보지 않으면 도저히 이해가 안 된다. 손가락의 입장에서 보면 거꾸로 보인다. 이것이 도인의 시각이고, 선의 입장이다. 철저히 본래성불의 입장에서 보고 말하고 행동하는 것이다.

지금 우리나라에 선 하시는 분들 중에서 아직 이런 것을 모르는 분이 많다. 남에게 법문을 하려면 이 정도의 안목은 갖춰야 한다. 공부 좀 했다는 분들도 옛 조사 스님께서 달의 입장에서 하신 게송을 인용해서 그것을 손가락으로 끌어내려 해석하는 일이 더러 있는데, 그것은 잘못된 것이다. 그럼 선에 대한 혼란이 온다. 물론 이렇게 말하는 나의 구업도 더 말할 것이 없다.

네가 아프기도 하고 아프지 않기도 한다는 것은 어째서 그러느냐? 신회가 대답하였다. "만약 아프지 않다고 하면 곧 무정無情인 나무와 돌과 같고, 아프다 하면 곧 범부와 같아 바로 원한을 일으킬 것입니다."

이것은 무정물과 유정물, 중생과 부처를 나눠 보는 것이다. 이 대목으로 보면 신회가 소견 없다는 것을 알 수 있다.

대사가 말하였다. "신회야, 앞에서 본다고 한 것과 보지 않는다고 한

것은 양변兩邊이고, 아프기도 하고 아프지 않기도 하다 함은 생멸生滅
이다."

　이 대목이 좀 문제인데, 본래는 "양변을 여읜 것"이라 해야 맞는데
'양변'이라 했다. 육조 스님께서 보고 안 보고 하는 것은 법을 보아 양
변 여읜 입장에서 한 말씀인데, 신회는 법 근처도 못 간 소견으로 아
프기도 하고 아프지 않기도 하다는 말을 하니까 이렇게 대답한 것이
다. 그러면서 꾸짖는다.

너는 자성을 보지도 못하면서 감히 와서 사람을 희롱하려 드는가.
　생멸의 양변을 여읜 그 자성 자리를 보지도 못하고 감히 사람을 희
롱하는가 하고 신회를 야단치는 것이다.

너의 마음이 미혹하여 보지 못하면 선지식에게 물어 길을 찾아라. 마
음을 깨달아 스스로 보아 법을 의지하여 수행하라.
　여기 수행도 앞에서 말한 평상심을 말하는 것이다.

네가 스스로 미혹해서 자기 마음을 보지 못하고 오히려 와서 혜능의
보고 보지 않음을 묻느냐. 내가 보아 스스로 아는 것은 너의 미혹함을
대신할 수가 없다. 만약 네가 스스로 본다면 나의 미혹함을 대신할 수
있겠느냐.
　자기 마음도 보지 않으면서 육조 스님께 보는가 안 보는가 묻는 것

을 꾸짖었다. 그리고 내가 스스로 아는 것으로 너의 미혹함을 해결해 줄 수 없다고 한다. 그 반대도 마찬가지다.

어찌 스스로 닦지 않고 나에게 보는지 안 보는지를 묻느냐.
신회가 예를 표하고 바로 문인이 되어 조계산을 떠나지 않고 항상 가까이 모시었다.

우리도 육조 스님 가르침처럼 선지식으로부터 길을 배우더라도 오직 스스로 닦아야 한다. 이것은 누가 대신해 줄 수 없는 일이다.

27

對法

대법

대사께서 드디어 문인 법해, 지성, 법달, 지상, 지통, 지철, 지도, 법진, 법여, 신회를 불렀다. 대사가 말하였다.

"너희 열 명의 제자들은 앞으로 가까이 오라. 너희들은 다른 사람과 같지 않으니, 내가 세상을 떠난 뒤에 너희들은 각각 한 곳의 스승이 될 것이다. 내가 너희들에게 설법하는 것을 가르쳐 근본 종지를 잃지 않게 하겠다.

삼과법문을 들고 동용삼십육대를 들어 나오고 들어감에 곧 양변을 여의도록 하여라. 모든 법을 설하되 성품과 모양을 떠나지 말라. 만약 사람들이 법을 묻거든 말을 다 쌍으로 해서 대법을 취하여 오고 가는 것이 서로 인연하여 구경에는 두 가지 법을 다 없애고 다시 가는 곳마저 없게 하라.

삼과법문이란 음ㆍ계ㆍ입이다. 음은 오음이요, 계는 십팔계요, 입은 십이입이니라.

무엇을 오음이라 하는가. 색음, 수음, 상음, 행음, 식음이다.

무엇을 십팔계라 하는가. 육진, 육문, 육식이다.

무엇을 십이입이라 하는가. 바깥의 육진과 안의 육문이다.

무엇을 육진이라 하는가. 색ㆍ성ㆍ향ㆍ미ㆍ촉ㆍ법이다.

어떤 것을 육문이라 하는가. 눈·귀·코·혀·몸·뜻이다.

법의 성품이 육식인 안식·이식·비식·설식·신식·의식과 육문과 육진을 일으키고 자성은 만법을 포함하니, 이름이 함장식이다. 생각을 하면 곧 식이 작용하여 육식이 생겨 육문으로 나와 육진을 본다. 이것이 삼·육은 십팔이다. 자성이 삿되기 때문에 열여덟 가지 삿됨이 일어나고, 자성이 바름을 포함하면 열여덟 가지 바름이 일어나게 된다.

악의 작용을 지니면 곧 중생이고, 선이 작용하면 곧 부처다. 작용은 무엇으로 말미암는가. 자성의 대법으로 말미암은 것이다."

大師遂喚門人法海, 志誠, 法達, 智常, 志通, 志徹, 志道, 法珍, 法如, 神會 大師言 汝等拾弟子 近前 汝等 不同餘人 吾滅度後 汝各爲一方頭 吾敎汝說法 不失本宗 擧三科法門 動用三十六對 出沒 即離兩邊 說一切法 莫離於性相 若有人 問法 出語盡雙 皆取法對 來去相因 究竟 二法 盡除 更無去處 三科法門者 蘊界入 蘊是五蘊 界是十八界 入是十二入 何名五蘊 色蘊受蘊想蘊行蘊識蘊是 何名十八界 六塵六門六識 何名十二入 外六塵中六門 何名六塵 色聲香味觸法 是 何名六門 眼耳鼻舌身意是 法性 起六識 眼識耳識鼻識舌識身識意識 六門六塵 自性 含萬法 名爲含藏識 思量即轉識 生六識 出六門見六塵 是三六十八 由自性邪 起十八邪 含自性正 起十八正 含惡用即衆生 善用即佛 用由何等 由自性對

대사께서 드디어 문인 법해, 지성, 법달, 지상, 지통, 지철, 지도, 법진, 법여, 신회를 불렀다. 대사가 말하였다.

"너희 열 명의 제자들은 앞으로 가까이 오라. 너희들은 다른 사람과 같지 않으니, 내가 세상을 떠난 뒤에 너희들은 각각 한 곳의 스승이 될 것이다. 내가 너희들에게 설법하는 것을 가르쳐 근본 종지를 잃지 않게 하겠다."

　육조 스님께서 열 명의 제자들에게 법을 설하는 방법을 가르쳐준다.

삼과법문三科法門을 들고 동용삼십육대動用三十六對를 들어 나오고 들어감에 곧 양변을 여의도록 하여라.

　'삼과법문'과 '동용삼십육대'를 설할 때 그 법에 때로는 살殺로 때로는 활活로 할 것이다. 그것이 나오고 들어가고 할 때 모두 양변을 여의고 하라는 것이다. 양변에 집착해서 법문하면 오히려 중생들이 집착해서 사견에 빠지니 그것은 법문이라 할 수 없다는 말이다. 그래서 유를 말하든지 무를 말하든지 항상 양변을 여읜 그 자리에서 법문을 해야 듣는 사람이 양변을 여의고 해탈해서 자유자재한다.

모든 법을 설하되 성품性과 모양相을 떠나지 말라.

　성품과 모양이라는 '성상性相'도 다른 책에는 '자성自性'이라 했다. '자성'이라 하면 이해하기 좋은데, 모든 법을 설할 때 자성, 즉 양변을 여읜 그 자리에서 법문하라는 말이다. 여기 성상은 양변을 여읜 성품과 모양이다.

만약 사람들이 법을 묻거든 말을 다 쌍으로 해서 대법對法을 취하여
오고 가는 것이 서로 인연하여 구경에는 두 가지 법을 다 없애고 다시
가는 곳마저 없게 하라.
　유有에 집착한 사람은 무無로 답하고, 또 무에 집착한 사람은 유로
답하여 결국 유·무를 초월하도록 만들라는 말이다.

삼과법문三科法門이란 음陰·계界·입入이다. 음은 오음五陰이요, 계는
십팔계十八界요, 입은 십이입十二入이니라.
무엇을 오음이라 하는가. 색음, 수음, 상음, 행음, 식음이다.
무엇을 십팔계라 하는가. 육진六塵, 육문六門, 육식六識이다.
무엇을 십이입十二入이라 하는가. 바깥의 육진과 안의 육문이다.
무엇을 육진이라 하는가. 색·성·향·미·촉·법이다.
어떤 것을 육문이라 하는가. 눈·귀·코·혀·몸·뜻이다.
법의 성품法性이 육식六識인 안식·이식·비식·설식·신식·의식과
육문六門과 육진六塵을 일으키고 자성은 만법을 포함하니, 이름이 함
장식含藏識*이다.
　법의 성품이 안·이·비·설·신·의 육문을 일으킨다. 육진도 일
으킨다. 육진六塵은 무엇인가. 육조 스님은 색·성·향·미·촉·법
이라 했는데, 대상 경계인 삼라만상이 다 육진이다. 그러면 이 법성에

서 우리 의식도 일으키고, 육근도 만들고, 우리 눈 밖에 있는 삼라만상도 다 만든다는 것이다. '전부 마음이 만든다'는 일체유심조와 같은 말이다.

　우리는 마음이 안·이·비·설·신·의를 만든다는 것은 이해한다. 그런데 '우리 눈 밖의 삼라만상도 마음이 만든다'고 하면 여기에서 말하는 법성이나 마음이 지금 우리가 듣고 보고 인식하고 있는 축소된 그것과는 개념이 다르다. 우리가 보고 느끼고 하는 이 좁은 마음을 말하는 것이 아니다. '일체유심조' 할 때 그 '유심'은 어마어마하게 큰 것이다. 지금 내 안에서 듣고 보고 하는 것도 그것과 다르진 않지만 엄청나게 큰 것을 말한다. 그래서 우주 삼라만상 일으킨 것을 법성, 개개 단위 개체를 일으키는 것을 자성이라 한다.

　육조 스님은 법성이 육식인 안식·이식·비식·설식·신식·의식과 육근, 육진을 일으켜 자성에 그 모든 객관·주관이 만법을 포함하니 이름을 함장식이라 했다.

생각을 하면 곧 식識이 작용하여 육식이 생겨 육문으로 나와 육진을 본다. 이것이 삼三·육六은 십팔十八이다.

　함장된 마음에서 생각을 일으키면 식이 작용한다. 파도가 일어나듯이 작용해서 육식이 거기에서 생겨 또 육문을 나와 육진을 보는 것이다. 육조 스님은 우리의 존재원리를 생성원리로도 설명하셨고, 우리가 작용하는 과정도 간단히 설명한 것이다. 이분은 깨달은 도인이다.

그러니 우리는 이 말을 믿어야 한다.

앞에서 이 법성을 바다에 비유했는데, 큰 바다에 바람이 부는 것은 작용하는 것이니 뚱뚱한 파도, 날씬한 파도, 높은 파도, 작은 파도, 큰 파도 등 삼라만상이 벌어진다. 그 파도 중에는 생명이 있는 파도, 생명이 없는 파도도 있다. 금강경에 나오는 아홉 가지 존재가 전부 법성 속에 있다. 법성은 큰 바다로 보면 된다.

그렇다면 법성이 실제 있는가?《열반경涅槃經》에는 "있는 것도 아니고 없는 것도 아니다"고 했다. 유식有識에서도 '유식무경有識無境'이라 한다. 오직 식識만 있지 경계는 없다는 것도 비슷한 말이다.

자성이 삿되기 때문에 열여덟 가지 삿됨이 일어나고 자성이 바름을 포함하면 열여덟 가지 바름이 일어나게 된다.

삿된 것, '있다-없다' 양변으로 보면 열여덟 가지 삿됨이 일어난다. 바름을 포함하면, 즉 양변을 여의면 열여덟 가지 바른 것이 일어난다.

악의 작용을 지니면 곧 중생이고, 선이 작용하면 곧 부처다.

악의 작용은 양변을 쓰는 것이고, 선의 작용은 양변을 여의어 쓰는 것이다.

작용은 무엇으로 말미암는가. 자성의 대법으로 말미암은 것이다.

작용은 무엇 때문에 일어나느냐? 자성이 대법對法, 즉 '있다-없다'

하기 때문에 일어난다. 여기 자성에서도 '있다-없다'를 초월해서 작용을 일으키는 것은 부처다. 부처가 불행佛行이고, 자성에서 '있다-없다' 양변으로 작용을 일으키면 중생이 되어버린다. 작용을 일으키는 것에도 두 가지 내용이 있다고 봐야 한다.

　이것은 깨달은 사람이 법 쓰는 것을 가르쳐주는 것이다. 우리는 깨닫지 못한 입장에서 이해하려고 하니까 어렵다. 하지만, 육조 스님께서 법성이 모든 만물을 일으킨다고 하시고 자성과의 관계를 간단히 언급한 것만으로도 굉장히 좋은 법문이다.

바깥 경계인 무정에 다섯 대법이 있으니, 하늘과 땅이 상대고, 해와 달이 상대며, 어둠과 밝음이 상대며, 음과 양이 상대며, 물과 불이 상대다.

말과 말이 대법하는 것과 법과 상이 대법하는 데에는 열두 가지가 있으니, 유위와 무위, 유색과 무색이 상대이며, 유상과 무상이 상대이며, 유루와 무루가 상대며, 색과 공이 상대며, 동과 정이 상대며, 맑음과 탁함이 상대며, 범부와 성인이 상대며, 승과 속이 상대며, 늙음과 젊음이 상대며, 큼과 작음이 상대며, 길다와 짧다가 상대며, 높음과 낮음이 상대다.

자성이 작용을 일으키는 데에 열아홉 가지 대법이 있으니, 삿됨과 바름이 상대고, 어리석음과 지혜가 상대며, 미련함과 슬기로움이 상대고, 어지러움과 선정이 상대며, 계율과 그릇됨이 상대며, 곧음과 굽음이 상대며, 실과 허가 상대며, 험함과 평탄함이 상대며, 번뇌와 보리가 상대며, 자비와 해침이 상대며, 기쁨과 성냄이 상대며, 버림과 아낌이 상대며, 나아감과 물러남이 상대며, 생과 멸이 상대며, 항상함과 무상이 상대며, 법신과 육신이 상대며, 화신과 보신이 상대며, 본체와 작용이 상대며, 성품과 모양이 상대다.

유정과 무정을 상대로 하는 언·어와 법·상에 열두 가지 대법이 있고, 바깥 경계인 무정에 다섯 가지 대법이 있으며, 자성이 일으켜 작용하는 데 열아홉 가지 대법이 있으니 모두 삼십육 대법을 이룬다. 이 삼십육 대법을 알아 쓰면 일체의 경전에 통달해 나고 들어가는 데 양변을 여읜다.

어떻게 자성이 작용을 일으키는가. 삼십육 대법이 사람의 언어와 함께하나 밖으로 나와서는 상에서 상을 여의고, 안으로 들어가면 공에서 공을 여의나니, 공에 집착하면 오직 무명만 기르고 상에 집착하면 오직 사견만 기른다.

법을 비방하여 곧 말하기를 '문자를 쓰지 않는다'고 한다. 그러나 이미 문자를 쓰지 않는다고 한다면 사람이 말도 하지 않아야 옳을 것이다. 언어가 곧 문자이기 때문이다.

자성에 대하여 공을 말하지만, 바르게 말하면 본래의 성품은 공하지 않으니 미혹하여 스스로 현혹됨은 말이 삿되기 때문이다. 어둠은 스스로 어두운 것이 아니라 밝음 때문에 어두운 것이고, 밝음이 변하여 어두운 것이다.

外境無情 對有五 天與地對 日與月對 暗與明對 陰與陽對 水與火對 語與言對 法與相對 有十二對 有爲無爲有色無色對 有相無相對 有漏無漏對 色與空對 動與靜對 淸與濁對 凡與聖對 僧與俗對 老與少對 大大與少對 長與短對 高與

下對 自性起用對 有十九對 邪與正對 癡與惠對 愚與智對 亂與定對 戒與非對 直與曲對 實與虛對 嶮與平對 煩惱與菩提對 慈與害對 喜與瞋對 捨與慳對 進與退對 生與滅對 常與無常對 法身與色身對 化身與報身對 體與用對 性與相對 有情無情對 言語 與法相有十二對 外境有無情五對 自性起有十九對 都合成三十六對法也 此三十六對法 解用 通一切經 出入 即離兩邊 如何自性起用 三十六對共人言語 出外於相離相 入內於空離空 著空即惟長無明 著相惟長邪見 謗法 直言不用文字 既云不用文字 人不合言語 言語即是文字 自性上說空 正語言 本性不空 迷自惑 語言邪故 暗不自暗 以明故暗 暗不自暗 以明變暗 以暗現明 來去相因 三十六對 亦復如是

바깥 경계인 무정外境無情에 다섯 대법이 있으니, 하늘과 땅이 상대고, 해와 달이 상대며, 어둠과 밝음이 상대며, 음과 양이 상대며, 물과 불이 상대다.

우리 눈 밖 객관세계의 무정물은 대법이 다섯 가지가 있다. 다시 말해 내가 주관인데 객관세계에 여러 가지가 있다. 유정물도 있고 무정물도 있고, 생명 있는 것도 생명 없는 것도 있는데 그 중에 생명 없는 대상에 다섯 가지가 있다.

말語과 말言이 대법하는 것과 법法과 상相이 대법하는 데에는 열두 가지가 있으니

앞의 말語은 사량분별하는 말이고, 뒤의 말言은 양변 여읜 말이다. 양변 여읜 말과 여의지 못한 말의 대對가 있고, 또 법과 상에 대법이 있는데 열두 가지가 있다.

유위有爲와 무위無爲, 유색有色과 무색無色이 상대이며

유위는 양변에서 보는 것이고, 무위는 양변 여읜 데서 보는 것이다.

유상有相과 무상無相이 상대며, 유루有漏와 무루無漏가 상대며, 색과 공이 상대며, 동動과 정靜이 상대며, 맑음과 탁함이 상대며, 범부와 성인이 상대며, 승僧과 속俗이 상대며, 늙음과 젊음이 상대며, 큼과 작음이 상대며, 길다와 짧다가 상대며, 높음과 낮음이 상대다.

앞에서 말한 것은 객관세계고, 지금은 법과 상을 말했다.

자성이 작용을 일으키는 데에 열아홉 가지 대법이 있으니

자성, 즉 주관세계에 작용을 일으키는 데에도 대법이 열아홉 가지가 있다.

삿됨과 바름이 상대고, 어리석음과 지혜가 상대며, 미련함과 슬기로움이 상대고, 어지러움과 선정이 상대며, 계율과 그릇됨非이 상대며, 곧음과 굽음이 상대며, 실實과 허虛가 상대며, 험함과 평탄함이 상대며, 번뇌와 보리가 상대며, 자비와 해침이 상대며, 기쁨과 성냄이 상대며, 버림과 아낌이 상대며, 나아감과 물러남이 상대며, 생生과 멸滅이 상대며, 항상함과 무상이 상대며, 법신法身과 육신肉身이 상대며, 화신化身과 보신報身이 상대며, 본체體와 작용用이 상대며, 성품과 모양이 상대다.

이런 상대되는 법으로 배우는 이를 제접할 때 삿된 것을 가지고 온 사람한테는 바름으로 대체해주고, 또 바르게 한다고 법상法相에 집착한 사람한테는 양변으로 그것을 여의도록 일깨워주고, 이렇게 대하는 방법을 예를 들어 말한 것이다.

유정과 무정을 상대로 하는 언言·어語와 법法·상相에 열두 가지 대법이 있고, 바깥 경계인 무정에 다섯 가지 대법이 있으며, 자성이 일

으켜 작용하는 데 열아홉 가지 대법이 있으니 모두 삼십육 대법을 이룬다. 이 삼십육 대법을 알아 쓰면 일체의 경전에 통달해 나고 들어가는 데 양변을 여읜다. 어떻게 자성이 작용을 일으키는가.

양변을 여읜 자리에서 삼십육 대법을 잘 이해하면 일체 경전에 통달해서 들어가고 나갈 때 양변을 여의게 된다. 그럼 자성이 작용을 어떻게 일으키겠는가?

삼십육 대법이 사람의 언어와 함께하나 밖으로 나와서는 상에서 상을 여의고

삼십육 대법을 사람들이 말하기는 같이 하는데, 이것은 양변 여읜 사람이 하는 것이다.

안으로 들어가면 공空에서 공을 여의나니, 공에 집착하면 오직 무명만 기르고 상에 집착하면 오직 사견만 기른다.

이런 말을 복잡하게 이야기함으로 인해 알지 못한 사람들은 경을 비방한다.

법을 비방하여 곧 말하기를 '문자를 쓰지 않는다不用文字'고 한다.

경전을 보고 문자 쓰는 것은 다 부질없는 짓이라고 비방한다. 그러나 이렇게 얘기할 수 있다는 것이다.

그러나 이미 문자를 쓰지 않는다고 한다면 사람이 말도 하지 않아야 옳을 것이다. 언어가 곧 문자이기 때문이다.

'문자를 쓰지 말라'고 하면서 그것을 말로 하는 것은 잘못되었다는 것이다. 문자가 곧 말이니까 아예 '문자를 쓰지 말라'고 한다면 그 말 자체를 하지 않아야 한다.

이런 일이 있었다. 어떤 거사님이 공부가 안 된다고 찾아 왔기에 나는 한 권의 책을 소개해 주었다. 그러자 그분은 "우리 스님은 책 보지 말라" 했다고 한다. 그래서 "그 스님은 법문을 안 하십니까?"라고 물으니, "한 달에 한 번씩 합니다"라고 대답했다. 그래서 나는 "귀로 법문 듣고 인식하는 것과 눈으로 문자 보고 인식하는 것이 뭐가 다릅니까?" 했다. 책 보지 말라고 했으면 법문도 하지 않아야 한다. 여기에서 하는 말도 그런 뜻이다.

자성에 대하여 공을 말하지만

자성이 양변을 여의었다, 공하다, 그 자리에는 부처도 없고 중생도 없다고 말하지만

바르게 말하면 본래의 성품은 공하지 않으니 미혹하여 스스로 현혹됨은 말이 삿되기 때문이다.

우리는 '공'하면 허망하고 무상하고 아무것도 없다고 생각하는데 그런 것이 아니다. 공한 자리에 또 공하지 않는 도리가 있고, 또 공하

지 않고 팔팔 작용하는 곳에 공한 도리가 있다. 그냥 공하다고 하니까 아무것도 없다고 보는 것은 잘못이라는 말이다.

어둠은 스스로 어두운 것이 아니라 밝음 때문에 어두운 것이고, 밝음이 변하여 어두운 것이다.

우리가 '어둡다'라고 할 때 밝음이 없으면 어둠이라 하지 않는다. 그냥 어둠만 있으면 '어둡다'라는 것이 필요하지 않다. 밝음이 있으므로 어둠이 있는 것이니, 서로 원인이 되어 존재한다. 반대로 어둠에 집착한 사람은 어둠을 깨주고 또 밝음에 집착한 사람은 밝음을 깨주는 것이다.

이것은 깨달은 사람한테 법 쓰는 법을 가르쳐준 말이다. 우리가 깨치면 법 쓰는 법은 저절로 알게 된다.

대사가 열 명의 제자에게 말하였다.

"이후에 법을 전하되, 서로가 이 한 권의 단경을 전수하여 근본 종지를 잃지 말라. 단경을 이어받지 않으면 나의 종지가 아니다. 이제 얻었으니 대대로 유포하여 행하라. 단경을 얻은 이는 나를 만나 친히 준 것과 같다."

열 명의 스님들이 가르침을 받아 단경을 베껴 써서 대대로 널리 퍼지게 하니, 얻은 이는 반드시 견성할 것이다.

大師言 十弟子 已後傳法 遞相教授一卷壇經 不失本宗 不稟受壇經 非我宗旨 如今得了 遞代流行 得遇壇經者 如見吾親授 拾僧得教授已 寫爲壇經 遞代流行 得者必當見性

이 가르침을 보면, 당시에 육조 스님의 단경이나 오조 스님께서 제시한 금강경을 굉장히 귀중하게 다루었다는 것을 알 수 있다. 부처님 법의 가치를 소중하게 봐야 하는데, 요즘 우리는 육조단경 같은 책을 귀중하게 여기지 않는다. 결국 법의 귀중함을 모르기 때문에 그런 풍토가 생기지 않았나 생각한다. 경전이나 어록은 부처님을 모시듯이 귀중하게 여겨야 한다.

• 함장식(含藏識)은 제8아뢰야식을 말한다. 인간의 의식작용에서 가장 궁극적인 근원이 되는 것으로 일체 사물의 종자를 간직하여 잃어버리지 않는다고 한다. 근본식, 종자식이라고도 한다.

28

眞假

참됨과 거짓

대사는 선천2년 8월 3일에 입적하셨다. 7월 8일에 문인들을 불러 작별을 고하고, 선천 원년에 신주 국은사에 탑을 만들고 선천2년 7월에 이르러 작별을 고하셨다.

대사가 말하였다.

"대중은 앞으로 가까이 오너라. 나는 8월이 되면 세상을 떠나고자 하니 너희들은 의심이 있거든 빨리 물어라. 너희들을 위하여 의심을 깨어 미혹을 다 없애고 안락케 하리라. 내가 떠난 뒤에는 너희를 가르칠 사람이 없을 것이다."

법해를 비롯한 대중이 듣고 눈물을 흘리며 슬피 울었으나, 오직 신회만이 꼼짝하지 않고 울지도 않으니 육조 스님이 말하였다.

"신회는 어리지만 오히려 좋고 나쁜 것에 대하여 평등함을 얻어 비난과 칭찬에 움직이지 않으나, 나머지 사람들은 그렇지 못하구나. 여러 해 동안 산중에서 무슨 도를 닦았는가. 너희가 지금 슬피 우는 것은 또 누구를 위한 것이냐. 내가 가는 곳을 몰라서 걱정하는 것인가. 만약 내가 가는 곳을 모른다고 마침내 너희들과 이별하지 않겠느냐. 너희들이 슬피 우는 것은 나의 가는 곳을 몰라서다. 만약 가는 곳을 안다면 슬피 울지 않을 것이다. 자성의 본체는 남도 없고 없어짐도 없으며, 감도 없고 옴도 없는 것이다.

너희들은 다 앉아라. 내가 너희에게 한 게송을 줄 것이니, 진가동정 게다. 너희들은 다 외워 이 게송의 뜻을 알면 나와 더불어 같다. 이 것을 의지하여 수행해서 종지를 잃지 마라."

大師先天二年八月三日 滅度 七月八日 喚門人告別 大師先天元年 於新州國恩 寺造塔 至先天二年七月告別 大師言 汝衆 近前 吾至八月欲離世間 汝等有疑早 問 爲汝破疑 當令迷者盡 使汝安樂 吾若去後 無人敎汝 法海等衆僧 聞已 涕淚 悲泣 唯有神會 不動亦不悲泣 六祖言 神會小僧 却得善不善等 毁譽不動 餘者 不得 數年 山中 更修何道 汝今悲泣 更有阿誰 憂吾不知去處在 若不知去處 終 不別汝 汝等悲泣 卽不知吾去處 若知去處 卽不悲泣 性體 無生無減 無去無來 汝等盡坐 吾與汝一偈 眞假動靜偈 汝等 盡誦取 見此偈意 汝與吾同 依此修行 不失宗旨

대사는 선천先天2년 8월 3일에 입적하셨다.

선천2년은 713년인데, 육조 스님은 638년에 태어나 75세에 돌아가셨다.

7월 8일에 문인들을 불러 작별을 고하고, 선천 원년에 신주 국은사에 탑을 만들고 선천2년 7월에 이르러 작별을 고하셨다. 대사가 말하였다.

대사께서 돌아가시기 전 해에 고향인 신주 국은사에 탑을 조성했다. 그리고 열반 한 달 전에 모든 문인들을 불러 작별을 고했다.

대중은 앞으로 가까이 오너라. 나는 8월이 되면 세상을 떠나고자 하니 너희들은 의심이 있거든 빨리 물어라. 너희들을 위하여 의심을 깨어 미혹을 다 없애고 안락케 하리라.

이것을 보면 부럽다. 당시에는 화두 들고 공부하지 않아도 그냥 문답하는 가운데 깨달았다. 그래서 "의심나는 것을 물어라. 내가 의심을 깨어 미혹한 것을 안락케 해주겠다"고 하신다. 당시는 사람들의 근기가 수승하다고도 볼 수 있는데 깨달음에 대하여 그만큼 가치를 인정해주었던 것 같다.

지금 우리 시대는 부처님 법의 가치를 인정하기가 쉽지 않다. 우리의 환경이 그 가치를 인정하는 데 장애가 되고 있다. 특히 자본주의 사회인 까닭에 세상 사람들이 돈의 가치를 제일로 두니까 우리 승가도 거기에 동조하는 풍조가 있다. 그래서 부처님의 깨달음에 대한 가치보다 돈의 가치를 더 크게 느끼고 있다. 그래도 우리는 이 단경을 통해 부처님 법에 대한 가치를 마음 깊이 느껴야 한다. 불교를 공부하려는 의지도 거기에서 나온다.

그런데 내 밖에 있는 여러 조건들이 부처님 법보다 더 귀중하다는 생각이 들면 아무래도 공부에 소홀하게 된다. 그런 점에서 우리는 정신 바짝 차리고 일상생활을 해야 한다.

내가 떠난 뒤에는 너희를 가르칠 사람이 없을 것이다.

사실 십대제자들이 있으니까 가르칠 사람이 없는 것은 아니다. 다만 육조 스님만 못하니까 이런 말씀을 하시는 것이다.

법해를 비롯한 대중이 듣고 눈물을 흘리며 슬피 울었으나, 오직 신회만이 꼼짝하지 않고 울지도 않으니 육조 스님이 말하였다.

한 달 후에 대사께서 간다고 하니까 대중이 슬퍼서 울었는데 신회 스님만 울지 않았다.

신회는 어리지만 오히려 좋고 나쁜 것에 대하여 평등함을 얻어 비난과 칭찬에 움직이지 않으나, 나머지 사람들은 그렇지 못하구나.

'좋다-나쁘다'가 결국 양변이다. 우리는 선과 악을 평등하게 보지 않는다. 선을 좋은 것으로 악을 나쁘게 보아 차별심으로 보는데, 신회는 평등하다고 보았다. 이것이 불교의 핵심인 중도 연기다. 신회는 중도 연기를 이해하고 있기 때문에 선과 악을 평등하게 보아 비난과 칭찬에 흔들리지 않았다. 우리는 누구에게 비난을 받으면 화가 나고 칭찬을 들으면 기분이 좋다. 우리가 분별로 보기 때문이다. 그 본질은 공이고 둘이 아니라는 것을 알게 되면, 누가 칭찬하든지 욕을 하든지 평등하게 받아들인다. 그럼 화도 안 나고 분별심이 생기지도 않는다.

신회는 이것을 알았기 때문에 육조 스님이 돌아가신다 해도 눈물 흘리지 않았다. 나머지 사람들은 그러지 못했다.

여러 해 동안 산중에서 무슨 도를 닦았는가. 너희가 지금 슬피 우는 것은 또 누구를 위한 것이냐.

대중이 평등하게 보지 않고 '좋다-나쁘다'로 분별하니까, "너희들은 산중에서 무엇을 공부했느냐?" 하고 꾸짖는 거다.

내가 가는 곳을 몰라서 걱정하는 것인가. 만약 내가 가는 곳을 모른다고 마침내 너희들과 이별하지 않겠느냐.

가는 곳을 모른다면 어떻게 한 달 전에 미리 이 세상을 떠나는 것을 말하겠느냐는 말씀이다.

너희들이 슬피 우는 것은 곧 나의 가는 곳을 몰라서다. 만약 가는 곳을 안다면 슬피 울지 않을 것이다.

육조 스님은 말할 것도 없이 '슬프다-기쁘다' 하는 생각도 않을 것이고, 일상생활에서 배고프면 밥 먹고 고단하면 잠자듯이 평상심이 무심인 것을 알고 이 세상을 떠난다는 말씀이다.

자성의 본체는 남도 없고 없어짐도 없으며, 감도 없고 옴도 없는 것이다.
　우리가 이 몸뚱이를 벗고 저 세상으로 가고 있지만, 이 몸뚱이 아닌 본체 자리는 생하는 것도 멸하는 것도 아니고, 항상 거기에 있다. 또 가는 것도 오는 것도 아니다. 그렇다면 슬피 울 필요가 없다. 그래서 육조 스님이 "슬피 울지 마라. 슬피 우는 건 너희가 불교를 몰라서 그렇다" 하시는 것이다.

너희들은 다 앉아라. 내가 너희에게 한 게송을 줄 것이니 진가동정게
眞假動靜偈다.
　마지막 게송을 주는데 이름이 '진가동정게'이다. 뒤에도 서너 번 게송을 읊으면서 제자들에게 당부하고 또 당부한다.

너희들은 다 외워 이 게송의 뜻을 알면 나와 더불어 같다. 이것을 의지하여 수행해서 종지를 잃지 마라.
　이 게송의 뜻을 알면 나와 같다, 이렇게 말하신다.

스님들이 예배하고 대사께 게송 남기시기를 청하고 공경하는 마음
으로 받아 가졌다.

게송으로 말하였다.

모든 것에 진실이 없나니
진실을 보려 하지 말라
만약 진실을 본다 해도
그 보는 것은 다 진실이 아니다
만약 능히 자기에게 진실이 있다면
거짓을 여읜 마음이 곧 진실이다
자기 마음이 거짓을 여의지 않으면
진실이 없으니, 어느 곳에 진실이 있겠는가
유정은 움직일 줄 알고
무정은 움직이지 않으니
만약 움직이지 않는 행을 닦는다면
무정의 움직이지 않는 것과 같다
만약 참으로 움직이지 않음을 본다면

움직임 위에 움직이지 않음이 있으니

움직이지 않음이 부동이라면

무정과 같아 부처의 씨앗도 없다

능히 모양을 잘 분별하되

반드시 부동하여야 한다

만약 깨달아 이 견해를 지으면

이것이 곧 진여의 작용이다

모든 도를 배우는 사람에게 말하노니

노력해서 모름지기 뜻을 써

대승의 문에서 도리어

생사의 지혜에 집착하지 말라

앞의 사람과 서로 응하면

곧 함께 부처님 말씀을 의논하려니와

만약 실제 서로 응하지 않으면

합장하고 환희하라

이 가르침은 본래 다툼이 없다

만약 다투면 도의 뜻을 잃으리라

미혹함에 집착하여 법문을 다투면

자기 본성이 생사에 들어간다

僧衆禮拜 請大師留偈 敬心受持 偈曰

一切無有眞　　不以見於眞

若見於眞者　　是見盡非眞

若能自有眞　　離假即心眞

自心不離假　　無眞何處眞

有情即解動　　無情即不動

若修不動行　　同無情不動

若見眞不動　　動上有不動

不動是不動　　無情無佛種

能善分別相　　第一義不動

若悟作此見　　則是眞如用

報諸學道者　　努力須用意

莫於大乘門　　却執生死智

前頭人相應　　即共論佛語

若實不相應　　合掌令歡喜

此敎本無諍　　無*諍失道意

執迷諍法門　　自性入生死

게송으로 말하였다.

모든 것에 진실이 없나니

　우리는 존재한다고 생각하는데 존재는 실체가 없다. 계속 생멸할 뿐이다. 그래서 진실한 것이 없다. 그런데 우리는 이 몸뚱이나 가지고 있는 물건이 '있다'고 보아 영원하기를 바란다. 일체 삼라만상이 진실함이 있으면 고정불변하겠지만 실체가 없어 모든 것이 다 변한다. 변할 뿐 아니라 그 본질을 보게 되면 공이다. 이것이 삼법인三法印이다. 무상無常, 무아無我, 열반적정涅槃寂靜을 말한다. 요즘은 남방불교 때문인지 일체개고一切皆苦라 하는데 잘못된 것이다. 고苦로 보면 손가락의 입장에서 본 것이다. 달 입장에서 보면 열반적정이다.

　그런데 남방에 가서 공부하고 온 분들은 대승불교가 열반적정으로 본다고 비판한다. 자신이 손가락 입장에서 보기 때문에 잘못 본 것이라는 생각은 안 한다. 손가락은 달을 바로 보라고 제시한 방편이다. 착각을 깨기 위한 방편이지 진리가 아니다.

　대승불교는 달의 입장에서 보기 때문에 열반적정으로 보는 것이 맞다. 존재의 속성이 그렇다. 진실한 것이 없다. 다 변한다. 죽음도 마찬가지다. 대부분의 사람들은 세상 사람 다 죽어도 자기는 죽지 않는다고 생각한다. 누구든지 다 죽는다. 안 죽는 사람이 어디 있는가?

　부처님께서도 어떤 여인이 죽은 아들 때문에 깊은 시름에 잠겨 있자 어느 집이든 사람이 죽지 않은 집에 가서 불씨를 얻어 오라 했다. 결국 그 여인은 빈손으로 돌아와 부처님께 귀의하고 출가했다.

다 죽는 것이다. 그게 정상이다.

진실을 보려 하지 말라

만약 진실을 본다 해도 보는 것이 다 진실은 아니다. 그건 착각이니, 진실한 것이 없다. 그러니 진실한 것이 있다고 보는 시각이 잘못된 것이다.

만약 능히 자기에게 진실이 있다면
거짓을 여읜 마음이 곧 진실이다

진실은 양변을 여읜 것이다. 우리가 이것을 알면 생하는 것도 멸하는 것도 없고, 가는 것도 오는 것도 없는 그 자리를 아는 것이다.

육조 스님께서 생하는 것도 없고 멸하는 것도 없고 가는 것도 오는 것도 없다고 했는데, 그 자리에서 생하기도 멸하기도 하고 가고 오기도 하고 그런 것이 있다. 그것을 체體 · 용用이라거나, 선문禪門에서는 살殺 · 활活이라 한다.

자기 마음이 거짓을 여의지 않으면
진실이 없으니 어느 곳에 진실이 있겠는가

앞에서 말했지만, 작용하는 것이 있다. 거짓을 여의지 않는 자리도 고정불변한 것이 아니다. 그것도 항상 변하고 있다.

유정은 움직일 줄 알고
무정은 움직이지 않으니

　움직이지 않는 것이 생하는 것도 멸하는 것도 없고 가는 곳도 오는 곳도 없다고 했다. 움직이지 않는 부동행不動行을 닦는다고 가만히 있으면, 무정이 움직이지 않는 것과 같다. 우리가 이런 견해를 갖고 수행하면 단멸斷滅에 떨어진다.

만약 참으로 움직이지 않음을 본다면
움직임 위에 움직이지 않음이 있으니

　앞의 부동행과 다르다. "움직임 위에 움직이지 않음이 있다"는 이것이 전부 중도이고 연기다. 양변 여읜 자리는 움직이는 곳에 움직이지 않는 것이 함께 있고, 움직이지 않는 곳에 움직임이 함께 있다. 계속 중도와 연기를 이야기한다. 움직이는 위에 움직이지 않음이 있는 것이 진짜 움직이지 않음不動이다.

　앞에서도 말했듯이 달마 스님이 '밖으로 인연을 쉬고 안으로 헐떡거림을 쉬어 마음을 담벼락같이 하면 가히 도에 들어간다外息諸緣 內心無喘 心如障壁 可以入道'고 하신 말씀을 '가만히 있고 아무 감각이 없는 것이 도'라 오해하면 안 된다. 또 대혜 스님께서 서장에 적적寂寂만 하면 '묵조사사배默照邪師輩'라고 한 것이 바로 이것이다. 적적만 공부하면 잘못된 공부다.

　그런데 실제 깨달음의 게송을 손가락으로 해석하는 분들이 있다.

예를 들어 '망을 뚫고 나온 금고기' 하면, 보통 금고기는 도인이라 보고, 망은 번뇌라고 생각한다. 그러면 번뇌인 망이 있고 또 도인이 있다고 보면, 진과 망이 나눠지고 벌어진다. 본래 그 자리에는 진과 망이 없다. 양변 여읜 자리는 부처도 없고 중생도 없고 도인도 없고 해탈도 없고 구속도 없고 지혜도 없고 망상도 없다. 그 자리가 우리 본래 자리다. 이것을 이분법적으로 '중생이다-부처다' 나누는 분은 공부를 잘못하는 것이다.

서장에도 달마 스님의 그 말씀을 방편으로 봐야지 법으로 보면 안 된다는 것을 강조했다.

움직이지 않음이 부동이라면
무정과 같아 부처의 씨앗도 없다

그것은 완전히 단멸에 떨어져버린 것이다.

능히 모양을 잘 분별하되
반드시 부동하여야 한다

여러 가지 모양의 파도가 있더라도 부동하지 않는 본질 자리를 봐야 한다. 파도가 천 개 만 개 일어나더라도 그 속에 물을 봐야 한다. 그래야 우리는 모든 고통으로부터 벗어나 있는 그대로 본다. 이것이 진리고, 이것이 모든 존재에게 보편되어 있다. 이것을 보면 다른 사람과 비교해서 차별하고 시비하지 않는다.

만약 깨달아 이 견해를 지으면

이것이 곧 진여의 작용이다

　양변 여읜 자리다. '나다-너다'를 여읜 자리를 보아 깨치게 되면, 큰 파도든 작은 파도든, 예쁜 파도든 밉게 생긴 파도든 모두 평등하다. 이것을 깨닫게 되면 정말로 살기 좋은 세상이다.

　지금 세상에는 불교가 정말 필요한 종교다. 우리가 '죽어서 천당 가자', '극락 가자' 하는 것도 아니고, 구원의 세계가 저 밖에 있는 것도 아니다. 지금 이 자리에서 부처님이 말씀하신 그 본질 자리를 단박에 보면, 서로 더불어 잘 사는 길이 당장 열린다. 불교가 세상을 좋게 만들 수 있는 훌륭한 원리를 갖고 있는 종교인데, 그 역할을 제대로 못하는 것이 안타깝다.

　그래서 여러 번 강조했지만, 첫째 부처님 법을 이해해서 정견을 갖추고 시각부터 바로 세워야 한다. 부처님 법을 이해해서 정견만 갖추더라도 스스로 조금씩 달라진다.

　비유하자면, 우리가 운동장에 가면 달리기 코스가 있다. 정견을 갖추면 그날부터 그 부처님 땅인 운동장에서 염불 코스든 참선 코스든 봉사 코스든 주력 코스든 선택해서 거기에서부터 출발하는 것이다. 그런데 정견도 안 세우고 불교도 모르는 분이 산으로 가야 하는지 강으로 가야 하는지도 모르고 가면 그것은 정말 힘들다.

모든 도를 배우는 사람에게 말하노니

노력해서 모름지기 뜻을 써

대승의 문에서 도리어

생사의 지혜에 집착하지 말라

　대승문大乘門에서 생과 사의 양변을 갈라놓는 생사의 지혜에 집착하지 말라고 했다.

앞의 사람과 서로 응하면

곧 함께 부처님 말씀을 의논하려니와

만약 실제 서로 응하지 않으면

합장하고 환희하라

　앞의 사람前頭人은 선배 도인을 말하는데, 선배 도인의 견해와 서로 맞아 들어가면, 같이 하라는 말이다. 합장하고 환희하는 것은 존경하는 대상이 있는 것이니 그렇게 하라고 한다.

이 가르침은 본래 다툼이 없다

만약 다투면 도의 뜻을 잃으리라

　이 가르침은 부처님 가르침이고 조사스님 가르침이다. 여기에는 싸움이 없다. 만약 다투면 부처님과 조사스님의 가르침을 모르는 사람이다.

미혹함에 집착하여 법문을 다투면

자기 본성이 생사에 들어간다

미혹한 것이란 양변에 있는 것이다. 법문을 다투면, 즉 양변에서 '나다-너다', '옳다-그르다' 갈등하고 대립하면, 자기 성품이 생사生死에 빠진다.

이 육조단경을 보면서 당시 스님들이 말은 다르더라도 '정말 그 자리에서 모든 것을 표현했구나!' 하는 생각을 하고 아주 감명 깊게 본다.

• 《돈황본 육조단경》(성철, 장경각, 1988)에는 '無(무)'로 되어 있으나 고우 스님은 문맥상 '若(약)'으로 바로잡아야 한다고 본다.

29

傳偈

계송을 전함

대중 스님들은 다 듣고 대사의 뜻을 알았으며, 다시는 감히 다투지 않고 법을 의지하여 수행하였다. 대중이 일시에 예배하니, 곧 대사께서 세상에 오래 머물지 않을 것임을 알았다.

상좌인 법해가 앞으로 나와 여쭈었다.

"큰스님이시여, 큰스님께서 가신 뒤에 가사와 법을 마땅히 누구에게 부촉하시겠습니까?"

대사가 말하였다.

"법은 이미 부촉하여 마쳤으니 너희는 모름지기 묻지 말라. 내가 떠난 이십여 년 후에 삿된 법이 요란하여 나의 종지를 혼란케 할 것이다. 그러나 어떤 사람이 나와 몸과 목숨을 아끼지 않고 불교의 옳고 그름을 결정하여 종지를 세우리니, 이것이 곧 나의 바른 법이다. 그러므로 가사를 전하는 것은 옳지 않다. 너희가 믿지 않을진대 내가 선대의 다섯 분 조사께서 가사를 전하고 법을 부촉하신 게송을 외워주겠다. 만약 제일조 달마 조사의 게송 뜻에 의거하면 곧 가사를 전하는 것은 옳지 않다. 잘 들어라. 내가 너희를 위하여 외리라."

제일조 달마 화상의 게송에 말하였다.

내 본시 당나라에 와서

부처님 가르침을 전하여 미혹한 중생을 구하노니

한 꽃에 다섯 잎이 열리어

결과가 자연히 이루어지리라

제이조 혜가 스님의 게송에 말하였다.

본래 땅이 있는 까닭에

땅으로부터 씨앗이 꽃을 피우니

만약 본래 땅이 없다면

꽃이 어느 곳으로부터 피어나리오

제삼조 승찬 스님의 게송에 말하였다.

꽃씨가 비록 땅을 인연하여

땅 위에 씨앗이 꽃을 피우나

꽃씨는 나는 성품이 없나니

땅에도 또한 남이 없다

제사조 도신 스님의 게송에 말하였다.

꽃씨에 나는 성품 있어

땅을 인연하여 씨앗이 꽃을 피우나
앞의 인연이 화합하지 않으면
모든 것이 다 나지 않는다

제오조 홍인 스님의 게송에 말하였다.
유정이 와서 씨 뿌리니
무정이 꽃을 피우고
정도 없고 씨앗도 없나니
마음 땅에 또한 남이 없다

제육조 혜능의 게송에 말한다.
마음의 땅이 뜻의 씨앗을 머금으니
법의 비가 꽃을 피운다
스스로 꽃 뜻의 씨앗을 깨달으니
보리의 열매가 스스로 이룬다

혜능대사가 말하였다.
"너희들은 내가 지은 두 게송을 들어라. 달마 스님 게송의 뜻을 취하였으니, 너희 미혹한 사람들은 이 게송을 의지하여 수행하라. 그러면 반드시 자성을 보리라."
첫째 게송에 말하였다.

마음 땅에 삿된 꽃이 피니
다섯 잎이 뿌리를 좇아 따르고
함께 무명의 업을 지어
업의 바람에 나부낌을 본다

둘째 게송에 말하였다.

마음 땅에 바른 꽃이 피니
다섯 잎이 뿌리를 좇아 따르고
함께 반야의 지혜를 닦으니
장차 오실 부처님의 깨달음이로다

육조 스님이 게송을 말하여 마치고 대중을 해산시켰다. 밖으로 나온 문인들은 생각하니, 대사가 세상에 오래 머물지 않으실 것임을 알았다.

衆僧既聞 識大師意 更不敢諍 依法修行 一時禮拜 即知大師不永住世 上座法海 向前言 大師 大師去後 衣法當付何人 大師言 法即付了 汝不須問 吾滅後二十 餘年 邪法撩亂 惑我宗旨 有人出來 不惜身命 定佛教是非 竪立宗旨 即是吾正 法 衣不合傳 汝不信 吾與誦先代五祖傳衣付法頌 若據第一祖達磨頌意 即不合 傳衣 聽 吾與汝誦 頌曰

第一祖達磨和尚 頌曰

吾本來唐國　　傳教救迷情

一花開五葉　　結果自然成

第二祖惠可和尚 頌曰

本來緣有地　　從地種花生

當本元無地　　花從何處生

第三祖僧璨和尚 頌曰

花種雖因地　　地上種花生

花種無生性　　於地亦無生

第四祖道信和尚 頌曰

花種有生性　　因地種花生

先緣不和合　　一切盡無生

第五祖弘忍和尚 頌曰

有情來下種　　無情花即生

無情又無種　　心地亦無生

第六祖惠能和尚 頌曰

心地含情種　　法雨即花生

自悟花情種　　菩提果自成

能大師言 汝等 聽吾作二頌 取達磨和尚頌意 汝迷人依此頌修行 必當見性

第一頌曰

心地邪花放　　五葉逐根隨

共造無明業　　見被業風吹

第二頌曰

心地正花放　　五葉逐根隨

共修般若惠　　當來佛菩提

六祖說偈已了 放衆生散 門人出外思惟 即知大師不久住世

대중 스님들은 다 듣고 대사의 뜻을 알았으며, 다시는 감히 다투지 않고 법을 의지하여 수행하였다.

이 법이 무엇인가? 양변 여읜 그 자리다.

대중이 일시에 예배하니, 곧 대사께서 세상에 오래 머물지 않을 것임을 알았다. 상좌 법해가 앞으로 나와 여쭈었다.

"큰스님이시여, 큰스님께서 가신 뒤에 가사와 법을 마땅히 누구에게 부촉하시겠습니까?"

대사가 말하였다. "법은 이미 부촉하여 마쳤으니 너희는 모름지기 묻지 말라.

가까이 열 명의 제자가 있었고 그들 말고 제자가 또 있었다. 여기에 기록되지 않았지만, 남악회양 스님과 청원행사(靑原行思, 671~738) 스님이 육조 스님 법을 계승 발전시킨 대표적인 분들이다. 반면 이 열 분 제자들은 몇 대 못 가서 사라졌다. 정작 법이 출중한 분들이 돈황본에 나오지 않았다는 것이 아쉽다. 청원과 회양 선사 두 분은 이미 육조 스님께 법을 받아 위쪽으로 올라가 회상을 차려 법을 전하고 있었다. 육조 스님께서 입적할 무렵, 두 선사는 멀리 있었기 때문에 가까이 있는 열 명 제자만 불렀다고 해석할 수 있다.

그래서 "법은 이미 부촉해 마쳤으니"라고 하신 뜻은 남악 선사나 청원 선사, 그리고 십대 제자에게도 법을 부촉했으니 더 물을 것이 없다는 말이다.

내가 떠난 이십여 년 후에 삿된 법이 요란하여 나의 종지를 혼란케 할 것이다.

이건 북쪽의 신수 스님이 요즘 말로 하면 정치적인 후원을 받으면서 당시 수도인 낙양이나 장안에서 활발히 포교하신 반면에 육조 스님은 남쪽 광주라는 한 지방에서 전법하셨으니, 신수 스님께서 훨씬 크게 활약했고 융숭한 대접을 받았던 상황을 이야기한 것이다.

그런데 육조 스님께서 신수 스님의 법을 삿된 법이라 표현하셨지만 사실은 삿된 법이 아니다. 다만 손가락 입장에 머물러 달을 보지 못한 것뿐이다. 육조 스님은 손가락을 법이라고 착각하는 것을 사법邪法이라 표현한다. 그래서 육조 스님께서도 오로지 달 그 자리만 진리고, 손가락은 인정하지 않았다.

그러나 어떤 사람이 나와 몸과 목숨을 아끼지 않고 불교의 옳고 그름을 결정하여 종지를 세우리니, 이것이 곧 나의 바른 법이다.

여기서 불교의 옳고 그름은 바로 달과 손가락이다. 중국의 후스라는 학자는 이 대목 때문에 돈황본 육조단경을 신회 계통의 작품으로 보았다. 뒤에 신회 스님이 낙양 부근의 활대滑臺에서 무차대회를 열어 토론으로 법을 세운 적이 있었다. 그래서 신회의 제자들이 그런 이야기를 여기에 삽입해서 육조 스님이 예언하신 것처럼 자신들의 정당성을 확보하려 했다고 보는 것이다.

그러므로 가사를 전하는 것은 옳지 않다. 너희가 믿지 않을진대 내가 선대의 다섯 분 조사께서 가사를 전하고 법을 부촉하신 게송을 외워주겠다. 만약 제일조 달마 조사의 게송 뜻에 의거하면 곧 가사를 전하는 것은 옳지 않다. 잘 들어라. 내가 너희를 위하여 외리라.

누구에게 가사와 법을 부촉하는지 물으니 "법은 이미 부촉해 마쳤으니 그런 질문은 하지 말라. 가사를 전해주는 것도 맞지 않다. 달마 스님의 뜻을 보더라도 가사를 전하지 않는 것이 옳다"고 하는 말이다.

제일조 달마 화상의 게송에 말하였다.
내가 본시 당나라에 와서
부처님 가르침을 전하여 미혹한 중생을 구하노니
한 꽃에 다섯 잎이 열리어
결과가 자연히 이루어지리라

다섯 잎은 이조, 삼조, 사조, 오조, 육조의 다섯 스님을 말한다. 달마 스님이 왔을 당시 중국은 당나라가 아니라 남북조 시대로 양나라 무제를 만난 기록이 있으니 "당나라에 왔다"라는 말은 맞지 않다. 제일조 스님이 이 게송을 남기기는 했지만 이 게송을 삽입한 분이 당나라 시대 사람이니까 그렇게 썼을 수도 있다.

이 게송에 큰 뜻은 없는 것 같다.

제이조 혜가 스님의 게송에 말하였다.

본래 땅이 있는 까닭에

땅으로부터 씨앗이 꽃을 피우니

만약 본래 땅이 없다면

꽃이 어느 곳으로부터 피어나리오

　여기 땅은 자성 자리로 보면 된다. 땅이 있기 때문에 작용도 나오고, 물이 있기 때문에 파도도 생기는 것이다. 물이 없으면 파도가 생기지 않는다.

　여기에 중요한 것은 우리가 자성 자리를 일상생활에서 보지 않고 있다는 것이다. 그래서 자성 자리를 강조하는 의미에서 이 게송을 볼 필요가 있다. 우리는 형상만 보지, 자성 자리를 함께 보지 않는다. 이 둘을 분명히 볼 때 해탈할 수 있다. 이 게송을 새롭게 인식해야 한다.

제삼조 승찬 스님의 게송에 말하였다.

꽃씨가 비록 땅을 인연하여

땅 위에 씨앗이 꽃을 피우나

꽃씨는 나는 성품이 없나니無生性

땅에도 또한 남이 없다

　성철 스님은 무생성을 '나는 성품이 없다'라고 해석했는데, 나는 조금 다르게 본다. 꽃과 종자는 땅을 인연해 있다. 또 물로 인하여 파도가 일어난다. 그러니 "비록 땅을 인연하여 꽃과 종자가 나오지만, 그 꽃과 종자가 남이 없는 성품이라서 땅에도 또한 남이 없다"고 해석한다. 파도에 물이 있는데 그 물이 없던 것이 생긴 건 아니다. '불생불멸 不生不滅', 반야심경에 나오듯이 그렇게 해석하면 좋겠다.

제사조 도신 스님의 게송에 말하였다.

꽃씨에 나는 성품 있어有生性

땅을 인연하여 씨앗이 꽃을 피우나

앞의 인연이 화합하지 않으면

모든 것이 다 나지 않는다

　앞에서 '나는 성품이 없다'고 했는데, 여기는 나는 성품이 있어 땅 위에 꽃과 종자가 난다고 했다. 꽃과 종자가 나는 것은 세 가지가 어울려 생기는 것이다. 성품, 꽃, 종자 세 가지가 어울려 나고 안 나고 하는데, 그것이 앞의 인연 세 가지다. 우리 몸뚱이도 지地 · 수水 · 화火 · 풍風으로 화합하지 않으면 없다.

　이 이야기는 중도와 연기를 말한다. 앞에서도 중도와 연기 이야기를 충분히 했지만, 여기에서는 더 구체적으로 말한다. 물과 파도가 있는데, 그 물과 파도가 화합하지 않으면 일체가 없다. 연기이기 때문에 파도가 있다. 파도와 물의 연기로 본다면, 바람과 물이 화합해서 파도가 일어난다. 우리는 그 화합하는 것을 연기로 본다.

제오조 홍인 스님의 게송에 말하였다.

유정이 와서 씨 뿌리니

무정이 꽃을 피우고

정도 없고 씨앗도 없나니

마음 땅에 또한 남이 없다

　철저히 공空을 이야기한 것이다. 그래서 유정有情은 작용하는 것인데, 유정이 와서 종자를 내리니 무정無情에 꽃이 핀다. 물에서 파도가 일어난다고 하는 것과 같다. 무정에 꽃이 피고 그것이 결과적으로 생멸하고 있기 때문에 정도 없고 종자도 없다.

　"마음 땅에 또한 남이 없음이로다." 결국 그 자리는 양변을 여의어 얻는 자리다. 오조 홍인 스님은 철저히 양변 여읜 자리를 더 강조하셨다.

제육조 혜능의 게송에 말한다.

마음의 땅이 뜻의 씨앗을 머금으니

법의 비가 꽃을 피운다

스스로 꽃 뜻의 씨앗을 깨달으니

보리의 열매가 스스로 이룬다

　물 속에 파도가 일어나는 작용이 없다면 아무리 바람이 불더라도 파도가 일어나지 않을 것이다. 심지도 마찬가지다. 이것은 쌍차雙遮를 말한다. 쌍차 속에 작용하는 요소가 들어가 있다. 그것을 정종情種이라 보면 된다. '정종을 머금어 법의 비가 오니까 꽃이 핀다.' 이것은 쌍차에서 쌍조雙照로 바뀌는 이야기로 보면 된다.

혜능대사가 말하였다. "너희들은 내가 지은 두 게송을 들어라. 달마 스님 게송의 뜻을 취하였으니 너희 미혹한 사람들은 이 게송을 의지하여 수행하라. 그러면 반드시 자성을 보리라."

육조 스님이 뒤에 게송 두 개를 지어 놨는데, 달마 스님의 게송을 보면서 너희들이 그 뜻을 알았으니까 이 게송도 충분히 이해할 수 있을 것이고 또 이 게송을 의지하면 반드시 견성할 것이라 말한다.

첫째 게송에 말하였다.
마음 땅에 삿된 꽃이 피니
다섯 잎이 뿌리를 좇아 따르고
함께 무명의 업을 지어
업의 바람業風에 나부낌을 본다

삿된 꽃이 핀다는 것은 양변을 마음속에 일으키는 것을 말한다. 여기에서 말하는 다섯 잎은 앞에 말한 다섯 조사가 아니고 안·이·비·설·신, 오근五根으로 보면 좋겠다. 그 오근이 식識을 따라 함께 무명의 업을 짓는다. 그래서 그 업풍에 나부끼는 것을 볼 것이라 했다. 여기는 '있다-없다'로 보는 것이다.

둘째 게송에 말하였다.
마음 땅에 바른 꽃이 피니
다섯 잎이 뿌리를 좇아 따르고

함께 반야의 지혜를 닦으니

장차 오실 부처님의 깨달음이로다

　"자성 자리에서 바른 꽃을 피우니"에서 바른 꽃이 피는 것은 '양변 여읜 꽃이 피면'의 뜻이다. 그러면 오근이 의식을 따라 함께 반야 지혜를 닦아, 장래에 부처의 깨달음이 된다고 했다. 양변 여의는 것과 여의지 않는 것의 차이가 무엇인가? 양변에서 하면 무명 업을 지으며 그 업풍을 따라 중생 노릇을 하고, 양변 여읜 자리에서 오근이 의식을 따라 반야 지혜를 닦으면 부처가 된다.

　그런데 앞에서 양변을 따라가기 때문에 무명 업도 짓고 업풍도 짓는다 했는데 실제는 착각이다. 양변을 따라가든 양변을 여의든 우리 존재원리는 손톱만큼도 달라지는 것이 없다. 다만 우리가 착각하는 것뿐이다. 착각한다고 우리 존재원리가 변하는 것은 아니다. 우리는 본래 부처다. 우리는 그런 위대한 존재이기 때문에 착각을 빨리 깨야 한다.

　이 착각한 세상 사람이 매일 총칼 들고 싸우고, 정치권에서도 싸우고, 공장에서도 노사가 대립해서 싸우고, 가정에서도 매일 싸우고 있다. 그것이 인류의 역사다. 이런 인류 역사를 하루아침에 고쳐 놓을 수 있는 것이 불교다. 우리가 그런 자부심과 원력을 가지고 나부터 그렇게 고쳐 살고, 세상 사람들 모두 '정말로 사는 세계를 만들어 보자' 하고 실천해 가야 한다.

30

傳統

법을 전하는 계통

그 뒤, 육조 스님은 팔월 초삼일에 이르러 공양 끝에 말하였다.

"너희들은 차례로 앉아라. 내 이제 너희들과 작별하리라."

법해가 여쭈었다.

"이 돈교법의 전수는 예부터 지금까지 몇 대입니까?"

육조 스님이 말하였다.

"처음은 일곱 부처님으로부터 전수되었으니, 석가모니불은 그 일곱번째시다.

대가섭은 제팔, 아난은 제구,

말전지는 제십, 상나화수는 제십일,

우바국다는 제십이, 제다가는 제십삼,

불타난제는 제십사, 불타밀다는 제십오,

협비구는 제십육, 부나사는 제십칠,

마명은 제십팔, 비라장자는 제십구,

용수는 제이십, 가나제바는 제이십일,

라후라는 제이십이, 승가나제는 제이십삼,

승가야사는 제이십사, 구마라타는 제이십오,

사야타는 제이십육, 바수반다는 제이십칠,

마나라는 제이십팔, 학륵나는 제이십구,

사자비구는 제삼십, 사나바사는 제삼십일,

우바굴은 제삼십이, 승가라는 제삼십삼,

수바밀다는 제삼십사, 남천축국 왕자 셋째 아들 보리달마는 제삼십오,

당나라 스님 혜가는 제삼십육, 승찬은 제삼십칠,

도신은 제삼십팔, 홍인은 제삼십구,

나 혜능이 지금 법을 받은 것은 제 사십대이니라."

대사가 말하였다.

"오늘 이후로는 서로서로 전수하여 모름지기 의지하고 믿어 종지를 잃지 말라."

六祖後至八月三日 食後 大師言 汝等著位坐 吾今共汝等別 法海問言 此頓敎法 傳授 從上已來 至今幾代 六祖言 初傳授七佛 釋迦牟尼佛 第七

大迦葉第八	阿難第九
末田地第十	商那和修第十一
優婆掬多第十二	提多迦第十三
佛陀難提第十四	佛陀蜜多第十五
脇比丘第十六	富那奢第十七
馬鳴第十八	毗羅長者第十九
龍樹第二十	迦那提婆第十一

羅睺羅第卄二　　　僧迦那提第卄三

僧迦耶舍第卄四　　鳩摩羅馱第卄五

闍耶多第卄六　　　婆修盤多第卄七

摩拏羅第卄八　　　鶴勒那第卄九

師子比丘第卅　　　舍那婆斯第卅一

優婆堀第卅二　　　僧迦羅第三十三

須婆蜜多第三十四　南天竺國王子第三子菩提達磨第三十五

唐國僧惠可第三十六　僧璨第三十七

道信第三十八　　　弘忍第三十九

惠能自身 當今受法第四十 大師言 今日已後 遞相傳授 須有依約 莫失宗旨

여기 제26대 사야타와 27대 바수반다는 서장에도 나온다. 바수반다가 잠도 자지 않고 용맹정진하고 일종식—種食하며 육시六時에 예불한다고 하니, 사야타가 그렇게 해서는 도통할 수 없다고 말한다. 그러자 바수반다의 제자들이 항의한다. 그래서 사야타가 "나는 일종식을 하지 않아도 잡되게 밥 먹지 않았고, 예불을 하지 않아도 교만하지 않았고, 장좌長坐를 하지 않아도 게으르지 않았다"라는 법문을 해주어 바수반다가 깨닫는 이야기를 대혜 스님도 하셨다. 바로 그분들이다.

마나라는 제이십팔, 학륵나는 제이십구

이 두 사람은 선요에 나온다. 학륵나 존자에게 학 500마리가 따라다니자 마나라 존자가 이를 제도한 이야기가 있다.

남천축국 왕자 셋째 아들 보리달마는 제삼십오, 당나라 스님 혜가는 제삼십육, 승찬은 제삼십칠, 도신은 제삼십팔, 홍인은 제삼십구, 나 혜능이 지금 법을 받은 것은 제 사십대이니라.

대사가 말하였다. "오늘 이후로는 서로서로 전수하여 모름지기 의지하고 믿어 종지를 잃지 말라."

이렇게 부처님부터 이어져 전법하여 온 이야기를 하는데, 보통 과거 칠불은 빼고 석가모니를 1대로 치기 때문에 삼십삼(33)조사라 한다.

31

眞佛

참부처님

법해가 또 여쭈었다.

"큰스님께서 이제 가시면 무슨 법을 부촉하여 남기시어, 뒷 세상 사람들로 하여금 부처님을 보게 하시렵니까?"

육조 스님이 말하였다.

"너희들은 들어라. 뒷 세상의 미혹한 사람들이 중생을 알면 곧 부처를 볼 수 있을 것이다. 만약 중생을 알지 못하면 만겁토록 부처를 찾아도 보지 못하리라. 내가 지금 너희로 하여금 중생을 알아 부처를 보게 하려고 다시 '참부처를 보는 해탈의 노래'를 남기니, 미혹하면 부처를 보지 못하고 깨친 이는 곧 본다."

"법해는 듣기를 바라오며 대대로 유전하여 세세생생 끊어지지 않게 하리이다."

육조 스님이 말하였다.

"너희는 들어라. 내 너희들을 위하여 말해주리라. 만약 뒷 세상 사람들이 부처를 찾고자 할진대 오직 자기 마음의 중생을 알라. 그러면 곧 능히 부처를 알게 되는 것이니, 곧 중생이 있음을 인연하기 때문이며, 중생을 떠나서는 부처의 마음이 없느니라."

미혹하면 부처가 중생이요 깨치면 중생이 부처며

우치하면 부처가 중생이요 지혜로우면 중생이 부처니라

마음이 험악하면 부처가 중생이요 마음이 평등하면 중생
이 부처니

한평생 마음이 험악하면 부처가 중생 속에 있다

만약 한 생각 깨쳐 평등하면 곧 중생이 스스로 부처니

내 마음에 스스로 부처가 있음이라 자기 부처가 참부처이니

만약 자기에게 부처의 마음이 없다면

어느 곳을 향하여 부처를 구하리오

대사가 말하였다.

"너희 문인들은 잘 있거라. 내가 게송 하나를 남기니 '자성진불해
탈송'이라 이름한다. 뒷 세상에 미혹한 사람들이 이 게송 뜻을 들
으면 곧 자기 마음, 자기 성품의 참부처를 보리라. 너희에게 이 게
송을 주면서 내 너희와 작별하리라."

게송을 말하였다.

진여의 깨끗한 성품이 참부처요

삿된 견해의 삼독이 곧 참 마구니다

삿된 생각 가진 사람은 마구니가 집에 있고

바른 생각 가진 사람은 부처가 곧 찾아온다

성품 가운데 삿된 생각인 삼독이 나니

곧 마왕이 와서 집에 살고

바른 생각이 삼독의 마음을 스스로 없애면

마군이 변하여 부처 되니 참되어 거짓이 없다

화신과 보신과 정신이여

세 몸이 원래 한 몸이니

만약 자신에게 스스로 보는 것을 찾는다면

곧 부처님의 깨달음을 성취한 씨앗이다

본래 화신으로부터 깨끗한 성품 나는지라

깨끗한 성품은 항상 화신 속에 있고

성품이 화신으로 하여금 바른 길을 행하게 하면

장차 원만하여 참됨이 다함없다

음욕의 성품은 본래 몸의 깨끗한 씨앗이니

음욕을 없애고는 깨끗한 성품의 몸이 없다

다만 성품 가운데 있는 다섯 가지 욕심을 스스로 여의면

찰나에 성품을 보니 그것이 곧 참이다

만약 금생에 돈교의 법문을 깨치면

곧 눈앞에 세존을 보려니

만약 수행하여 부처를 찾는다고 할진대

어느 곳에서 참됨을 구해야 할지 모른다

만약 몸 가운데 스스로 참됨 있다면

그 참됨 있음이 곧 성불하는 씨앗이니라

스스로 참됨을 구하지 않고 밖으로 부처를 찾으면

가서 찾음이 모두가 크게 어리석은 사람이로다

돈교의 법문을 이제 남겼으니

세상 사람을 구제하고 모름지기 스스로 닦으라

이제 세간의 도를 배우는 이에게 알리니

이에 의지하지 않으면 크게 부질없다

法海又白 大師今去 留付何法 令後代人 如何見佛 六祖言 汝聽 後代迷人 但識衆生 即能見佛 若不識衆生 覓佛萬劫 不得見也 吾今敎汝 識衆生 見佛 更留見眞佛解脫頌 迷即不見佛 悟者即見 法海願聞 代代流傳 世世不絶 六祖言 汝聽 吾與汝說 後代世人 若欲覓佛 但識自心衆生 即能識佛 即緣有衆生 離衆生無佛心

迷即佛衆生　　悟即衆生佛

愚癡佛衆生　　智惠衆生佛

心險佛衆生　　平等衆生佛

一生心若險　　佛在衆生中

一念悟若平　　即衆生自佛

我心自有佛　　自佛是眞佛

自若無佛心　　向何處求佛

大師言 汝等門人 好住 吾留一頌 名自性眞佛解脫頌 後代迷人 聞此頌意 即見
自心自性眞佛 與汝此頌 吾共汝別 頌曰

眞如淨性是眞佛　　邪見三毒是眞魔

邪見之人魔在舍　　正見之人佛則過

性中邪見三毒生　　即是魔王來住舍

正見自除三毒心　　魔變成佛眞無假

化身報身及淨身　　三身元本是一身

若向身中覓自見　　即是成佛菩提因

本從化身生淨性　　淨性常在化身中

性使化身行正道　　當來圓滿眞無窮

婬性本身清淨因　　除婬即無淨性身

性中但自離五欲　　見性刹那即是眞

今生若悟頓敎門　　悟即眼前見世尊

若欲修行云覓佛　　不知何處欲求眞

若能身中自有眞　　有眞即是成佛因

自不求眞外覓佛　　去覓惣是大癡人

頓敎法門今已留　　救度世人須自修

今報世間學道者　　不依此是大悠悠

법해가 또 여쭈었다. "큰스님께서 이제 가시면 무슨 법을 부촉하여 남기시어, 뒷 세상 사람들로 하여금 어떻게 부처님을 보게 하시렵니까?"

지금까지 돈법頓法에 대한 이야기를 계속 했다. 법해 스님이 다시 반복 질문한 것은 법에 대한 이해가 얕은 사람을 위한 것이다.

육조 스님이 말하였다. "너희들은 들어라. 뒷 세상의 미혹한 사람들이 중생을 알면 곧 능히 부처를 볼 것이다."

《원각경圓覺經》〈보현보살장〉에 "지환직각知幻直覺, 환幻을 알면 곧 깨달음이다"라는 말이 나온다. 우리가 중생을 알면 능히 부처를 보는데, 실제 우리는 중생을 모르고 있다. 우리는 형상만 보기 때문에 중생이다. 그 안은 부처다. 내가 중생이라는 것을 아는 자체가 부처다.

만약 중생을 알지 못하면 만겁토록 부처를 찾아도 보지 못하리라.

우리가 껍데기만 보고 본질은 못 보고 있다는 것을 알아야 부처가 될 수 있다. 우리 자신이 중생이라는 것도 모르고 있으면, 만겁을 지내더라도 부처가 될 수 없다.

내가 지금 너희로 하여금 중생을 알아 부처를 보게 하려고 다시 '참부처를 보는 해탈의 노래'를 남기니, 미혹하면 부처를 보지 못하고 깨친 이는 곧 본다.

껍데기가 나라고 집착하면 중생이고, 껍데기와 그 껍데기를 만든 본질 자리가 바로 연기고 공이라는 것을 깨달으면 그 사람은 본질을 보는 것이다.

"법해는 듣기를 바라오며 대대로 유전하여 세세생생 끊어지지 않게 하리이다."
육조 스님이 말하였다. "너희는 들어라. 내 너희들을 위하여 말해주리라. 만약 뒷 세상 사람들이 부처를 찾고자 할진대 오직 자기 마음의 중생을 알라. 그러면 곧 능히 부처를 알게 되는 것이니, 곧 중생이 있음을 인연하기 때문이며, 중생을 떠나서는 부처의 마음이 없느니라."
'껍데기만 보고 작용하는 것만 보고, 그대로 있는 본질 자리를 보지 못하면 그것은 중생이다'라는 말이다. 이렇게 중생을 이해하면 그 자체가 부처를 아는 것이다. 중생이 있으므로 부처도 있는 것이니 중생을 여의고는 부처의 마음도 없다.

미혹하면 부처가 중생이요 깨치면 중생이 부처며

중생과 부처가 둘이 아니다. 다만 깨닫고 못 깨달은 그 차이만 있지, 그 당체當體는 똑같다. 여기에서도 본래 깨달았든 깨닫지 못했든 우리 존재원리는 부처라는 것을 강조한다.

우치하면 부처가 중생이요 지혜로우면 중생이 부처니라

어리석다는 것은 '나다-너다'에 집착하는 것이다.

마음이 험악하면 부처가 중생이요 마음이 평등하면 중생이 부처니 한
평생 마음이 험악하면 부처가 중생 속에 있다

화를 내고 주먹질한다고 험악한 것이 아니고, 대립 갈등하고 남과
차별하고 비교하는 사람이 험악한 것이다. 많이 가졌으면 많이 가진
대로, 적게 가지면 적게 가진 대로, 형편대로 살면 된다. 그런 사람은
원하면 얼마든지 더 많이 가질 수 있다. 그런 마음 없이 비교하면서,
험악한 마음을 가지고 있는 사람은 더 가지기 위해 수단 방법을 가리
지 않기 때문에 가진 것도 놓치는 경우가 많다.

어리석음도 양변을 여의지 못한 자리고, 험악하다는 것도 결국 양
변을 여의지 못한 자리다. 그 자리가 나도 너도 없고, 시비도 없고, 선
도 악도 초월한 자리라는 것을 알게 되면 모든 것이 평등하다.

만약 한 생각 깨쳐 평등하면 곧 중생이 스스로 부처니
내 마음에 스스로 부처가 있음이라 자기 부처가 참부처이니
만약 자기에게 부처의 마음이 없다면
어느 곳을 향하여 부처를 구하리오

금강경에 부처가 부처가 아니니까 부처다 했다. 부처가 아니라는
말은 '부처다-중생이다' 분별이 없으면 다 부처라는 것이다.

제일第一도 마찬가지다. 제일이 제일이 아니기 때문에 제일이다. 제
일이 있고 제일 하下가 있다고 보면 그건 제일이 아니다. 그럼 어떻게
봐야 하느냐? 제일도 없고 제일 하도 없다는 것을 아는 그것이 제일

이라는 것이다.

그래서 거듭 강조하지만 정견을 갖추고 가치관을 바꾸면 공부가 저절로 된다. 신도들이 "스님, 화두를 어떻게 들고 참선은 어떻게 합니까?" 하고 물으면, 나는 "그런 형식에 얽매이지 마라. 장소나 형식에 구애받지 말고, 자연스럽게 생활을 통해 바쁘지 않고 여유 있을 때만이라도 화두를 챙기면서 공부를 해 봐라. 그것이 진짜 공부다" 한다. 형식적으로 하는 것은 잘못하면 하기 위해 하는 것이 된다. 그런 사람들은 진심으로 하기보다 형식에 더 신경을 쓴다. 하기 위한 공부, 그것은 백날 해도 안 된다.

그리고 동중動中에서 공부 못 하는 사람은 정중靜中에도 공부 못 한다. 뜻이 있는 말이다. 우리는 선방이나 수행하는 장소, 어떤 형식에 자꾸 얽매이는데, 이것을 경계해야 한다.

대사가 말하였다. "너희 문인들은 잘 있거라. 내가 게송 하나를 남기니 '자성진불해탈송'이라 이름한다. 뒷 세상에 미혹한 사람이 이 게송 뜻을 들으면 곧 자기 마음, 자기 성품의 참부처를 보리라. 너희에게 이 게송을 주면서 내 너희와 작별하리라."

이제 육조 스님이 대중에게 마지막으로 작별하는 대목이다.

게송을 말하였다.

진여의 깨끗한 성품이 참부처요

진여는 우리 자성 자리를 말한다. 여기에 들어오면 부처도 없고 중생도 없어진다.

삿된 견해의 삼독이 곧 참마구니다

사견삼독邪見三毒이란 '부처다─중생이다' 나누는 데서 탐·진·치가 일어나는 것이다.

삿된 생각 가진 사람은 마구니가 집에 있고

바른 생각 가진 사람은 부처가 곧 찾아온다

성철 스님이 "부처가 곧 찾아온다"고 새겼는데, 이것은 '즉과則過' 원문 그대로 "부처인 즉 곧 지나간다"고 새겨도 좋다. 왜냐면 사견邪見에 떨어지면 모든 것에 집착한다. 집착하는 것은 마구니가 집에 있는 것이다. 부처된 자리도 머무르면 부처가 잘못되어버린다.

《금강경오가해金剛經五家解》〈야보송冶父頌〉에 보면 "부처 있는 곳에는 머무르지 말고, 부처 없는 곳에 가서는 빨리 지나가거라"라는 말이 나온다. 앞에서는 "무념으로 종을 삼고, 무상으로 체를 삼고, 무주로 본을 삼아라" 했다. 부처 자리에도 머무르면 안 된다. 어디든지 머무르면 그것은 병이다.

성품 가운데 삿된 생각인 삼독이 나니

곧 마왕이 와서 집에 살고

바른 생각이 삼독의 마음을 스스로 없애면

마군이 변하여 부처 되니 참되어 거짓이 없다

　우리가 마구니를 쫓아내고 부처를 맞이하는 것이 아니고, 마구니가
변해 부처가 되는 것이다. 망상이 변해 지혜가 되고 반야가 되는 것이
다. 중생이 부처가 되고 부처가 중생이 된다 했는데, 우리가 중생을
쫓아내고 부처를 맞이하는 것이 아니라 중생이 그대로 부처 되는 것
이다.

화신化身과 보신報身과 정신淨身이여

세 몸이 원래 한 몸이니

　여기 정淨이라고 썼는데 본래 법法이다. 법이 깨끗한 것이고 양변을
여읜 자리니까 이 정신淨身, 법신法身이라는 것이 같다. 자성 자리다.
화신化身은 거기에서 일어나는 작용을 말하고 보신報身은 그렇게 일어
날 수 있게 덕성을 갖추고 있는 것을 말한다. 이 삼신이 우리 마음에
각각 있는 것이 아니고 한 몸이다.

만약 자신에게 스스로 보는 것을 찾는다면

곧 부처님의 깨달음을 성취한 씨앗이다

　이 몸 가운데 삼신이 있다. 삼신 몸 가운데 삼신이 보는 것을 찾으
면 그것이 부처, 보리의 원인이다. 그러니까 이 삼신 가운데서도 법신
을 찾아보는 것이다.

본래 화신으로부터 깨끗한 성품 나는지라
깨끗한 성품은 항상 화신 속에 있고
성품이 화신으로 하여금 바른 길을 행하게 하면
장차 원만하여 참됨이 다함없다

　　화신은 이렇게 작용하는 것이다. 응무소주應無所住 할 때 이생기심而生其心 하는 것이다.

음욕의 성품은 본래 몸의 깨끗한 씨앗이니
음욕을 없애고는 깨끗한 성품의 몸이 없다

　　《수심결修心訣》에 보면 이런 문답이 있다.

　　"새 소리를 듣느냐?"

　　"듣습니다."

　　"듣는 놈을 돌이켜 보라."

　　"거기에 뭐가 있느냐?"

　　"없습니다."

　　그 없음의 자리가 청정인清淨因이다. 그러면 음욕을 일으키는 놈을 돌이켜 생각해 보라. 그놈을 돌이켜 생각해서 우리가 안으로 비춰 보면 거기는 또 깨끗해지는 것이다. 우리는 껍데기만 보고 '저것은 더럽다, 나쁘다' 생각하지만 그 본질은 항상 깨끗하다. 또 음욕을 없애고 그 깨끗한 성품을 찾으려 하면 그것은 없다. 더럽다고 하는 것과 깨끗하다는 것이 본질은 같다.

다만 성품 가운데 있는 다섯 가지 욕심을 스스로 여의면
찰나에 성품을 보니 그것이 곧 참이다
만약 금생에 돈교의 법문을 깨치면
곧 눈앞에 세존을 보려니

　앞에서도 나왔다. "극락세계를 보여줄 테니 너희가 보겠느냐?" 하
니 위자사를 비롯한 모두가 보기를 원한다고 했다. 그러자 육조 스님
이 "그럼 봐라. 본 사람은 의심하지 마라" 하셨다. 그리고 유관 스님
은 "도가 어디에 있습니까?" 하니 "네 눈앞에 있지 않느냐?"고 했다.
우리가 돈교법을 깨달으면 눈앞의 부처님을 본다.

만약 수행하여 부처를 찾는다고 할진대
어느 곳에서 참됨을 구해야 할지 모른다
　우리가 수행해서, 무엇을 닦아 부처 되는 것이 아니다. 착각을 깨면
그대로 부처다.

만약 몸 가운데 스스로 참됨 있다면
그 참됨 있음이 곧 성불하는 씨앗이니라
스스로 참됨을 구하지 않고 밖으로 부처를 찾으면
가서 찾음이 모두가 크게 어리석은 사람이로다
돈교의 법문을 이제 남겼으니
세상 사람을 구제하고 모름지기 스스로 닦으라

이제 세간의 도를 배우는 이에게 알리니

이에 의지하지 않으면 크게 부질없다

'자기 안의 참된 것을 구하지 않고 밖에서 부처를 찾는다.' 우리는 밖에 있는 것이 나를 행복하게 만들 것이라 생각해서 내 밖에 있는 걸 자꾸 찾는다. 돈과 명예, 지위 그리고 젊은 사람들은 몸짱, 얼짱 등 여러 가지가 있다. 이런 것이 밖에서 찾는 것이다. 밖에서 찾는 것으로는 절대 행복해질 수 없다. 안에서 찾아야 한다. 이것이 부처님 법이다.

32

滅度

멸도

대사가 게송을 말해 마치고 드디어 문인들에게 알렸다.

"너희들은 잘 있거라. 이제 너희들과 작별하리라. 내가 떠난 뒤에 세상 인정으로 슬피 울거나, 사람들의 조문과 돈과 비단을 받지 말며, 상복을 입지 말라. 성인의 법이 아니며 나의 제자가 아니다.

내가 살아 있던 날과 한가지로 일시에 단정히 앉아 움직임도 없고 고요함도 없으며, 남도 없고 없어짐도 없으며, 감도 없고 옴도 없으며, 옳음도 없고 그름도 없으며, 머무름도 없고 감도 없어서 탄연히 적정하면 이것이 큰 도다. 내가 떠난 뒤에 오직 법에 의지하여 수행하면 내가 있던 날과 한가지일 것이나, 내가 만약 세상에 있더라도 너희가 가르치는 법을 어기면 내가 있은들 이익이 없다."

대사가 이 말을 마치고 밤 삼경에 이르러 문득 돌아가시니, 대사의 춘추는 일흔여섯이었다.

대사께서 돌아가신 날, 절 안은 기이한 향내가 가득하여 여러 날이 지나도 흩어지지 않았고, 산이 무너지고 땅이 진동하며 숲의 나무가 희게 변하고 해와 달은 광채가 없고 바람과 구름이 빛을 잃었다.

팔월 삼일에 돌아가시고 동짓달에 이르러 큰스님의 영구를 모시어 조계산에 장사 지내니, 용감 속에서 흰 빛이 나타나 곧장 하늘 위로

솟구치다가 이틀 만에 비로소 흩어졌으며, 소주 자사 위거는 비를
세우고 지금까지 공양하느라.

大師說偈已了 遂告門人曰 汝等好住 今共汝別 吾去已後 莫作世情悲泣 而受人
吊問錢帛 著孝衣 卽非聖法 非我弟子 如吾在日一種 一時端坐 但無動無靜 無
生無滅 無去無來 無是無非 無住無往 坦然寂靜 卽是大道 吾去已後 但依法修
行 共吾在日一種 吾若在世 汝違敎法 吾住無益 大師云此語已 夜至三更 奄然
遷化 大師春秋七十有六
大師滅度之日 寺內異香氳氳 經數日不散 山崩地動 林木變白 日月無光 風雲失
色 八月三日 滅度 至十一月 迎和尙神座於曹溪山葬 在龍龕之內 白光出現 直
上衝天 二日始散 韶州刺使韋據立碑 至今供養

대사가 게송을 말해 마치고 드디어 문인들에게 알렸다.

"너희들은 잘 있거라. 이제 너희들과 작별하리라."

육조 스님이 작별 인사를 여러 번 한다. 남은 제자들을 염려하는 마음에서 그러는 것이다.

내가 떠난 뒤에 세상 인정으로 슬피 울거나

세상의 인정도 '있다-없다'에서 나온다. 그리고 가는 곳을 아는데, 울 일이 아니다. 어떻게 보면 축제지 슬픈 일이 아니다.

사람들의 조문과 돈과 비단을 받지 말며, 상복을 입지 말라. 성인의 법이 아니며 나의 제자가 아니다.

이것을 보면 지금 우리 다비문화는 고칠 것이 많다. 육조 스님은 아주 간소하게 돈과 비단도 받지 말고 상복도 입지 말라고 했는데, 우리 현실은 그렇지 못하다. 우리는 너무 화려하다. 육조 스님도 내가 세상에 있을 때와 같이 간소하게 하라 당부한다. 죽었다고 해서 어디로 가는 것도 아니니까.

내가 살아 있던 날과 한가지로 일시에 단정히 앉아 움직임도 없고 고요함도 없으며, 남도 없고 없어짐도 없으며, 감도 없고 옴도 없으며, 옳음도 없고 그름도 없으며, 머무름도 없고 감도 없어서 탄연히 적정하면 이것이 큰 도다.

여기에 나온 대로 양변을 여읜 일상에서 평상심 그대로 장례를 치르라는 말이다.

내가 떠난 뒤에 오직 법에 의지하여 수행하면 내가 있던 날과 한가지일 것이나, 내가 만약 세상에 있더라도 너희가 가르치는 법을 어기면 내가 있은들 이익이 없다.

내가 없더라도 내가 시키는 대로 하면 이익이 되지만, 내가 세상에 있다 하더라도 내가 가르친 법을 어기면 아무 이익이 없다.

33
後記
후기

이 단경은 상좌인 법해 스님이 기록을 모은 것이다. 상좌가 돌아가자 같이 배운 도제에게 부촉하였고, 도제가 돌아가니 문인 오진에게 부촉하였다. 오진은 영남 조계산 법흥사에서 지금 이 법을 전해주는 것이다.

만약 이 법을 부촉하려면 모름지기 상근기의 지혜라야 한다. 마음으로 불법을 믿어 큰 자비를 일으키고 이 경을 가지고 의지해 계승하여 지금까지 끊이지 않았다.

스님은 본래 소주 곡강현 사람이다. 여래께서 열반에 드시고 법의 가르침이 동쪽 땅으로 흘러와서 함께 머무름이 없음을 전하니, 곧 나의 마음이 머무름이 없음이다.

이 진정한 보살이 참된 종지를 설하고 진실한 비유를 행하여 오직 큰 지혜의 사람만을 가르치니, 이것이 뜻의 의지하는 바다. 무릇 제도하기를 맹세해서 수행하고 수행하되, 어려움을 만나더라도 물러서지 않고, 괴로움을 만나서도 능히 참으며, 복과 덕이 깊고 두터워야 바야흐로 이 법을 전할 것이다.

만약 근성이 견디지 못하고, 재목이 되지 못하면 모름지기 이 법을 구하더라도, 법을 어기는 부덕한 사람에게는 망령되이 단경을 부

촉하지 마라. 도를 함께하는 모든 사람들에게 알려 그 비밀한 뜻을
알게 하노라.

此壇經 法海上座集 上座無常 付同學道漈 道漈無常 付門人悟眞 悟眞在嶺南曹
溪山法興寺 見今傳授此法

如付此法 須得上根智 心信佛法 立大悲持此經 以爲依承 於今不絶 和尙 本是
韶州曲江縣人也 如來入涅槃 法敎流東土 共傳無住 卽我心無住 此眞菩薩 說眞
宗 行實喩 唯敎大智人 是旨依 凡度誓修修行行 遭難不退 遇苦能忍 福德深厚
方授此法 如根性不堪材量不得 須求此法 違律不德者 不得妄付壇經 告諸同道
者 令知密意

이 단경은 상좌인 법해 스님이 기록을 모은 것이다.

육조단경은 소주 자사 위거가 법해 스님에게 부탁해서 기록한 것이다.

상좌가 돌아가자 같이 배운 도제에게 부촉하였고, 도제가 돌아가니 문인 오진에게 부촉하였다. 오진은 영남 조계산 법흥사에서 지금 이 법을 전해주는 것이다.

그러니까 법해, 도제, 오진 세 분 스님에 걸쳐 이 육조단경이 만들어졌다. 육조단경이 육조 스님 돌아가시고 60년 후에 나왔다는 기록이 있는데, 이 내용으로 봐서 맞는 것 같다.

만약 이 법을 부촉하려면 모름지기 상근기의 지혜라야 한다. 마음으로 불법을 믿어 큰 자비를 일으키고 이 경을 가지고 의지해 계승하여 지금까지 끊이지 않았다.

육조 스님은 이 법을 믿고 공부하는 사람이 상근기라 했다. 아무리 뛰어난 사람이라도 이 법을 믿지 않고 공부하지 않으면 상근기가 아니다.

스님은 본래 소주 곡강현 사람이다. 여래께서 열반에 드시고 법의 가르침이 동쪽 땅으로 흘러와서 함께 머무름이 없음을 전하니, 곧 나의 마음이 머무름이 없음이다.

여기에 다시 '무주無住'를 강조한다. 법이 어디에 머무르면 그것은 잘못된 것이다. 우리 생각도 일어났다 꺼졌다, 일어났다 꺼졌다를 반복하는데 이것을 설명해 놓은 것이 부처님 법이다. 부처님 법은 '무주'다. 앞에서 "무주로 본을 삼고, 무상으로 체를 삼고, 무념으로 종을 삼는다"고 했다.

"나의 마음이 머무름이 없음이다." 항상 흘러가고 있다. 우리 의식도 계속 흘러간다. 의식뿐 아니다. 우리가 무상이고 무아다.

이 진정한 보살이 참된 종지를 설하고 진실한 비유를 행하여 오직 큰 지혜의 사람만을 가르치니, 이것이 뜻의 의지하는 바다. 무릇 제도하기를 맹세해서 수행하고 수행하되, 어려움을 만나더라도 물러서지 않고, 괴로움을 만나서도 능히 참으며, 복과 덕이 깊고 두터워야 바야흐로 이 법을 전할 것이다.

이것이 평범하지만 아주 유용한 말이다. 우리는 어려운 일을 당하면 피해 도망간다. '어려운 일 만나더라도 물러서지 말라.' 어차피 가야 할 길이니까 물러서지 말아야 한다.

만약 근성이 견디지 못하고, 재목이 되지 못하면

왜 견디지 못하느냐? 믿지 않기 때문에 그렇다. 믿으면 다 감내할 수 있다. 우리가 믿고 실천하면 이런 자질도 다 갖추고 또 감내할 수 있는 그런 사람이 된다.

모름지기 이 법을 구하더라도, 법을 어기는 부덕한 사람에게는 망령되이 단경을 부촉하지 마라. 도를 함께하는 모든 사람들에게 알려 그 비밀한 뜻을 알게 하노라.

법을 어기는 부덕한 사람에게 육조단경을 부촉하면 오히려 욕된다. 지금 아무것도 아닌 사람들이 여기저기 견성했다고 주장한다. 앞에서 누차 말했듯이 달과 손가락도 구별하지 못하는 사람들이 도인됐다 하는데, 뭘 몰라서 하는 소리다. 그런 사람한테는 육조단경을 부촉하지 말라는 당부이다.

불교를 이해하는 데 여러 가지 길이 있다. 경전도 많다. 경전마다 표현이 조금씩 달라도 결국 같다. 그 중 하나가 불교의 핵심인 '중도'다. 중도만 이해하면 불교 전체를 회통하는 눈이 열린다.

그동안 불교 공부를 다양하게 했겠지만, 불교의 핵심을 바로 들어가는 것이 훨씬 빠르다. 육조단경은 다른 어떤 경전이나 어록보다도 중도를 강조한다.

뒤에 나온 간화선 지침서인 서장이나 선요와 견주어 볼 때, 뜻은 같지만 말이 훨씬 쉽다. 또 하나는 서장이나 선요는 화두를 통해 깨달음으로 가는 것을 강조하는데, 육조단경에는 화두라는 말이 나오지 않는다. 여기에서 공부하는 방법은 '지혜로 관조하라'다. 당시는 화두로 공부하던 시대가 아니었기 때문이다. 그런데 육조 스님께서 '지혜로써 관조하라' 하는 것이 어떻게 보면 불교 수행의 근본 틀이라 할 수 있다.

나는 우리가 정형화된 화두를 참구하게 되면서 수행의 기본인 생활에서 어떤 일이든지 지혜로 관조하는 전통이 없어지지 않았나 생각한다. 앞에서도 말했듯이 남방불교가 자기를 수행의 틀에 맞춰 공부하는 방법이라면, 우리 대승은 자기 생활에 불교를 스며들게 하여 일상생활을 완성시켜 가는 공부 방법이다. 이것이 바로 육조 스님께서 말씀하신 일상에서 지혜로 관조하는 것이다.

그런데 이 좋은 공부 방법이 안타깝게도 지금 우리 수행 과정에서 빠져버린 것 같다. 실제 화두 참선을 하거나 봉사 · 염불 · 간경 · 주력을 열심히 하시는 분도 생활과 수행이 일치하지 못하고, 수행과 생활이 따로 가는 현상을 많이 본다. 수행보다 생활이 더 중요하니, 거기에 집착해서 결국 수행자들마저 세속화되어 가는 경향도 나타나고 있다. 정말로 심각한 문제다. 더구나 그 심각성을 느끼는 분도 별로 없으니, 이것이 또 문제다.

육조 스님은 간화선의 원류인 조사선을 만든 분이다. 이분은 당시 일상생활에 나쁜 일이든지 좋은 일이든 어떤 문제가 생겼을 때 반야지혜로 관조해 보라고 하셨다. 그 입장에서 모든 문제를 풀어 가고 그 선상에서 수행하라 하셨다. 그러므로 우리는 육조단경을 통해 처음 조사선이 시작된 시대에 수행하던 방법을 복원해 가야 한다.

그렇게 하자면 우리가 부처님께서 깨닫고 가르친 불교의 근본 핵심을 이해해야 한다. 그것이 정견正見이다. 물론 후대에도 간화선을 바르게 한 분들은 그런 수행을 강조하셨다. 서장이나 선요 여러 곳에서도 이것을 강조한다.

선요에 나온 예를 든다면, 처음 참선하려 할 때 좌복에 앉아서 화두를 들기 전에 전제 조건을 말씀한다.

"먼저 평소 마음속에 받은 일체 선악을 밑바닥까지 다 물리쳐서 털 끝만큼도 남겨 두지 말고…… 자리에 조용히 앉아 정념을 굳게 엉기 게 하라."

우리가 참선하기 전에 10년, 20년, 또는 50년이 됐든지 그동안 마음 에 일어났던 모든 것은 결국 '내가 있다'는 전제로부터 나온 이기심의 번뇌 망상이다. 그것을 밑바닥까지 물리쳐 남겨 두지 말라는 것이다.

나도 처음에는 이 말 뜻을 이해하지 못했다. 그 후 결국 불교의 핵 심은 중도라는 것을 이해하면서 알게 되었다. 모든 것이 공이라는 걸 알게 되면, 그것을 한 무더기로 만들어 물리치는 것이다. 털끝만큼도 남겨 두지 않고 물리치는 것이다.

그래서 육조단경에서 강조하는 것도 지혜로 관조하라는 말이다. 반 야 지혜로 관조하는 것이 분별 망상을 한 무더기로 만드는 것이고, 반 야 지혜로 비추어 보는 것이 그것을 타방 세계에 버리는 것이다. 간화 선뿐 만 아니라 수행을 하려는 사람이라면 모두 기본적으로 이것이 되어야 한다.

지금 한국불교에서는 이것이 사라져버렸다. 이것이 한국불교를 혼 돈에서 벗어나지 못하게 한다. 이래서는 한국불교가 어렵다. 환골탈 태해야 한다. 그 대안이 바로 중도를 바로 아는 정견을 세우는 것이다.

육조단경을 보면 전체 내용이 중도에 대한 것이다. 그동안 양변을 여읜다는 말을 할 때마다 강조했다. 양변 여읜 그 자리가 반야심경에 나오는 오온개공이고, 연기이기 때문에 실체가 없다 하는 그 자리고, 부처님이 말하는 무아無我 자리다. 결국 전부 그 자리를 설명한 것이다. 경전도 마찬가지다. 표현이 다를 뿐이지 다 같다.

공부할 때는 핵심을 바로 이해하는 것이 시간도 단축하고 여러 가지로 유용하다. 선禪이라 해서 중도 밖에 있는 것이 아니다. 중도를 이해하는 것이 교敎라면, 체험하는 것이 선이다. 선이든 교든, 모든 불교 수행은 결국 중도를 이해하고 체험하는 것이다.

그러므로 육조 스님 말씀처럼 일상생활을 지혜로 관조하는 그 종풍을 살려내야 한다. 우리 승가가 부처님의 깨달음 세계의 가치, 법의 가치를 알지 못하고 자꾸 흘러가는 시류를 따라가다 보니까 수행 종풍이 침체되고 있다. 그런 시류를 거부하고 어떤 유혹이 있더라도 부처님 법의 가치를 존중하고 그렇게 살아가겠다는 각오를 해야 한국불교가 살아난다.

김천 청암사 수도암으로 출가했다. 고봉, 관응, 혼해 대강백으로부터 경전을 배우고, 당대 선지식인 향곡 선사가 주석한 묘관음사에서 첫 안거 수행을 한 이래 평생 참선의 길을 걷고 있다. 법호는 은암隱庵이다.

1968년 무렵 도반들과 함께 구산선문九山禪門의 하나이자 결사도량으로 유명한 문경 봉암사에 들어가 선원禪院을 재건하여 원융살림 전통을 세우고 조계종 종립선원의 기틀을 다졌다.

근대 선지식인 향곡, 성철, 서옹, 서암 선사에게 두루 참문하였다. 선풍 진작에 뜻을 두어 선납회(禪衲會. 지금의 전국선원수좌회)를 창립하고, 1988년에 해인사에서 선화자禪和子 법회를 주최하였다. 이후 전국선원수좌회 대표와 봉화 각화사 태백선원 선원장을 역임하였다.

2005년 전국 선원장들과 함께 조계종 수행지침서《간화선看話禪》을 편찬하였다. 2007년 조계종 원로의원에 추대되었고 2008년에는 대종사 법계를 품수했다.

지금은 봉화 문수산 금봉암에 주석하며 조계사 선림원 증명법사를 맡아 간화선의 생활화와 사회화에 주력하고 있다.

고우스님 강설
육조단경

초판 1쇄 펴냄 2013년 9월 7일
1판 5쇄 펴냄 2023년 2월 10일

지 은 이 고우 스님
엮 은 이 박희승
펴 낸 이 정지현
편 집 인 박주혜
펴 낸 곳 조계종출판사

출판등록 제300 - 2007 - 78호(2007.4.27.)
주   소 서울 종로구 삼봉로 81 두산위브파빌리온 1308호
전   화 02)720 - 6107
팩   스 02)733 - 6708
구입문의 불교전문서점 향전 02)2031 - 2070~1 / www.jbbook.co.kr

ⓒ고우, 2013
ISBN 978-89-93629-53-8 03220